일확연금
노후부자

copyright ⓒ 2025, 최만수·황정환·허세민·정의진·맹진규·서형교
이 책은 한국경제신문 한경BP가 발행한 것으로
본사의 허락 없이 이 책의 일부 또는 전체를 복사하거나
전재하는 행위를 금합니다.

퇴직 · 국민 · 주택연금으로 만드는
든든한 노후 자산 설계 가이드

일확연금 노후부자

최만수 · 황정환 · 허세민 · 정의진 · 맹진규 · 서형교

한국경제신문

서 문

"회사 안은 전쟁터지만, 회사 밖은 지옥이야."

웹툰 〈미생〉에 나오는 유명한 대사다. 많은 직장인이 이 대사에 공감한 이유는 다름 아닌 그들 자신의 이야기이기 때문이다. 그만큼 자영업의 현실은 냉혹하다. 대한민국 창업자 중 3분의 1이 1년도 채 안 되어 가게 문을 닫는다.

'자영(업) 사장님'이 되기를 포기한 50대들은 만년 차장 신세를 감수하더라도 직장에서 버티는 길을 선택한다. 물론 회사 울타리 안에 남는 것도 쉽지 않다.

바야흐로 평균수명 '100세 시대'인데 한국고용정보원에서 발표한 평균 은퇴 연령은 51.2세에 불과하다(2024년 기준). 또박또박 월급을 주던 직장에서 잘 버티다 은퇴하더라도 남은 인생의 절반을 회사 밖에서 살아야 한다.

아직 은퇴 전이라도 불안하기는 매한가지다. 재산은 아파트 한 채가 다인데 은퇴는 시시각각 다가온다. 사치를 한 적도 없는데 자녀들 학원비 내고 외식 몇 번 하면 통장에 남는 것이 없다. 주변에서는 노후를 위해 재테크를 하라는데 밑천이 없다.

결국 하루하루 집값이 오르기만 바랄 뿐이다. 지금이라도 남들처럼 부동산에 남은 인생을 걸어야 하는지 고민하는 직장인이 숱하다. 이처럼 대한민국의 직장인들은 갈수록 길어지는 노후를 걱정하며 빚내서 산 부동산의 '대박'만 기원하는 레버리지 시대를 살고 있다. 대한민국의 수많은 3050이 마주한 현실이다.

우리나라 국민 자산의 약 80%는 부동산에 묶여 있다. 세계적으로도 유례가 없는 수준이다. 부동산 비중이 30~40%인 선진국에 비해 2배 이상 높다. '아파트 가격은 무조건 오른다!'라는 부동산 불패 신화가 이런 기형적인 구조를 만들었다.

실제로 5060 세대 부자들은 대부분 부동산 투자로 성공했다. 이런 부모 세대의 경험은 3040 세대로 이어져 이른바 '부동산 몰빵(집중 투자)'을 더 심화시켰다. 다들 퇴직연금을 비롯해 노후를 뒷받침할 재원을 헐어서 부동산에 쏟아붓고 있다.

하지만 저출산·고령화로 인한 구조적인 문제와 부동산 시장 둔화 영향으로 이들의 재산 증가율은 부모 세대에 비해 크게 뒤처진다. 자산을 주식, 연금 상품 등으로 다변화해야 한다는 지적이 끊임없이 나오는 이유다.

이런 이유 외에도, 3040 세대의 노후 기반은 허약하기 그지없다.

5060 세대는 국민연금의 혜택을 누릴 수 있지만, 3040 세대는 그럴 수 없기 때문이다.

보험료율과 소득대체율(생애 평균 소득 대비 노후 연금액 비율)을 각각 현행 9%, 40%로 유지했을 때 연금 기금은 2055년이면 고갈된다. 2055년에 수령 자격(만 65세)을 갖추는 1990년생부터는 아예 연금을 못 받을 수도 있다는 이야기다.

행복한 노후를 위해서는 지금부터라도 철저한 재테크 플랜이 필요하다. 직장을 떠나더라도 은퇴 이후 생활비를 보전해줄 현금흐름을 만들어야 한다.

부동산 경기가 흔들리면 모든 것이 무너지는 '하우스 푸어(house poor)'에서 벗어나 다양한 자산을 기반으로 튼튼한 노후를 설계해야 한다. 매달 차곡차곡 쌓이는 퇴직연금계좌를 이대로 방치해선 안 된다.

〈한국경제신문〉은 2024년 4월부터 온라인 프리미엄 콘텐츠 '일확연금 노후부자'를 매주 연재하면서 주식뿐 아니라 채권, 예금, 파생상품, 부동산 등 각종 금융상품을 통한 자산관리 전략을 다뤘다.

그중에는 상장지수펀드(Exchange Traded Fund, ETF)로 퇴직연금계좌 수익률을 높이는 방법, 월 배당 펀드로 월급처럼 현금흐름을 창출하는 노하우, 세금 폭탄을 피하기 위한 다양한 절세 수단 활용법, 국민연금 혜택을 최대한 누리는 방법, 주택연금 활용법 등 여러 재테크 전략이 있다.

〈한국경제신문〉 기자들은 그동안 연재해온 이 기사들을 현재 시점에 맞도록 업데이트하고 알기 쉬운 사례들을 추가해 책으로 엮었다. 이 책이 독자 여러분의 자산 증식과 노후 자금 마련에 조금이나마 도움이 되기를 기원한다.

2025년 10월
저자 대표 〈한국경제신문〉 최만수 기자

차 례

서문 · 004

PART 1. 든든한 노후의 시작, 퇴직연금계좌

- 01. 잠든 퇴직연금계좌를 깨워라 · 014
- 02. 노후 자금 10억 원을 만드는 '복리의 마법' · 020
- 03. 부동산 거지가 될 것인가, 현금 부자가 될 것인가 · 027
- 04. 연금 주식투자로 백만장자 되기 · 033
- 05. 운용 걱정 없이 알아서 해주는 연금투자, TDF · 039
- 06. 연금계좌 투자도 미국 주식부터 · 045
- 07. 자산 배분으로 장기투자의 위험을 분산하라 · 050
- 08. 미국 배당주로 매달 월급 받는 효과 누리기 · 056
- 09. 세금 폭탄을 피하는 은퇴 절세 전략 · 061
- 10. 손쉽게 진행하는 퇴직연금 갈아타기 · 067
- 11. 거대 기관투자자, 국민연금은 어떻게 투자할까 · 072
- 12. 똑똑한 AI가 대신 굴려주는 퇴직연금 · 079
- 13. 장기투자 시에는 작은 수수료도 꼼꼼하게 체크하라 · 084
- 14. 복리 효과를 높이려면 연금계좌 주식 비중을 늘려라 · 090
- 15. 장기적립식 투자로 부리는 '증여의 마법' · 096

PART 2. 평생 받는 노후 통장, 국민연금

01. 국민연금, 가입 기간이 '깡패'인 이유 · 106
02. 국민연금도 세금을 내나요 · 113
03. 월 60시간 이상 아르바이트한다면 반드시 가입하라 · 119
04. 연금이 줄어들어도 일찍 받으려는 사람들 · 125
05. '억대 유산' 부럽지 않은 유족연금 · 131
06. '국민연금 재테크'가 뭐길래 · 137
07. 오늘날 65세 가장에게 필요한 연금 프로그램 · 142
08. 군대에서 국민연금을 불리는 법 · 147
09. 이혼해도 연금 걱정 없는 분할연금제도 · 152
10. 경력 단절 여성의 희망, 출산 크레디트 · 158
11. 연금 가입 기간을 늘리는 반환일시금 반납제도 · 164
12. 국민연금에 '자진해서' 가입하는 사람들 · 169
13. 연금은 좋은데, 보험료 낼 돈이 없다면 · 175
14. 폐업했는데, 보험료를 계속 내야 하나요 · 181
15. 돈 더 받으려다 건강보험료 폭탄을 맞는다면 · 187
16. 갑자기 큰돈이 필요할 때, 실버론 · 193
17. 제2의 인생, 그러나 국민연금은 깎인다면 · 199

PART 3. 또 하나의 노후 재테크, 대체투자

01. 위험자산에서 필수 투자로, 비트코인 · 208
02. 다시 떠오르는 브라질 채권 · 213
03. 미국 주식을 뛰어넘어 '금값' 된 금 투자 · 216
04. 매달 생활비를 벌고 싶다면 커버드콜 ETF · 221
05. 소액으로 시작하는 부동산 투자, 리츠 · 227
06. '주식과 채권 사이', 신종자본증권 · 233
07. 만 34세 이하라면 필수, 청년도약계좌 · 238
08. 고수익보다 안정적인 절세 전략, 저축보험 · 243
09. 개인연금보험으로 노후 대비를 완성하라 · 248
10. 필요할 때 미리 받는 종신보험 사망금 · 254

PART 4. 안정된 노후의 필수 선택, 주택연금

01. 주택연금으로 무노동 현금 손에 쥐기 · 262
02. 공시가로 '집값'을 정하는 건 손해일까 · 267
03. 주택연금도 건강보험료 폭탄을 맞을까 · 273
04. 만일을 대비해 중도 인출 한도를 설정하라 · 279
05. 빚이 있어도 주택연금에 가입할 수 있을까 · 285
06. 짧고 굵게 받는 '확정기간방식' 주택연금 · 291
07. 저가 주택으로 연금 더 많이 받는 법 · 297
08. 처음에는 적게, 나중에 많이 받는 주택연금 활용법 · 302
09. 사망 이후, 주택연금은 어떻게 될까 · 308
10. 이사하면 주택연금도 늘거나 줄어들까 · 314

PART 1.
든든한 노후의 시작, 퇴직연금계좌

01
잠든 퇴직연금계좌를 깨워라

뉴욕에서 보험설계사로 일하는 데이비드 슈워츠 씨(55세)는 내년에 둘째 아들이 대학교에 입학하면 조기 은퇴할 계획이다. 노후 걱정은 없다. 28년간 적립한 미국의 확정기여형 기업연금제도인 401K(미국 직장인이 은퇴자금을 적립하는 대표적 확정기여형 기업연금제도로, 소득에서 일정 금액을 세금 혜택과 함께 장기간 투자해 운용하는 제도)와 개인은퇴연금계좌(Individual Retirement Account, IRA) 덕분에 퇴직 후에도 매달 평균 8,500달러가량의 연금을 받을 수 있어서다. 그는 은퇴하면 아내와 한 달에 한 번씩 국내외 여행을 다닐 계획이라고 한다.

반면 서울의 한 대기업에서 일하는 전 모 부장(48세)은 은퇴 후의 인생을 생각하면 한숨만 나온다. 3년 전 은평구의 30평대 아파트를 구매했지만, 자금을 마련하기 위해 이른바 영끌(영혼까지 끌어모아 대출)에 퇴직연금까지 중도 인출했기 때문이다. "월급 실수령액이 600만 원 안 팎인데, 대출이자와 생활비를 내고 나면 월급통장에 남는 것이 한 푼도 없다." 전 부장의 말이다.

우리나라는 2024년 말에 65세 이상 인구가 국내 전체 인구의 20%를 돌파하며 초고령사회[UN(United Nations, UN) 기준에 따라 전체 인구 중 65세 이상 고령자 비율이 20%를 넘는 사회를 '초고령사회'로 정의한다]에 진입했다. 하지만 한국 샐러리맨의 노후 준비는 선진국과 비교하면 여전히 부족하다. 대한민국 직장인의 상당수는 집 한 채에 전 재산을 건다. '주식시장에 투자하면 패가망신한다'라는 통념 때문에 예·적금 등 원리금 보장형 상품에 돈을 묶어두는 사람도 많다. 사교육비나 내 집 마련을 위해 연금계좌를 깨는 경우도 있다.

경제협력개발기구(Organization for Economic Cooperation and Development, OECD)에 따르면 한국 직장인의 생애 평균 소득 대비 은퇴 후 소득 비율인 소득대체율은 50.8%에 불과하다. 미국은 이 비율이 81.3%에 달한다. 가령 은퇴 전에 평균 1억 원가량의 연봉을 받았다면 은퇴 후에는 매년 8,000만 원가량의 연금을 받는다는 얘기다. S&P500(Standard and Poor's 500)과 나스닥 시장 등 주식시장 활황에 힘입어 이른바 '연금 백만장자'가 된 사람도 수십만 명에 이른다.

미국의 퇴직연금 수익률은 2013년부터 2019년까지 7년 동안 연평균 9.49%였다. 반면 같은 기간 한국의 퇴직연금 수익률은 2.27%로 미국의 4분의 1토막 수준이다. 그만큼 한국 직장인들은 퇴직연금 관리에 무심했다. 하지만 최근 들어 재테크에 관심이 많은 2030세대가 연금시장에 진입하면서 분위기가 조금씩 바뀌고 있다. 전문가들은 한국 직장인도 미국 직장인처럼 얼마든지 연금 백만장자가 될 수 있다고 입을 모아 말한다. 상장지수펀드 시장이 확대되면서 과거보다 S&P500, 나스닥 등 해외시장에 손쉽게 투자할 수 있기 때문이다. 세제 혜택도 갈수록 커지고 있다.

당신의 연금계좌는 DB형인가, DC형인가

연금 관리를 위한 첫걸음은 본인의 연금계좌 운용 방식부터 확인하는 것이다. 먼저 확정급여(Defined Benefit, DB)형은 회사가 퇴직연금 적립금을 운용하고 근로자는 퇴직급여 계산식에 따라 정해진 퇴직금을 받는 방식이다. 퇴직할 때 평균 임금이 퇴직연금 정산에 반영되므로 임금 인상률이 높은 기업의 직원에게 유리하다. 퇴직 시 지급액은 퇴직 직전 3개월간 월평균임금을 근속연수에 곱한 금액으로 결정한다. 노동자 입장에서는 퇴직금과 큰 차이가 없다. 퇴직연금을 운용한 결과 수익이 난다면 이는 회사에 귀속되고 만약 손실이 나도 기업의 책임이다.

  확정기여(Defined Contribution, DC)형은 개인이 연금 운용을 직접 책임진다. 회사가 매년 총급여의 일정 비율을 직원이 관리하는 계좌에 적립해주면, 직원 개인이 금융회사와 상품을 선택한다. 따라서 임금 인상률이 낮은 기업의 근로자에게 유리하다. 연금 운용 수익률을 임금 인상률 이상으로 끌어올릴 수 있다고 판단하면 이 방식이 좋다. 또한 개인의 여유 자금으로 재테크하는 것보다 세금 측면에서도 혜택이 많다. 중장기 수익률을 목표로 투자한다면 DC형 연금계좌를 세밀히 관리해야 한다.

개인형 퇴직연금(Individual Retirement Pension, IRP)은 DB형이나 DC형 퇴직연금과 별도로 개인이 직접 가입하는 상품이다. 자금을 넣어 운용하다가 55세 이후에 연금을 수령할 수 있다. 중간에 이직하더라도 연금을 정산하지 않고 계속 적립할 수 있다. 개인이 일정 금액을 납입하면 회사가 같은 금액을 매칭해서 넣어주는 방식으로 운용하는 경우가 많다.

IRP로 세액공제 받고 주식형 ETF로 수익을 올려라

IRP의 꽃은 세제 혜택이다. 납입한 금액에 비례해 세액공제를 받을 수 있어 소득공제에 비해 체감할 수 있는 절세 효과가 크다. 2025년을 기준으로 세액공제율은 연간 총급여 5,500만 원(종합소득 4,500만 원) 이하에서는 16.5%, 이보다 소득이 크면 13.2%를 적용받는다. 특히 2023년부터는 나이, 소득과 관계없이 세액공제 납입 한도가 700만 원에서 900만 원으로 확대됐다. 총급여가 5,500만 원 이하라면 최대 16.5%의 환급률이 적용되어 148만 5,000원까지 돌려받을 수 있다. 다만 IRP는 금융소득종합소득신고자, 사업자등록이 되어 있지 않은 임

〈그림 1-1〉 개인연금 자산운용 현황

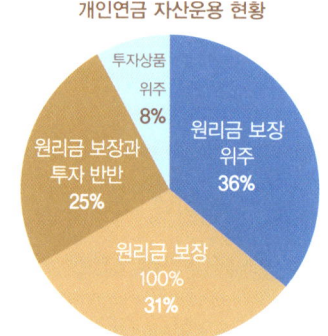
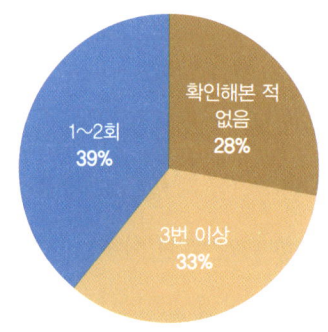

연금 수령 시 과세

연금 수령 개시 연령	확정형(수령 기간)		종신형	
	한도 내 금액	한도 초과액	한도 내 금액	한도 초과액
만 70세 미만	5.5%	16.5%	4.4%	16.5%
만 70세~만 80세 미만	4.4%	16.5%	4.4%	16.5%
만 80세 이상	3.3%	16.5%	3.3%	16.5%

※ 40~50대 직장인 1,000명 대상 설문조사
※ 연금 수령기간 중 부득이한 사유로 안한 인출의 경우 3.3~3.5%의 세율 적용
출처: 〈한국경제신문〉, 미래에셋증권

대소득자 등은 가입할 수 없다.

전문가들은 연금계좌의 수익률을 끌어올리기 위해서는 원리금 보장에만 치우친 운용 방식에서 벗어나야 한다고 입을 모아 말한다. ETF는 일반 펀드보다 수수료가 저렴하고 매매가 쉽다. 2030 직장인이라면 연금계좌를 주식형 ETF 등 위험자산에 70%, 예·적금과 채권 등 원리금 보장형 상품에 30%를 넣는 비중으로 유지하는 방식을 추천한다.

지난 10년간 꾸준히 우상향한 미국 나스닥 지수에 투자하는 ETF,

성장 기대가 큰 베트남이나 인도 등 신흥국에 투자하는 ETF, 국내 주식시장에 투자하는 ETF로 3분의 1씩 나눠 투자하는 전략도 좋다. 연금계좌에서는 인버스와 레버리지 등 파생상품을 활용해 변동성이 큰 상품에는 투자할 수 없다.

40~50대부터는 안전자산 비중을 늘려서 균형 잡힌 포트폴리오로 현금흐름을 창출할 수 있는 구조를 만드는 것이 중요하다. 50대에는 거꾸로 위험자산 비중을 30%로 낮추고, 안전자산을 60%로 높이는 전략을 추천한다.

02
노후 자금 10억 원을 만드는 '복리의 마법'

최근 퇴직연금투자를 시작한 직장인 A 씨(34세)는 노후 대비 자금을 계산해보다가 깜짝 놀랐다. 월 생활비를 300만 원대로 가정했을 때, 필요한 노후 자금이 10억 원에 달한다는 계산이 나왔기 때문이다. 은퇴할 때까지 이 정도 목돈을 만드는 것이 정말로 가능할까?

전문가들은 노후 자금 10억 원 모으기가 먼 나라 이야기만은 아니라고 말한다. 바로 '복리의 마법'이 존재하기 때문이다. 예를 들어 연평균 5% 수익률로 월 75만 원씩 투자하면 30년 후에는 6억 1,414만 원으로 불어난다. 여기서 연평균 수익률이 1%p만 올라가도 1억 2,050만 원이 더 늘어난다. 최대한 일찍부터 퇴직연금을 적립해서 꾸준히 자금을 불려 나간다면 충분히 여유로운 노후를 보낼 수 있다는 얘기다.

투자의 대가라 불리는 워런 버핏(Warren Buffett)도 부의 비결로 복리의 마법을 꼽았다. 그가 보유한 자산의 90% 이상은 65세 이후에 번 것으로, 바로 복리의 마법을 통해서다. 그는 10세 때 1,000달러를 버는 법에 관한 책을 읽고 장기투자의 중요성을 알게 되었다고 한다. 1,000달러에 연 복리 10%를 적용하면 5년 뒤에는 1,600달러, 10년 뒤에는 2,600달러, 50년 뒤에는 11만 7,400달러로 불어난다는 사실을 깨달은 것이다.

따라서 퇴직연금계좌를 만들고 적립금을 채웠다면 돈을 묵혀두지 말고, 적극적으로 투자에 나서야 한다. 적은 돈이라도 상관없다. 퇴직연금투자의 가장 큰 무기는 복리의 마법을 부르는 '시간'에 있기 때문이다.

월 75만 원 적립식 투자로 노후 걱정 끝내기

NH투자증권 100세시대연구소에 따르면 대한민국의 적정 노후 생활비는 은퇴 전 소득의 70% 정도다. 국가데이터처(구 통계청)에 따르면 2025년을 기준으로 아직 은퇴하지 않은 50대 가구주가 생각하는 적정 노후 생활비는 가구당 월 322만 원인 것으로 조사되었다. 단순계산을 했을 때 은퇴 후 20년 동안 생활하려면 7억 7,280만 원이 필요하다. 30년으로 가정하면 11억 5,920만 원으로 불어난다.

다만 여기서 매달 꼬박꼬박 납입한 국민연금의 수령액은 제외해야 한다. 20년 이상 국민연금에 가입한 뒤에 노령연금(수급 연령에 도달해

〈그림 1-2〉 월 75만 원 투자 시 수익률별 수령 금액

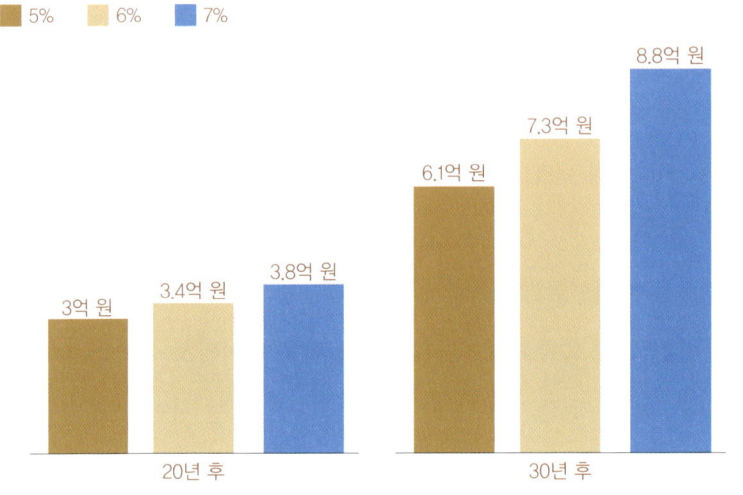

출처: 〈한국경제신문〉

받는 일반적인 형태의 국민연금)을 받는 사람들의 월평균 수령액은 108만 원이다. 이 금액을 감안하면 앞서 계산한 노후 생활비는 월 322만 원에서 월 214만 원으로 줄어들고, 20년 생활비(5억 1,360만 원)와 30년 생활비(7억 7,040만 원)도 감소한다.

이는 앞서 설명한 것처럼 월 75만 원씩 적립식으로 투자한다면 충분히 마련할 수 있는 금액이다. 30년 동안 연평균 7% 수익률을 낸다면 수령액은 8억 8,230만 원에 달한다.

연금저축과 IRP를 합해 연 900만 원까지는 세액공제 혜택도 누릴 수 있다. 직장인이라면 매년 적립되는 퇴직연금이 있으므로 매달 필요한 투자금이 더 줄어들게 된다.

고수익을 노린다면 미국 ETF에 투자하라

적정 노후 생활비를 계산했다면 다음으로는 장기간 좋은 수익률을 낼 수 있는 포트폴리오를 구성해야 한다. 실제로 고수익을 낸 연금 고수들의 포트폴리오를 살펴보면 주로 미국 대표 지수형 상장지수펀드(ETF)에 투자하고 있음을 알 수 있다. 미래에셋증권의 IRP 가입자 중 1년간(2023년 기준) 수익률 상위 10%의 투자 내용을 분석한 결과, 이들의 평균 수익률은 33.67%에 달했다. 이들이 가장 많이 보유한 '톱10 ETF'는 모두 미국 주식 관련 상품이었다.

연금 고수들이 가장 많이 보유한 상품은 미국 나스닥100 지수를 추종하는 'TIGER 미국나스닥100'이었다. 1년 수익률만 48.5%에 달했

〈표 1-1〉 퇴직연금 상위 10%의 ETF 포트폴리오

종목	수익률
TIGER 미국나스닥100	48.5%
TIGER 미국테크TOP10 INDXX	71.2%
TIGER 미국S&P500	27.6%
TIGER 미국필라델피아반도체나스닥	55.8%
KODEX TRF3070	10.4%
KODEX 미국나스닥100TR	49.9%
ACE 미국나스닥100	48.6%
KODEX 미국빅테크10(H)	71.5%
KODEX 미국S&P500TR	29.7%
ACE 미국S&P500	27.6%

※ 2023년 3월~2024년 2월 기준
※ 수익률 상위 10% 1만 4,600명 계좌
출처: 미래에셋증권

다. 이 외에도 'TIGER 미국S&P500', 'KODEX 미국나스닥100TR'등 미국 지수형 상품에 투자가 집중된 것으로 나타났다. 수익률이 가장 높았던 상품은 'KODEX 미국빅테크10(H)(71.5%)'와 'TIGER 미국테크TOP10 INDXX(71.2%)' 등 미국 기술주 ETF였다.

이처럼 미국 대표 지수형 ETF는 대표적인 연금투자처로 꼽힌다. 연금자산은 그 특성상 장기간 안정적으로 수익을 낼 수 있는 곳에 투자돼야 하는데, 미국 대표 지수들은 이 조건에 딱 들어맞기 때문이다. 미국 S&P500 지수는 2023년 말 기준 최근 10년간 연평균 13%가량 상승하며 우상향했다.

단기적인 부침은 있어도 미국 증시는 앞으로 장기 우상향할 가능성이 크다는 것이 전문가들의 분석이다. 세계 패권을 쥐고 있는 기축통화국인 미국으로 흘러들어가는 돈이 갈수록 늘어나고 있어서다.

2008년의 금융위기는 미국 증시 역사상 커다란 변곡점으로 꼽힌다. 당시 주식이 폭락한 것도 수많은 이에게 큰 충격을 주었지만, 이에 대한 미국의 대응 역시 증시에 미친 영향이 상당히 컸기 때문이다. 미국은 위기를 타개할 해법으로 화폐를 찍어내 시장에 돈을 푸는 통화정책을 선택했다. 엄청난 돈이 시중에 풀리자, 경기는 살아나고 증시에도 유동성이 공급돼 미국 주식은 장기 우상향 곡선을 그리며 상승해왔다.

2020년 코로나19 사태 당시 한번 시중에 풀린 유동성은 회수되기 어려웠고, 물가를 끌어올렸다. 그러자 미국은 2022년에 결국 금리를 인상해 인플레이션을 막았다. 금리를 올려 돈을 거둬들이면 경기침체

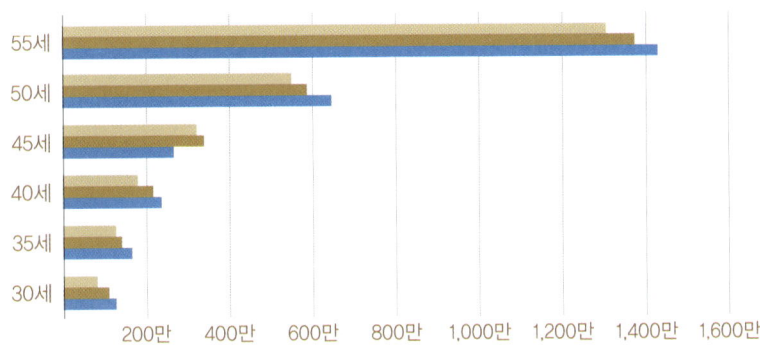

〈그림 1-3〉 연령별 10억 원 모으는 월 투자액(수익률)

나이 월 투자액	30세	35세	40세	45세	50세	55세
■ 7%	824,486	1,231,349	1,899,761	3,099,271	5,636,877	13,542,889
■ 6%	994,411	1,432,918	2,137,149	3,377,576	5,964,662	13,946,258
■ 5%	1,194,558	1,662,893	2,400,205	2,574,572	6,309,887	14,363,079

※ 단위: 원
출처: 〈한국경제신문〉

는 불가피하지만, 전 세계의 돈이 미국으로 흘러가 미국 경제를 지탱하게 된다. 미국이 금리를 올리자 전 세계에 풀린 달러가 미국으로 다시 돌아와 경기를 띄우는 형국이 펼쳐졌다. 기축통화국인 미국의 증시가 앞으로도 전망이 밝다는 분석이 나오는 배경이다.

미국 증시는 미국 연금투자자들의 주된 투자처로, 끊임없는 연금자산이 들어오고 있다는 점도 장점으로 꼽힌다. 미국의 연금투자자들은 주식투자를 꺼리지 않는 편이라 연평균 주식시장에 유입되는 연금자산이 4,000억 달러(약 531조 원)에 달하는 것으로 추정된다. 이는 미국 정부 입장에서도 증시를 부양할 동력이 된다. 미국 증시가 흔들리면 국민의 노후가 흔들릴 수도 있어서다.

　미국 지수형 ETF에 투자하기로 결정했다면 카테고리 안에서도 연령대별로 투자 전략을 다르게 가져가는 방법이 있다. 젊을 때일수록 변동성이 큰 기술주 중심의 나스닥100 지수에 비중을 두어 투자하고, 나이가 들면 상대적으로 안정성이 있는 S&P500 지수 ETF 비중을 늘리는 전략이다.

　퇴직연금계좌로 미국 ETF 투자 시 '과세이연' 효과도 누릴 수 있다. 국내에 상장된 해외 ETF의 매매차익에는 15.4%의 배당소득세가 부과되는데, 연금계좌는 수익금에 붙는 세금을 55세 이후로 미뤄 3.3~5.5%의 연금소득세로 정산한다. 세금으로 내야 할 돈까지 계속 투자로 굴릴 수 있는 만큼, 복리 효과가 극대화되는 셈이다.

03
부동산 거지가 될 것인가, 현금 부자가 될 것인가

사회복지사 신아현 작가가 펴낸 《나의 두 번째 이름은 연아입니다》에서는 '깡통 할아버지'라는 인물이 등장한다. 그는 8억 원에 달하는 아파트를 갖고 있었지만, 전기나 가스도 쓰지 못할 만큼 빈곤한 삶을 이어가다 쓸쓸히 생을 마감했다. 평생을 모은 돈으로 마련한 집이라 팔 생각을 하기 어려웠고, 고액의 아파트를 소유한 탓에 기초생활보장 수급자가 될 수도 없었기 때문이다.

깡통 할아버지의 이야기는 그저 책에 나오는 '어떤 사람'의 이야기가 아니다. 우리나라 직장인들의 자산 약 80%는 부동산에 묶여 있다. 특히 젊은 세대들은 높아진 집값 부담에 대출금을 갚느라 허덕이고 있는 것이 실제 현실이다.

부동산 가격은 무조건 오른다는 불패 신화가 이어지면서 전 국민이 부동산 투자에 '몰빵'한 결과 이런 현상이 나날이 가속화되고 있다. 아파트 가격이 급등하면서 베이비붐 세대들은 부동산 투자로 큰돈을 벌었다. 이런 부모 세대의 경험이 젊은 세대로 이어지면서 부동산 몰빵 현상은 더 심화되었고, 이제는 대부분 직장인이 거의 전 재산을 부동산에 쏟아붓고 있다. 하지만 부동산 시장은 점점 더 둔화되고 있어 자산을 주식, 연금 상품 등으로 다변화해야 한다는 지적이 나오고 있는 실정이다.

노후에 필요한 건 집이 아니라 현금

2023년 말 NH투자증권 100세시대연구소가 10인 이상 기업에서 2년 이상 근무 중인 30~59세 남녀 직장인 중 퇴직연금에 가입한 1,500명을 대상으로 조사한 결과, 직장인들이 노후에 사용할 수 있는 금융자산은 평균 1억 7,312만 원인 것으로 나타났다. 노후 적정 월평균 가구 생활비를 297만 원(연간 3,564만 원)이라고 응답한 것을 고려하면 4년 생활비 수준에 그치는 금액이다.

대부분 직장인의 자산은 부동산에 집중되어 있었다. 실물자산 평균은 6억 891만 원에 달했다. 연령대별로는 30대가 평균 4억 3,283만 원, 40대가 6억 594만 원, 50대가 7억 5,427만 원으로, 연령이 올라갈수록 자산 규모가 증가하는 경향을 보였다. 금융자산과 실물자산을 합치면 총자산은 7억 8,203만 원에 이르렀지만, 대부분이 현금화할 수 없는

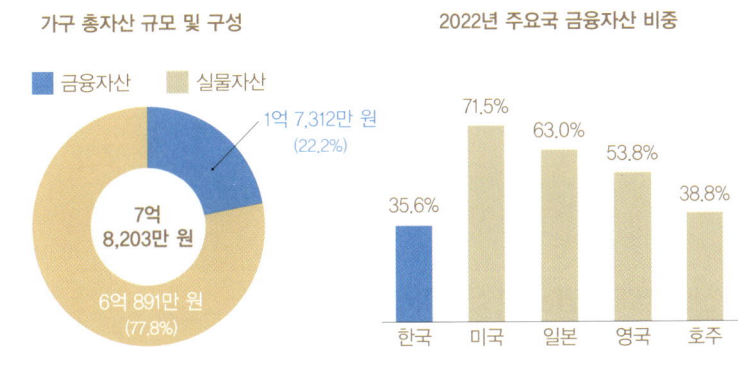

〈그림 1-4〉 가구 총자산 구성 및 주요국 금융자산 비중

출처: NH투자증권 100세시대연구소, 금융투자협회

부동산에 투입되어 있었다.

자산 대부분이 부동산에 묶여 있는 이런 대한민국의 특수한 현상은 세계적으로도 유례가 없는 수준이다. 금융투자협회에 따르면 2022년을 기준으로 개인자산 중 금융자산의 비중은 한국이 35.6%로, 미국 71.5%, 일본 63%, 영국 53.8%에 비해 현저히 낮은 수준이다.

여기에 더해 부동산을 사기 위해 퇴직연금을 중도 인출하는 사례도 급증하고 있다. 국가데이터처에 따르면 퇴직연금 중도 인출자는 2022년 4만 9,811명에서 2023년 6만 3,783명으로 28.1%가량 증가했다. 중도 인출액 역시 1조 7,429억 원에서 2조 4,404억 원으로 40%가량 불어났다. 원래 중도 인출 인원과 금액은 2019년 이후 해마다 감소해왔는데 4년 만에 증가세로 전환된 것이다.

주택 구입을 위한 중도 인출자(3만 3,612명)는 52.7%로 절반 이상을 차지했다. 이는 1년 전보다 44.7%가량 증가한 수준으로, 2015년 통계

작성 이후 최대 규모다. 주택 구입 목적의 중도 인출 금액도 전년 대비 56.9% 증가한 1조 5,217억 원으로 집계되었다. 전문가들은 이대로라면 수억 원대 아파트에 살면서 은퇴 후 생활고에 시달리는 사람이 더 많아질 것이라고 지적한다.

당신의 경제수명은 몇 살인가

이런 상황에서 중장년층은 그들 자신이 부모를 부양하는 데 익숙한 나머지 막연히 '자녀에게 노후를 의지할 수 있지 않을까?'라고 생각할 수도 있다. 하지만 이런 관념은 더 이상 통하지 않는다. 국가데이터처에 따르면 '부모님의 노후를 주로 누가 돌봐야 한다고 생각하는가?'라는 질문에 2023년에는 65세 이상 응답자의 약 23.6%만이 '가족'이라고 응답했다. 2013년의 36.6%에서 10년 만에 13%p 감소한 것이다. 반면 '가족과 정부, 사회가 함께 해결해야 한다'라는 응답은 같은 기간 34.6%에서 54.7%로 급증했다.

우리 사회가 노년층을 부양할 능력은 구조적으로 나날이 저하되고 있다. 가장 큰 원인은 저출산 현상의 가속화다. 출생아 수가 급격하게 감소하면서 우리나라의 총인구는 2022년 5,167만 명에서 2072년에는 3,622만 명으로 줄어들 전망이다. 1977년 수준의 인구로 회귀하는 것이다. 고령화 역시 급격하게 진행되어 우리나라는 이미 초고령사회에 진입했다. 앞으로 65세 이상 가구가 2040년에는 34.3%, 2072년에는

〈그림 1-5〉 경제수명 공식

출처: 서울대 은퇴지원센터, 생명보험협회, NH투자증권 100세시대연구소

47.7%까지 증가해 고령자가 인구의 거의 절반을 차지할 것으로 예상된다.

이에 전문가들은 부동산은 현금화하기가 쉽지 않으므로 노후 생활비를 확보하기 위해서는 조금이라도 젊을 때 연금투자에 나서야 한다고 조언한다. 이를 위해선 먼저 은퇴 후 기대수명과 경제수명을 면밀하게 비교해볼 필요가 있다. 경제수명은 준비된 은퇴자산으로 원하는 삶의 수준을 언제까지 유지할 수 있는지를 측정하는 지표다.

경제수명은 '은퇴 연령+(은퇴 준비 자금÷은퇴 후 연간 생활비)'로 계산한다. 예를 들어 은퇴 준비 자금으로 3억 원을 마련한 A 씨가 60세에 은퇴하고 월 생활비로 250만 원(연 3,000만 원)이 필요하다면, '60세+(3억 원÷3,000만 원)'으로 계산해서 경제수명은 70세가 된다.

한국인의 기대수명이 2022년 82.7세에서 2072년 91.1세로 올라갈 것을 고려하면 노후 자금이 턱없이 부족하다는 것을 알 수 있다. 따라

서 현재 보유 자산, 소득, 지출 규모 등을 정확히 파악하는 것이 필수
다. 이렇게 해야만 본인의 경제수명을 정확히 계산하고, 길어진 노후
생활을 대비할 수 있기 때문이다.

04
연금 주식투자로 백만장자 되기

연금 선진국 미국에서는 100만 달러(약 14억 원)를 모으고 은퇴하는 연금 백만장자가 빠르게 늘고 있다. 글로벌 자산운용사 피델리티(Fidelity)에 따르면 미국의 DC형 퇴직연금인 401K의 연금자산이 100만 달러가 넘는 가입자는 2024년 1분기 기준 48만 5,000여 명에 달하는 것으로 나타났다. 1년 전보다 43% 증가한 수치다.

전문가들은 연금 백만장자 중에는 자산가나 고소득 전문직이 아닌 평범한 직장인도 다수 포함되어 있다고 말한다. 미국 노동부에 따르면 401K 퇴직연금 운용 수익률은 20년간(2001~2020년) 연평균 8.6%에 달한다. 연평균 8.6%의 수익률로 은퇴하기까지 30년간 월 60만 원씩 넣는다면 복리의 마법으로 9억 5,300만 원으로 불어난다. 평범한 직장인도 10억 원을 갖고 은퇴하는 것이 가능하다는 이야기다.

꾸준히 오르는 미국 증시를 주시하라

'연금 100만 달러'의 비결은 높은 주식투자 비중에 있다. 연금자산을 원리금 보장 상품에 방치하는 것이 아니라 우상향하는 미국 주식에 높은 비중을 두고 장기투자해 수익률을 극대화하는 것이다. 피델리티에 따르면 연금 백만장자의 평균 계좌 보유 기간은 26년으로, 연 소득의 평균 17%를 퇴직연금으로 투자했다.

미국 자산운용협회(Investment Company Institute, ICI)에 따르면 2022년 말 기준 401K 연금자산의 약 71%가 주식에 투자되었다. 20대 가입자의 주식 비중이 89.5%로 가장 높았으며 60대도 57%에 달했다. 퇴직연금 운용사 티로프라이스(T. Rowe Price)의 수딥토 바네르지(Sudipto Banerjee) 은퇴 연구 디렉터는 "연금투자의 핵심은 장기투자이므로 증시

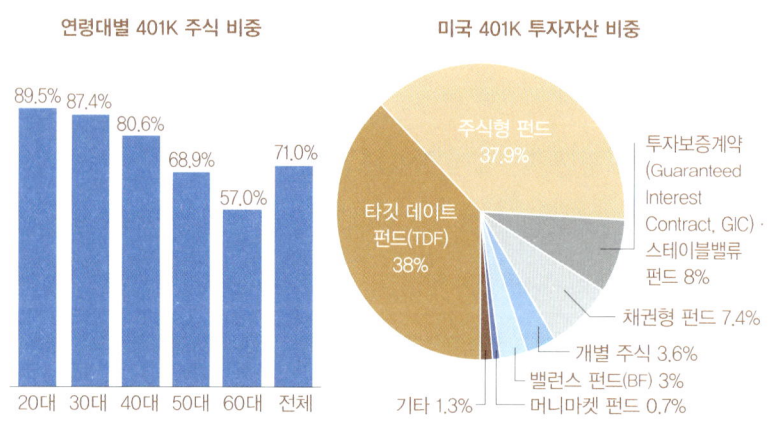

〈그림 1-6〉 미국 401K 투자 비중

※ 2022년 기준
출처: 미국 자산운용협회, 미국 직원복리후생연구소(Employee Benefit Research Institute, EBRI)

의 단기간 급등락은 큰 문제가 되지 않는다"라며 "꾸준히 미국 증시가 우상향하면서 연금이 복리로 불어났고, 누구나 백만장자로 은퇴할 수 있다는 믿음이 자리 잡았다"라고 말했다.

미국 3대 타깃 데이트 펀드(Target Date Fund, TDF) 운용사인 뱅가드(Vanguard), 피델리티, 티로프라이스의 2050 TDF(은퇴 시점을 2050년으로 잡은 TDF)를 분석한 결과도 동일하다. 이들 TDF의 주식 비중은 약 90%다.

TDF는 투자자의 은퇴 시점을 고려해 생애주기별로 자산을 배분해 주는 상품으로, 가입자가 스스로 포트폴리오를 짜야 하는 기존 연금 상품과 달리 은퇴 시점을 정해주면 알아서 자산별 비중을 조정해준다. 청년기에는 성장주와 고수익 채권 등에 자산을 집중해 수익률을 끌어올리고, 은퇴 시기가 가까워지면 배당주와 국채 비중을 높여 안정적인 수익을 추구하는 식이다.

2024년 기준 뱅가드 2050 TDF(VFIFX)는 미국 주식 53.59%, 해외 주식(미국 이외) 34.74%로 총 주식 비중이 88.33%다. 나머지는 미국 채권과 해외 채권, 현금 등으로 포트폴리오가 구성되었다. 지난 10년간 연평균 수익률은 8.68%에 달했다. 주식 중 가장 높은 비중을 차지한 건 기술주(24.68%)다. 이 가운데에서도 애플의 비중이 가장 높았고, 이 외에도 마이크로소프트, 엔비디아, 아마존닷컴, 메타, 알파벳 등 시가총액이 큰 기술주 매그니피센트7(Magnificent Seven, M7, 인공지능 상용화의 수혜를 입으며 S&P 500 지수의 상승을 이끄는 미국 내 일곱 개의 빅테크 기업인 애플, 마이크로소프트, 알파벳, 아마존, 엔비디아, 테슬라, 메타를 묶어서 통칭하는 신조어)이 대부분을 차지했다.

피델리티프리덤인덱스2050(FIPFX)도 미국 주식 53.83%, 해외 주식 36.14%로 주식에 높은 비중을 두고 자산을 배분하고 있다. 시가총액이 높은 성장주를 주로 담고 있는 만큼 포트폴리오에서 M7 등의 기술주가 가장 비중이 크다. 마찬가지로 10년간 연평균 수익률은 8.62%에 달한다.

한 자산운용사 관계자는 "TDF는 주식의 비중을 크게 가져가면서도 미국 주식, 해외 주식, 국내외 채권 등으로 자산 배분을 하는 것이 장점이다"라며 "패시브 펀드를 편입하고 있어 미국 증시가 흔들리면 하락할 수 있지만, 증시가 우상향한다는 믿음이 확고해 미국에서 가입자가 중도 인출하는 사례가 적다"라고 말했다.

미국 MZ들도 뛰어들었다, 연금투자 열풍

지금 미국에서는 MZ 세대들 사이에서도 연금투자 열풍이 불고 있다. 연금투자의 가장 큰 무기는 시간이 주는 복리의 마법인 만큼, 빠르게 시작할수록 높은 수익률을 챙길 수 있기 때문이다. 피델리티에 따르면 MZ 세대의 퇴직연금계좌 평균 자산은 2019년 2만 7,600달러에서 2024년 1분기에는 5만 9,800달러로 늘어났다. 최근 주식시장이 활황인 데다가 퇴직연금 납입액도 꾸준히 늘어난 덕분이다.

꾸준히 유입되는 연금자산이 증시를 상승시키고, 개인의 연금자산도 늘어나는 선순환이 이뤄지고 있다는 분석도 나온다. 매년 퇴직연금을 통해 증시에 유입되는 금액이 4,000억 달러에 달하는 것으로 알려졌다.

티로프라이스의 알리야 로빈슨(Aliya Robinson) 법률 담당 총괄고문은 "미국 직장인은 이직할 때 401K를 반드시 챙겨야 할 복지로 여긴다"라며 "특히 미국 젊은 세대는 연봉뿐 아니라 401K 매칭 비율 등이 직장 선택의 필수 판단 기준이다"라고 말했다. 이어 "기업 입장에서도 인재를 끌어오기 위해 더 적극적으로 연금 인센티브를 제공할 수밖에 없다"라고 덧붙였다.

반면 우리나라에서는 퇴직연금의 78%가 연 2~3% 수익률의 원리금 보장형 상품에 방치되어 있다. 물가상승률에도 못 미치는 수익률을 내며 노후 자금을 깎아 먹는 셈이다. 2024년 1분기를 기준으로 DC형과 IRP의 적립금 184조 1,936억 원 중 144조 2,942억 원(78.3%)이 원리금 보장형 상품에 들어 있다.

이 결과로 2022년 기준 지난 10년간 한국 퇴직연금의 연 환산 수익률은 1.93%에 불과하다. 물가상승률에도 미치지 못하는 수준이다. 한

〈표 1-2〉 주요국 퇴직연금 10년 연평균 수익률

국가	수익률
한국	1.93%
일본	4.1%
호주	6.72%
미국	7.79%

※ 2022년 말 기준
출처: 금융투자업계

국 연금의 소득대체율(생애 평균 소득 대비 노후 연금액 비율)은 50% 선에 그친다. 반면 미국 연금의 소득대체율은 85%에 육박한다. 연금만으로 노후 생활이 가능한 수준이다.

전문가들은 우리나라에서도 연금 백만장자가 나오려면 연금계좌를 방치해선 안 된다고 말한다. 한 자산운용사 임원은 "수익률을 1%p만 올려도 매년 복리로 돈이 쌓이므로 현재 내 퇴직연금이 어떻게 운용되고 있는지 파악하고 퇴직연금 운용 계획부터 제대로 구축할 필요가 있다"라고 조언했다.

05
운용 걱정 없이 알아서 해주는 연금투자, TDF

많은 직장인이 본인의 노후를 위한 퇴직연금을 그대로 방치하곤 한다. DC형, DB형, 디폴트옵션(연금 가입자가 미리 연금 운용 방법을 지정하면 금융사가 대신 자금을 관리해주는 제도로 '사전지정운용제도'라고도 한다) 등 용어만 들어도 머리가 아픈데, 펀드를 직접 골라서 포트폴리오까지 짜야 하니 초보자로서는 쉬운 일이 아니다. 그렇다 보니 예·적금 등 원리금 보장형 상품에 방치된 퇴직연금의 수익률은 물가상승률에도 미치지 못하는 연 1~2%에 머물고 있다.

이런 직장인들을 위해 탄생한 상품이 바로 TDF다. TDF는 '자율주행 연금투자'라고도 불리는데, 이는 은퇴 시점, 즉 목적지만 설정해놓으면 가입자의 생애주기에 맞춰 자산 비중을 알아서 조정해주기 때문이다.

젊을 때는 주식으로 수익률을 높이다가 중년이 되면 채권으로 안정성을 추구하는 상품이다. 가입한 뒤에 잊어버려도 알아서 포트폴리오를 조정해주니 바쁜 직장인에게 딱 맞는 상품이라 할 수 있다.

이처럼 TDF의 최대 강점은 간편하다는 데 있다. 자신의 은퇴 예상 시점에 맞는 상품을 골라서 퇴직연금계좌에 담으면 끝이다. TDF 상품명에는 2030, 2040, 2050 같은 숫자(빈티지)가 붙는데, 가입자의 은퇴 예상 연도를 뜻한다.

보통 자신의 출생 연도에 60을 더해서 계산한다. 예를 들어 1985년에 태어나 은퇴를 10년 정도 앞둔 직장인이라면 2045 빈티지의 TDF를 고르면 된다.

미국에서는 퇴직연금인 401K에서 TDF가 차지하는 비중이 2016년 22%에서 2024년에는 41%까지 늘어났다.

국내 시장에서도 TDF로 운용되는 퇴직연금 순자산이 20조 원을 넘어서는 등 급성장하는 중이다. 자산운용사들도 앞다퉈 관련 상품을 내놓고 있다.

게으른 투자자를 위한 고수익 연금투자상품

'게으른 투자자를 위한 상품'이라고 해서 TDF의 수익률이 낮은 것은 절대 아니다. TDF는 전 세계 주식과 펀드에 분산투자하는 방식으로 안정성과 고수익을 동시에 추구한다. 금융투자협회에 따르면 국내에 출시된 TDF 상품 265개의 2년 평균 수익률(2025년 5월 말 기준)은 19.81%로 국내 주식형 펀드(0.48%)보다 19.33%p 높았다. TDF는 2016년 4월 국내에 처음 출시된 이후 2022년(-14.8%)을 제외하면 매년 원리금 보장 상품보다 월등히 높은 수익률을 냈다. 2018년 이후 2024년까지 연평균 수익률은 8.1%다.

TDF가 좋은 성적을 낸 비결은 성장률이 높은 자산군 선별, 변동성을 줄이는 자산 배분 등에 있다. 주로 미국 주식에 장기투자하는 TDF들이 좋은 수익률을 기록한 것으로 나타났다.

라이프·은퇴 정보 서비스 업체인 한국퇴직연금데이터에 따르면 전체 TDF 상품 중 2024년 가장 높은 수익률을 낸 상품은 '한국투자TDF알아서ETF포커스'였다. 2030(20.64%), 2035(22.37%), 2040(24.41%), 2045(26.66%), 2050(28.01%), 2060(30.54%) 등 6개 빈티지에서 1위에 올랐다.

NH아문디자산운용의 'NH-Amundi하나로TDF'는 2025(13.98%) 빈티지에서 가장 높은 수익을 냈다. 국내외 주식 및 채권에 투자해 비중을 조절하는데, 1994년 세계에서 처음으로 TDF를 개발한 미국 올

〈표 1-3〉 국내 TDF 기간별 수익률

연차	수익률
1년	5.30%
2년	19.81%
3년	20.15%
5년	34.58%

※ 2025년 5월 26일 기준

〈표 1-4〉 2024년 TDF 빈티지별 수익률 순위

빈티지	1위	2위	3위
2030	한국투자TDF알아서ETF포커스(20.64%)	KCGI프리덤TDF(18.29%)	NH-Amundi하나로TDF(15.57%)
2035	한국투자TDF알아서ETF포커스(22.37%)	KCGI프리덤TDF(19.12%)	NH-Amundi하나로TDF(17.76%)
2040	한국투자TDF알아서ETF포커스(24.41%)	KCGI프리덤TDF(20.34%)	미래에셋전략배분TDF(19.53%)
2045	한국투자TDF알아서ETF포커스(26.66%)	KCGI프리덤TDF(20.88%)	한화LifePlusTDF(20.12%)
2050	한국투자TDF알아서ETF UH(28.01%)	한국투자TDF알아서ETF포커스(27.94%)	삼성한국형 TDF UH(27.26%)

출처: 한국퇴직연금데이터

스프링(Allspring)의 운용 자문과 유럽 1위 운용사인 아문디(Amundi)의 인프라를 연계해 효율을 극대화한 것이 특징이다.

KCGI자산운용의 'KCGI프리덤TDF'는 2030(18.29%), 2035(19.12%), 2040(20.34%), 2045(20.88%) 등 4개 빈티지에서 2위를 차지하는 등 상위권에 이름을 올렸다.

TDF 선택의 묘(妙), 샤프 지수

2024년을 기준으로 국내에서 TDF로 운용되는 연금자산은 20조 8,656억 원(순자산 기준)에 달한다. 2018년 말만 해도 순자산이 1조 1,000억 원에 불과했는데 6년 반 만에 거의 20배로 불어났다. 2023년

7월 디폴트옵션 도입 후에는 성장세가 더 가팔라졌다.

성균관대학교 SKK GSB(Graduate School of Business)의 영주 닐슨 교수는 "원금 보장형은 퇴직연금의 적립금을 항상 보전해주지만, 인플레이션을 훌쩍 뛰어넘는 성과를 가져오는 건 거의 불가능하다"라고 했다. 그러면서 "TDF는 위험을 감수해야 하는 시기가 있지만, 다양한 포트폴리오를 제공하면서도 인플레이션을 훨씬 넘어서는 성장을 기대할 수 있다"라고 말했다.

전문가들은 TDF를 잘 선택하기 위해서는 투자 성과 판단용 지수인 샤프 지수(Sharpe Ratio) 등을 따져봐야 한다고 조언한다. 장기투자 상품인 만큼 투자 시점이나 대외 변수에 따른 변동성이 작으면서도 안정적인 수익을 내야 하기 때문이다. 샤프 지수가 높을수록 수익률 대비 변동성이 낮다는 의미다. 예를 들어 비트코인은 수익률이 높은 만큼 변동성도 심해서 샤프 지수가 낮다.

일반적으로 TDF에서는 샤프 지수가 0.6 이상이면 좋은 상품으로 분류한다. 2024년에는 미국 주식시장이 활황이었던 만큼 2024년 국내 주요 TDF 상품의 샤프 지수는 1~2로 이보다 훨씬 높다.

TDF 상품을 공격적으로 운용하고 싶다면 실제 은퇴 예상 시점보다 높은 빈티지의 TDF에 투자하는 것도 좋은 방법이다. 빈티지가 높을수록 주식 비중이 높고, 자연스럽게 수익률도 더 높일 수 있어서다. 이런 수요를 겨냥해 최근에는 빈티지가 2080인 초장기 상품도 출시되고 있다. 투자 기간을 50년 이상으로 잡고 위험자산 비중을 극도로 끌어올려서 설계한 것이 특징이다.

TDF는 'TDF 상장지수펀드(ETF)'를 통해서도 간편하게 투자할 수 있다. TDF처럼 자산을 배분해주면서 주식처럼 간편하게 거래할 수 있고 수수료도 저렴한 ETF의 장점을 모두 갖췄다. 한국거래소에 따르면 2024년 기준 상장된 TDF ETF는 'KODEX TDF2030액티브' 'KIWOOM TDF2050액티브' 등 13개다. 키움투자자산운용, 삼성자산운용, KB자산운용, 한화자산운용이 각각 은퇴 시점을 2030년, 2040년, 2050년 등으로 잡은 상품을 내놓고 있다. 은퇴 시점이 가장 먼 상품(2060년)은 한화자산운용의 'PLUS TDF2060액티브'다.

다만 전문가들은 TDF ETF가 거래가 쉽다는 것이 되레 단점으로 작용할 수도 있기에 유의해야 한다고 조언한다. TDF를 환매하려면 길게는 영업일 기준으로 약 10일이 걸리지만, TDF ETF는 주식처럼 2영업일이면 수익금을 받을 수 있다. 또한 원하는 시간에 자유롭게 사고팔 수 있어서 오히려 장기투자에 방해가 될 수 있다는 것이다.

06
연금계좌 투자도 미국 주식부터

"내가 죽으면 재산의 90%는 S&P500 인덱스 펀드에, 나머지 10%는 미국 국채에 투자하라."

이 문장은 버크셔해서웨이(Berkshire Hathaway)의 회장이자 투자의 대가 버핏이 2013년에 작성한 유서의 일부다. 그의 말대로 2013년 S&P500 지수에 1억 원을 투자했다면 2024년 기준 잔고는 6억 원으로 불어나 있을 것이다. 테슬라, 마이크로소프트, 엔비디아 등 미국 주식시장의 '스타'들을 골라 전략적으로 투자한 것도 아니고, 미국 대표 500개 회사를 모은 지수에만 기계적으로 투자해도 이런 결과가 나온다. 모두가 부러워하는 강남 아파트 부동산 수익률을 훨씬 앞선다.

같은 기간 한국 주식시장에 1억 원을 투자했다면 결과는 어떻게 됐을까? 통장 잔고는 1억 2,000만 원가량에 불과할 것이다. 물가상승률을 감안하면 사실상 손해를 본 셈이다. 코스피 지수는 2007년 2,000선을 처음 돌파했는데 17년이 흐른 작년 말까지도 2,400선을 맴돌았다.

　투자 전문가들은 국내 투자자들의 주식 이민에 대해 합리적인 선택이라고 평가한다. 미래에셋자산운용 ETF 부문의 김남기 대표는 "미국 투자에 대한 관심은 이제 시작 단계일 뿐이다. 앞으로 더욱 강해질 것이다"라고 말했다.

미국이 불변의 1순위 투자처인 이유

전문가들이 노후 자금의 1순위 투자처로 미국을 꼽는 이유는 크게 네 가지다.

　첫째, 미국 주식시장이 가진 대표성 때문이다. 미국 주식시장은 현재 전 세계 주식시장의 약 60%를 차지하고 있다. 미국 주식시장 하나가 전 세계 주식시장의 절반 이상을 차지하는 것이다. 미국 주식시장은 시장의 활력도를 나타내는 거래대금 측면에서도 전 세계 주식시장 거래대금의 절반을 차지할 만큼 풍부한 유동성을 가진 시장이다. 전 세계 주식시장을 하나의 포트폴리오로 가정한다면 세계 주식시장의 60% 이상을 차지하는 미국 시장에 일정 부분 투자하는 것이 합리

〈표 1-5〉 미국 시가총액 비중

미국	약 60%
미국 제외 전 세계	약 40%

※ 2025년 1월 기준

적이다.

둘째, 혁신을 통한 미국 경제의 꾸준한 성장성이다. 미국은 2022년 말 국제 특허권 보유 2위 국가인 동시에 상표 등록 건수로는 세계 1위를 차지하고 있다. 기업이 수익 일부를 미래의 이익 증대를 위해 넣는 연구개발(Research and Development, R&D)과 설비투자도 다른 국가 대비 압도적으로 높다. 미국 기업들의 혁신은 코로나19 이후 인공지능(Artificial Intelligence, AI) 산업을 중심으로 더욱 속도를 높이고 있다.

셋째, 주주 친화적인 미국의 기업 문화다. 미국의 지난 10년 평균 주주환원율은 92%로 전 세계에서 가장 높았으며 한국(29%)의 3배가 넘는다. 미국 기업의 자사주 매입과 배당은 꾸준히 증가하고 있다. 기업들의 지속적인 자사주 매입 소각으로 주주들은 가만히 있어도 지분가치가 올라가는 효과를 누릴 수 있다. 중장기 수익률을 목표로 하는 노후 계좌에서 이보다 큰 매력 포인트를 찾을 수 있을까?

넷째, 미국이란 최강대국이 보장하는 안전과 여전히 증가하는 인구를 꼽을 수 있다. 노후를 위해 장기투자를 하기 위한 국가를 선정할 때의 기준은 뭐니 뭐니 해도 안전이라고 할 수 있다. 아무리 경제가 좋아도 전쟁이 나면 모든 것이 소용없기 때문이다. 미국은 군사적으로 세계 최강대국이며 달러라는 기축통화를 갖고 있다. 기축통화국의

〈표 1-6〉 미국 GDP 비중

미국	약 26%
미국 제외 전 세계	약 74%

※ 2025년 1월 기준

위력은 위기 상황일 때 더욱더 강력하게 발휘된다.

또한 미국 중앙은행의 통화정책에 따라 원화는 물론 전 세계 대부분의 통화가 출렁거린다. 1997년 외환위기와 2008년 금융위기 시절 원/달러 환율이 치솟았던 것을 떠올려보면 달러화 자산의 가치는 더욱 절실해진다.

미 정부는 팬데믹 충격에서 벗어난 뒤에도 인프라법, 반도체 및 과학법 등을 통해 매년 수조 달러를 뿌리고 있다. 재정 적자는 2023년 GDP 대비 6.3%였고 2024년에도 5.6%를 기록했다. 과거에는 경기침체 때나 볼 수 있었던 수준이다. 다른 나라였으면 환율이 흔들리고 금리가 뛰었겠지만, 기축통화인 덕분에 달러 가치는 굳건하다. 미 정부가 국채를 마구 찍어내고 있지만 뉴욕 채권시장에서는 순조롭게 소화되고 있다.

트럼프 2.0 시대, 강자의 등에 올라타라

트럼프 2.0 시대를 맞아 미국 시장은 더욱 강해질 것으로 보인다. 도널드 트럼프(Donald Trump) 미국 대통령의 'MAGA(Make America Great Again, 미국을 다시 위대하게)' 정책은 기존 외교적 관계를 따르지 않는다. 관세 이슈에서 드러났듯이 예측 불가능하고, 미국 우선주의에 걸림돌이라고 판단되면 동맹국인 한국도 규제의 칼날을 피하기 어렵다.

미국인이 아닌 입장에서는 MAGA와 미국 우선주의가 달갑지 않을 수도 있다. 하지만 오히려 그런 미국에 투자하는 것만큼 든든한 것도 없다. 돈에는 국경이 없다. 우리의 노후를 위해선 강자의 등에 올라타 실리를 챙기는 지혜도 필요하다.

07
자산 배분으로 장기투자의 위험을 분산하라

연금투자의 핵심은 장기투자다. 투자 기간이 길다는 점을 활용해 복리 효과를 극대화할 수 있기 때문이다. 월 50만 원씩 30년간 모으면 원금은 1억 8,000만 원에 그치지만, 연평균 8% 수익률로 적립식 투자를 한다면 7억 915만 원으로 불어난다.

그런데 장기투자의 종착점까지 가는 길이 순탄하지만은 않다. 장기 우상향하는 종목이나 상품에 투자해도 하락장이 오기 마련이고, 만약 계좌에 '-30%' 파란불이 들어오면 팔지 않고 견뎌내는 게 쉽지 않기 때문이다.

특히 투자자들은 손실을 원금 대비 손실이 아닌 고점 대비 손실로 인식하는 경향이 있기에 심적 고통이 더 크다. 가령 30% 이익을 보다가 -30% 손실 구간에 접어들면 60%나 떨어졌다고 인식한다. 만약 하락장을 다 견뎌내고 장기투자에 성공하더라도 그동안의 심적 고통 때문에 '부자'가 아닌 '환자'가 된다는 말도 나온다.

전문가들은 연금투자를 하기로 마음먹었다면 자산 배분에도 신경 써야 한다고 조언한다. 수익률도 중요하지만, 변동성이 너무 크면 손해가 나기 쉬울 뿐만 아니라 투자에 관한 관심 자체가 줄어들 수 있기 때문이다. 직접 자산 배분을 하기 어렵다면 투자자의 은퇴 시점을 고려해 생애주기별로 자산을 배분해주는 TDF나 주식, 채권의 보유율을 일정하게 유지해 분산투자하는 밸런스 펀드(Balance Fund, BF) 등을 이용하는 것도 좋은 방법이다.

장기투자의 핵심은 분산투자다

애플 주식에 2008년 초부터 17년간 투자했다면 누적수익률은 약 3,600%에 달한다. 주가가 37배나 뛰었다는 뜻이다. 말 그대로 '대박'인 수익률이지만 이 수익률을 얻기까지는 60%에 달하는 하락 폭을 견뎌야 했다.

애플의 최고점 대비 주가하락률(Maximum Draw Down, MDD)을 조사해보면 2008년 초 이후 주가가 최고점 대비 30% 이상 하락한 경우가 6번이나 있었다. 2009년 글로벌 금융위기 당시에는 MDD가 60%에 달했다. 유로존 경기침체와 애플 창업자 스티브 잡스(Steve Jobs)의 타계가 겹친 2013~2014년에는 43%, 2016년 아이폰 판매량 감소 당시

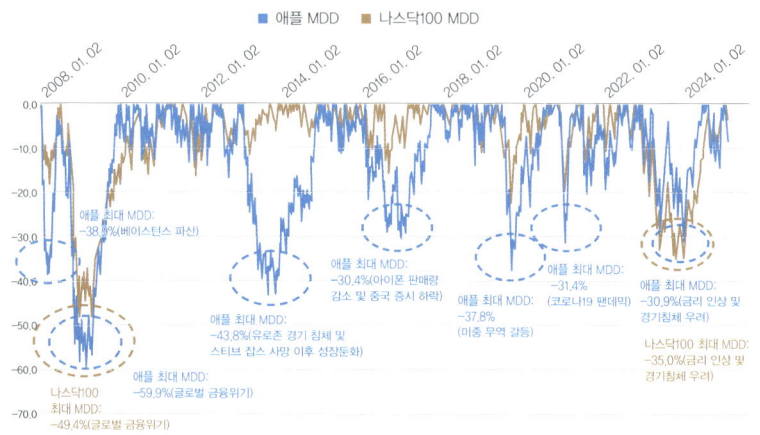

〈그림 1-7〉 2008년 이후 애플과 나스닥100 지수의 MDD 그래프

출처: 한국투자신탁운용

에는 30.4%였다.

개별 종목보다 변동성이 낮은 시장 대표 지수에 ETF로 투자하는 경우도 마찬가지다. 미국 대표 지수인 나스닥100 지수는 현재 2008년 초보다 약 10배 뛰었다. 그런데 이듬해인 2009년에 이르면 금융위기로 고점 대비 수익률이 -49.4%로 반 토막 난다. 이후로도 코로나19, 금리 인상에 따른 조정으로 인해 MDD는 20%~30%에 달했다. 이 과정을 모두 버텨야 비로소 높은 수익률을 낼 수 있는 것이다.

한국투자신탁운용의 배재규 대표는 "만약 투자자가 어떤 종목의 큰 하락 폭을 견뎌 수익을 냈다고 해도 그동안 높은 변동성에 속이 타들어 환자가 됐을 것이다"라며 "주식과 채권같이 상관관계가 낮은 자산들로 분산투자를 해야 오랜 기간 안정적으로 수익을 낼 확률이 높다"라고 조언했다.

변동성을 이기는 자산 배분 전략, '60/40'·'올웨더'

자산 배분의 대표적인 방법으로는 주식 60%, 채권 40%로 분산투자를 하는 '60/40 자산 배분 전략'이 있다. 만약 주식과 채권같이 수익률 그래프가 반대로 움직이는 상품을 담는다면 주식시장이 급락하더라도 채권을 통해 수익률을 방어할 수 있다.

'60/40 자산 배분 전략'은 변동성을 줄이면서도 주식 부럽지 않은 수익률을 올릴 수 있다. 1926년 이후 2024년까지 S&P500에 투자했다면 연평균 수익률이 10%에 이르는데, S&P500에 60%를 투자하고 나머지를 미국 국채에 투자했다면 수익률은 연평균 8.7%로, 둘 사이의 격차는 1.3%p에 불과했을 것이다.

세계 최대 헤지펀드 운용사 브리지워터어소시에이츠(Bridgewater Associates)를 세운 레이 달리오(Ray Dalio)가 고안한 '올웨더(사계절) 포트폴리오'도 유용한 자산 배분 방법으로 꼽힌다. 이 방법은 주식, 채권, 원자재, 금 등에 골고루 나눠 배분하는 형태로 포트폴리오를 구성하는데, 시장 변동성을 예측하기 힘든 만큼 어떤 상황에서도 수익을 낼 수 있는 포트폴리오를 구축하자는 개념에서 출발했다.

실제로 올웨더 포트폴리오는 경기침체, 물가상승 등 모든 경제 국면에서 비교적 변동성이 적어 우수한 수익률을 냈다. 글로벌 금융위기가 닥친 2008년에는 3.2%의 수익을 올렸고, 그해 S&P500 지수는 -36.8% 손실을 냈다. 물론 주식에만 투자하는 것보다 장기 수익률이 높지 않지만, 그만큼 변동성을 낮춰 오랜 기간 안정적인 수익을 내는

※ 국면별 성과 좋은 자산
출처: 브리지워터 어소시에이츠

것이 장점이다.

일반적으로 올웨더 포트폴리오는 주식 30%, 장기채 40%, 중기채 15%, 원자재 7.5%, 금 7.5%로 구성한다. 올웨더 전략을 ETF로 만든 'RISE 글로벌자산배분액티브'도 국내 증시에 상장돼 있다. 이 ETF는 미국 대형주(30%), 국내 종합 채권(55%), 금(15%)에 분산투자를 하고 있다.

자산군별 배분과 함께 투자 국가와 투자 시기도 다변화하는 것이 중요하다. 한 국가에 '올인'해서 투자하면 전쟁이나 경기침체, 자연재해 등 위험을 피하기 어려워지기 때문이다. 또 언제 조정장이 올지 모르기 때문에 한 번에 투자금을 넣기보다 적립식 투자를 하는 편이 좋다.

직접 노후 자금을 운용하기 어렵다면 자산 배분 상품인 TDF를 활용하는 것도 좋은 방법이다. TDF는 가입자가 스스로 포트폴리오를 짜야 하는 기존 연금 상품과 달리 은퇴 시점을 정해주면 알아서 자산별 비중을 조정해주는 상품이다. 청년기에는 성장주와 고수익 채권 등에 자산을 집중해 수익률을 끌어올리고, 은퇴 시기가 가까워지면 배당주와 국채 비중을 높여 안정적인 수익을 추구하는 식이다.

TDF를 잘 선택하기 위해서는 수익률도 중요하지만 투자 위험 대비 수익률 지표인 샤프 지수 등을 따져봐야 한다. 장기투자 상품인 만큼 투자 시점이나 대외 변수에 따른 변동성이 작으면서 안정적인 수익을 내야 하기 때문이다. 샤프 지수가 높을수록 수익률 대비 변동성이 낮다는 의미다.

NH투자증권 100세시대연구소는 "투자를 할 때는 본인의 투자 성향을 파악하는 것이 중요하다"라며 "만약 투자해보지 않은 사람이라면 처음에는 안전자산 위주로 투자하면서 자신이 얼마만큼의 변동성을 감내할 수 있는지 확인하는 것이 좋다"라고 조언했다.

08
미국 배당주로 매달 월급 받는 효과 누리기

서울 대기업에 다니는 이 모 부장(43세)의 꿈은 '월세의 왕'이었다. 아파트, 오피스텔, 상가 등 부동산을 보유해 은퇴 후 또박또박 월세를 받는 것이 그의 노후 플랜이었으나 5년 전 투자했던 상가는 현재 공실 상태다. 이제 와 아파트를 여러 채 보유하자니 종합부동산세, 취득세, 양도세 등 세금 폭탄이 기다리고 있어 앞이 캄캄하다.

그는 작년부터 미국 배당주 투자로 눈을 돌렸다. 상장사 대부분이 1년에 한 번 배당하는 한국과 달리 미국은 분기 배당이 보편적이므로 매달 꾸준한 현금 창출이 가능하다는 것을 알았다. 그리고 매년 들어오는 배당을 계속 재투자하면 복리 효과로 원금을 불릴 수도 있다.

이처럼 미국 배당주에 적절히 투자하는 것만으로도 매달 월세를 받는 효과를 낼 수 있다. 안전자산으로 꼽히는 달러를 기반으로 하니 투자 안정성도 높다.

미국 주식으로 만드는 '월급통장'

미국 배당주와 ETF를 활용하면 월세처럼 '제2의 월급통장'을 만들 수 있다. 이것이 가능한 이유는 미국에 세계에서 가장 발달한 자본시장을 이끌어온 주주 친화적인 기업이 많기 때문이다. 돈을 벌면 곳간에 쌓아놓기보다 주주들에 나눠주는 것이 증권가의 불문율이다. 미국의 지난 10년(2024년 말 기준) 평균 주주환원율은 92%로 전 세계에서 가장 높았으며 이는 한국(29%)의 3배 수준이다.

미국은 50년 넘게 배당금을 인상해온 회사가 49곳에 달한다. 반면에 같은 기간 동안 배당을 꾸준히 늘려온 한국 기업은 없다. 또한 기축통화인 달러 자산을 보유할 수 있다는 점도 투자 포인트다. 미국 달러는 원화에 경기침체, 금융위기 등 위기에 덜 흔들리는 경향이 있다.

상장사 대부분이 1년에 한 번 배당하는 한국과 달리 미국은 분기 배당이 일반적이다. 이를 활용하면 배당 달력을 짤 수 있다. S&P500 상장사 중 약 80%는 3개월 단위로 1년에 4번 배당금을 준다. 그러면 1, 4, 7, 10월에 배당하는 기업, 2, 5, 8, 11월에 배당하는 기업, 3, 6, 9, 12월에 배당하는 기업을 매수하고, 배당 지급일이 서로 다른 월 배당 ETF 세 가지를 섞어 포트폴리오를 짜면 거의 매달 배당금을 받을 수 있다. 게다가 이 배당금을 재투자하면 복리 효과도 기대할 수 있다.

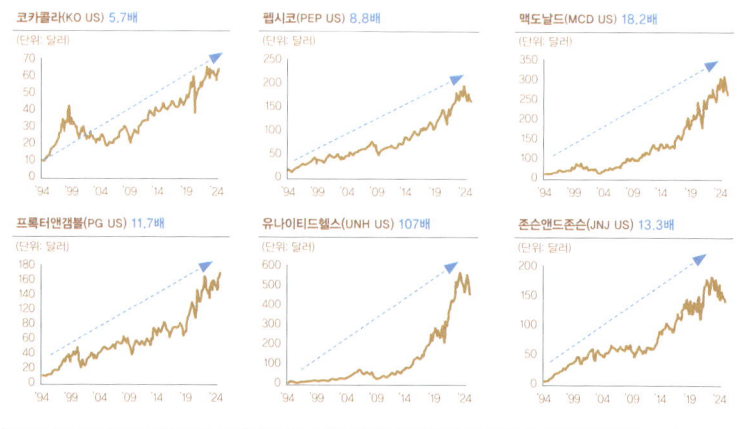

〈그림 1-9〉 배당 킹, 배당 귀족, 배당주들의 지속 성장

출처: 블룸버그(Bloomberg), 삼성증권

꾸준한 현금흐름을 창출하면서 리스크는 분산할 수 있는 전략이다.

미국에서는 이런 배당투자자를 위한 '배당계급표'도 유명하다. 50년 이상 꾸준히 배당한 기업인 '배당 킹'에는 버핏이 투자한 것으로 유명한 코카콜라를 비롯해 3M, 존슨앤드존슨, P&G 등이 있다. 25년 이상 배당한 '배당 귀족'은 AT&T, 엑슨모빌, 시스코 등이다. 10년 이상 배당한 '배당 챔피언'으로는 스타벅스, 베스트바이, 프랭클린리소스 등이 꼽힌다.

트렌드에 따른 배당주 포트폴리오 구축하기

배당주 종목을 선택할 때 반드시 체크해야 할 점은 ① 신뢰할 수 있는 배당 히스토리, ② 배당을 지속할 수 있는 산업 경쟁력, ③ 배당수익과 시세차익의 두 마리 토끼를 잡을 타이밍 등이다.

배당 킹과 배당 귀족은 배당해온 시간이 긴 만큼 기업의 역사도 길다. 그래서 식음료 등 전통산업에 속한 상장사가 많고 다소 고리타분하다고 느낄 수 있다. 하지만 배당주 중에서도 혁신적이고 젊은 기업들이 많다. 미국 증시에서는 '성취자(Achivers)'로 꼽히는 배당주들이 떠오르고 있다. 여기에 속하는 종목은 약 250개다. 배당 킹이나 배당 귀족보다 업종 폭도 넓다. 배당 킹부터 배당 성취자까지 포트폴리오를 다양하게 구성하면 배당투자자라 할지라도 최근 트렌드에 맞는 투자를 할 수 있을 것이다.

최근에는 애플, 마이크로소프트, 알파벳 등 빅테크 기업들도 배당을 꾸준하게 늘리고 있어서 테크주로 배당주 포트폴리오를 짜는 것도 좋은 전략이다. 꾸준한 주가상승으로 시세차익과 함께 배당까지 '두 마리 토끼'를 노릴 수 있다.

예를 들면 마이크로소프트, 브로드컴, 일라이릴리, 화이자, 코카콜라, 펩시코, 필립모리스 등으로 포트폴리오를 구성했다고 가정하면 아직 배당 성향이 낮지만 중장기 성장이 기대되는 주식(마이크로소프트, 브로드컴, 일라이릴리)과 전통적인 배당주(코카콜라, 펩시코, 화이자, 필립모리스)로 균형을 맞췄다고 할 수 있다. 이렇게 하면 배당으로만 연 3~4% 수익을 기대할 수 있다.

배당주에 투자할 때 주의해야 할 점 하나는 같은 업종으로만 포트폴리오를 짜면 안 된다는 것이다. 만약 내가 담고 있는 배당주가 모두

〈표 1-7〉 나만의 월 배당 포트폴리오 구축하기

대표 배당주 리스트 예시

지급 주기	종목명	티커	시가총액 (10억 달러)	배당수익률 (%, 12M)	배당 성향 (%)	배당 증액 기간(년)
1/4/7/10월	필립모리스	PM	163.2	5.0	83	15
2/5/8/11월	애플	AAPL	3,489.6	0.4	15	12
	프록터앤드갬블	PM	390.7	2.3	58	68
	코스트코	COST	375.3	0.7	26	19
3/6/9/12월	일라이릴리	LLY	887.8	0.6	38	9
	브로드컴	AVGO	794.1	1.2	44	13
	맥도날드	MCD	183.7	2.8	53	47
4/7/10/12월	코카콜라	KO	271.8	3.1	69	62

※ 2024년 7월 11일 종가 기준
출처: 블룸버그, 삼성증권

에너지 인프라 관련 기업인데 코로나19 때처럼 갑자기 국제유가가 급락하면 포트폴리오는 급락을 면치 못한다. 주가가 50% 떨어진 상황에서 아무리 배당을 많이 받아봐야 손실을 만회하기 힘들 것이다.

포트폴리오를 직접 짜는 것이 어렵다면 ETF로 투자하는 전략도 있다. 미국 배당주를 모은 '슈왑US디비던드 에쿼티(SCHD)', 'JP모건 에쿼티 프리미엄 인컴(JEPI)' 등이 배당 달력 전략에 활용할 수 있는 ETF로 꼽힌다.

09
세금 폭탄을 피하는 은퇴 절세 전략

"노후 대비로 월 배당 상장지수펀드(ETF)를 사들였는데 금액이 많아지자 세금 폭탄을 던지고 건강보험료까지 더 떼가네요. 남는 것이 없습니다."

은퇴를 앞둔 50대 직장인 A 씨는 은퇴 준비를 위해 매달 또박또박 배당금이 나오는 월 배당 ETF를 사 모으기 시작했다가 뜻밖의 세금 고지서를 받았다. 배당금이 연 2,000만 원을 넘어가자 최고 49.5% 세율의 금융소득종합과세 대상자가 되어버린 것이다.

전문가들은 세금 폭탄을 피하려면 개인종합자산관리계좌(Individual Savings Account, ISA)와 연금계좌를 적극 활용하라고 조언한다. 이 계좌에서의 배당소득은 낮은 세율로 분리과세가 되기 때문이다. 퇴직연금을 수령할 때도 일시금이 아닌 연금 형태로 나눠 받는 것도 절세 포인트다.

1부 9장에서는 세금 폭탄을 피할 수 있는 은퇴 절세 전략에 대해 자세히 알아본다.

연금계좌·ISA로 금융소득종합과세를 피하라

국내 배당 ETF에서 나오는 분배금은 배당소득세 15.4%(지방소득세 포함)로 원천징수된다. 문제는 배당소득과 이자소득 합계가 연 2,000만 원을 넘으면 금융소득종합과세 대상자가 된다는 점이다. 금융소득종합과세는 2,000만 원 초과분에 대해 다른 소득과 합산해 누진세율(6.6~49.5%)로 소득세를 매기고 있다. 때에 따라 최고 49.5%의 세금 폭탄을 맞을 수 있다는 것이다.

특히 배당소득 외에 근로소득 등이 있는 A 씨 같은 경우는 세금 폭탄 대상자가 되기 쉽다. 연봉 1억 원인 직장인이 배당금으로 연 3,000만 원을 받았다면 2,000만 원까지는 14%(지방소득세 포함 시 15.4%)의 세율을 적용받고, 나머지 1,000만 원은 근로소득 1억 원과 합산해 과표구간에 따라 38.5%(지방소득세 포함) 세율로 세금을 내기 때문이다.

만약 은퇴 후 다른 소득 없이 배당금만 챙긴다면 금융소득 연 7,760만 원까지는 추가 세금이 없다. 배당금을 받을 때 이미 14%(지방소득세 포함 시 15.4%)가 원천징수된다. 이 원천징수된 금액이 금융종합소

〈표 1-8〉 배당 ETF 투자 시 과세 현황

세금 구분	일반 계좌	연금계좌
	배당소득세	연금소득세
세율	15.4%	3.3~5.5%
종합과세	배당·이자소득 연간 2,000만 원 초과 시 초과분 최대 45%	연간 1,500만 원 초과 시 종합과세 16.5% 분리과세 가능
지역건강보험료	부과	미부과

출처: 금융투자협회

득과세 계산식을 적용한 금액보다 많다면 추가로 징수하지 않기 때문이다.

2024년 기준 금융소득만 7,760만 원일 때를 가정해보면 기본적으로 원천징수(14%, 지방소득세 미포함 시)되는 세금은 1,086만 4,000원이다. 그런데 이 금액은 7,760만 원을 대상으로 종합소득세 계산식을 적용한 금액과 같다. 따라서 연 7,760만 원까지는 금융소득종합과세에 따른 추가 세금이 없다는 것이다.

하지만 배당소득이 일정 금액을 넘어서면 건강보험료도 추가로 부과될 수 있다. 은퇴한 지역가입자는 이자와 배당소득이 연간 1,000만 원을 넘으면 전체 이자와 배당소득에 대해 약 8%의 건강보험료를 내야 한다. 이자와 배당소득이 2,000만 원이 넘으면 건강보험 피부양자 자격도 유지할 수 없다. 직장인이라면 2,000만 원 초과 금액의 8%를 건강보험료로 추가 납부해야 한다.

전문가들은 현행 과세 체계에서 절세하려면 ISA와 연금계좌를 적극적으로 활용하라고 조언한다. 두 계좌에서 나오는 배당금은 금융소득종합과세에 포함되지 않고 각각 9.9%, 3.3~5.5%로 분리과세가 되기 때문이다. 연금계좌의 연금소득이 1,500만 원을 넘을 때는 다른 소득과 합산해 종합과세 대상이 되지만 이때도 16.5%로 분리과세를 해달라고 요청할 수 있다. 연금계좌 소득에는 건강보험료도 부과되지 않는다.

절세계좌 혜택을 최대한 누리려면 은퇴 전부터 연금계좌의 적립금을 충분히 쌓아둬야 한다. 연금계좌는 1년에 1,800만 원까지 적립금을 넣을 수 있기 때문이다. 이 가운데 최대 900만 원에 대해 세액공제 혜택은 덤이다. 근로자가 퇴직할 때 받는 퇴직금도 연금계좌에 이체할 수 있다. ISA 만기환급금 역시 연금계좌에 이체할 수 있어 연금계좌 잔고 불리기에 유용하다. ISA 만기환급금도 연금계좌에 넣을 수 있는데, 이체한 금액의 10%를 한도 300만 원까지 추가로 세액공제를 받을 수 있다. 만 60세 이상의 1주택자가 12억 원 이하의 주택을 매도하고 매도가보다 낮은 주택을 매수한 경우 차액 중 1억 원을 연금계좌에 넣을 수 있다.

퇴직연금 수령도 절세할 수 있다

퇴직연금을 수령할 때도 절세 전략이 필요하다. 퇴직금을 한 번에 받는 것이 아니라 연금으로 받기만 해도 세금 부담을 30~40%나 덜 수 있기 때문이다.

　만약 20년간 일하고 2억 원의 퇴직금을 수령할 예정이라면 일시금으로 받으면 5.24%(지방소득세 포함)의 세율이 적용되어 퇴직소득세 1,048만 원이 한꺼번에 부과된다. 하지만 연금으로 받는다면 세금 30%를 감면받아 733만 원을 연금을 수령하는 기간 동안 나눠 내게 된다. 세금을 한꺼번에 내지 않아 과세이연 효과도 누릴 수 있다. 연금 수령 기간을 늘리면 퇴직소득세를 더 아끼는 것도 가능하다. 연금 수령 11년 차부터는 당초 납부할 퇴직소득세의 40%를 감면받을 수 있

〈표 1-9〉 퇴직금 수령 시 세금

수령 방법	재원	세율
일시금	-	퇴직소득세 전액 납부
연금	퇴직금	실제 연금 수령 기간 10년 차까지는 퇴직소득세 30% 감면, 11년 차부터는 40% 감면
	운용수익	연금소득세 3.3~5.5%

출처: 〈조선일보〉

기 때문이다.

정리하면 연금 수령 1~10년 차까지는 퇴직소득세율의 70%, 11년 차 이후는 퇴직소득세율의 60% 세율이 적용된다. 절세 효과를 극대화하려면 연금 수령 10년 차 이전에는 연금 수령액을 최대한 적게 설정하고, 11년 차 이후부터 연금 수령액을 늘려야 한다는 뜻이다. 연금 수령 연차는 수령 개시일 기준이 아니라 실제로 연금을 받았는지, 아닌지로 따진다. 1~10년 차일 때 적은 금액이라도 연금을 수령해야 수령 연차가 지나는 것으로 본다는 의미다.

NH투자증권 100세시대연구소에 따르면 고액 퇴직연금이 예상되거나 과거 중간 정산으로 계속 근로 기간이 짧은 은퇴자는 일시금 수령 시 높은 퇴직소득세율이 적용될 수 있다. 이런 경우라면 연금 형태로 수령하는 게 절세에 훨씬 더 유리하다. 연간 연금 수령 한도 이내로 연금을 수령하는 것도 중요한 포인트다. 만일 연금 수령 한도를 초과해 인출한다면 해당 금액에 세금이 감면되지 않고 퇴직소득세가 전부 부과된다.

연금을 받는 동안 적립금을 월 배당 ETF 등에 투자해 운용하는 것도 가능하다. 또 연금계좌는 건강보험료가 부과되지 않기 때문에 퇴직 후 건강보험 지역가입자로 전환될 때 금융소득에 따른 건강보험료 부담을 줄일 수 있다.

본인이 다니는 회사가 퇴직연금을 도입하지 않은 경우라도 퇴직금을 퇴직연금 형태로 전환해 수령할 수도 있다. 개인형 퇴직연금(IRP) 계좌를 만들어 퇴직금을 IRP 계좌로 받으면 된다. IRP는 보통 55세 이상이면서 계좌를 만들고 5년이 지나야 연금을 수령할 수 있다. 하지만 일시 퇴직급여를 IRP 계좌로 수령한 경우에는 계좌 개설 이후 5년이 지나지 않아도 55세 이상이기만 하면 연금을 받을 수 있다.

10
손쉽게 진행하는 퇴직연금 갈아타기

30대 직장인 김 모 씨는 퇴직연금 3,000만 원을 A 은행에서 운용하고 있다. 그는 퇴직연금계좌를 들여다보곤 고민에 빠졌다. 3년간 수익률이 3%대에 그쳐 물가상승률도 따라가지 못했기 때문이다. 수익률을 높이기 위해 다른 금융회사로 계좌를 옮겨볼까 고민했지만 번거로운 절차 때문에 이내 마음을 접었다.

최근 김 씨와 같은 직장인에게 희소식이 전해졌다. 퇴직연금 상품을 해지하지 않고 다른 금융회사로 통째로 갈아탈 수 있는 '퇴직연금 실물이전 서비스'가 시작된 것이다.

퇴직연금을 원리금 보장형 상품에 묻어두지 않고 상장지수펀드(ETF) 등에 공격적으로 투자하려는 사람이 늘면서 '퇴직연금 갈아타기'도 활발히 이뤄지고 있다.

손실 없이 갈아탄다, 실물이전 서비스

원래 퇴직연금계좌를 다른 금융사로 옮기려면 기존 계좌에 있는 상품을 모두 팔아 현금으로 바꾼 뒤 해지해야 했다. 귀찮고 복잡한 절차를 거쳐야 하는 것도 문제지만, 중도해지를 위해 상품을 팔고 사는 과정에서 손실을 볼 수 있었다.

2024년 10월 말부터 퇴직연금 실물이전 서비스가 시행되면서 이런 번거로움과 손실 가능성이 줄었다. 퇴직연금 실물이전은 가입자가 기존에 운용하던 금융상품을 매도하지 않고 사업자(금융사)만 바꿀 수 있는 서비스다. 2024년 10월 31일부터 2025년 4월 30일까지 6개월 동안 약 6만 5,000건, 3조 8,000억 원가량의 실물이전이 이뤄졌다. 업권별로 보면 은행권에서 9,000억 원가량이 순유출됐고, 증권업권으로 9,000억 원가량이 순유입됐다.

갈아타기 절차는 간단하다. 옮기고 싶은 금융사의 계좌를 개설한 뒤 이전 신청서를 내면 된다. 신청받은 금융사는 가입자의 실물이전 가능 상품 목록을 확인하고 가입자에게 유의사항을 안내한다. 마지막

〈그림 1-10〉 퇴직연금 실물이전 절차

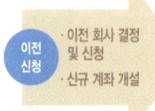  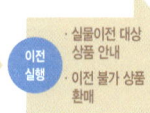 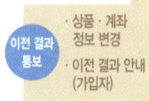

출처: 금융감독원

으로 최종 의사를 재확인한 뒤 실물이전을 실행하고 문자메시지 등으로 결과를 통지해준다.

퇴직연금 가입자로서는 조금이라도 높은 수익률을 거둘 수 있는 금융회사로 계좌를 이동하는 것이 중요하다. 하지만 이때 꼼꼼히 점검해야 할 사항도 적지 않다. 먼저 본인이 투자하는 상품이 무엇인지 체크해야 한다. 실물이전 서비스 대상은 예금, 공모펀드, ETF 등 주요 퇴직연금 상품 대부분이 해당된다.

하지만 일부 상품은 실물이전이 불가능하다. 디폴트옵션(사전지정운용제도)과 리츠(Real Estate Investment Trusts, REITs, 부동산 투자회사), 사모펀드, 주가연계 펀드(Equity Linked Fund, ELF), 파생결합증권, 환매조건부채권(Repurchase Agreement, RP), 머니마켓 펀드(Money Market Fund, MMF), 종합금융회사(종금사) 발행어음 등이 대표적이다. 보험계약 형태로 이뤄진 상품도 실물이전이 불가능하다. 보험사의 퇴직연금은 대부분 보험계약 형태여서 실물이전 대상이 아닌 경우가 많다.

퇴직연금을 통째로 옮기기 위해선 갈아타려는 금융회사가 이전 금융회사와 같은 상품을 취급해야 한다. 옮겨 가는 회사에서 내가 투자하는 상품을 취급하지 않으면 해당 상품을 매도한 뒤 계좌를 옮겨야 한다. 가령 A 증권사 퇴직연금계좌에서 미국 반도체 ETF에 투자하고 있는데 B 은행에서 해당 상품을 취급하지 않는다면 기존처럼 현금화한 뒤 갈아타야 한다는 뜻이다.

동일한 퇴직연금제도 내에서만 이전할 수 있다는 점도 유의해야 한다. 퇴직연금은 확정급여형(DB형), 확정기여형(DC형), 개인형 퇴직연금(IRP)으로 나뉜다. 이 가운데 개인이 갈아타기를 할 수 있는 것은 운용 주체가 근로자인 DC형과 IRP다. 이때 DC형은 DC형으로만, IRP는 IRP로만 갈아탈 수 있다.

DC형 계좌를 옮기려면 회사에서 지정한 퇴직연금 사업자가 어느 곳인지 확인하고 그중에서 선택해야 한다. 변경할 수 있는 시기는 회사마다 다르다. 통상 1년에 한두 번 정해진 기간에 사업자를 바꿀 수 있다. IRP 가입자는 원할 때 언제든 퇴직연금 사업자를 바꿀 수 있다.

퇴직연금 수수료 및 수익률 체크도 필수

퇴직연금 자산관리에서 또 하나 중요한 것은 수수료다. 금융사별로 퇴직연금 수수료율은 적게는 0.3%, 많게는 1.0%까지 큰 차이를 보인다. 업권별로 보면 은행이 가장 비싸고 생명보험, 증권, 손해보험 순이다. 금융감독원 통합연금포털에 들어가면 회사별 수수료를 확인할 수 있다.

각 금융사의 평균 수익률이 얼마인지도 중요하지만, 투자할 수 있는 상품군이 얼마나 다양한지 꼭 살펴봐야 한다. 퇴직연금 실물자산 이전 대상인 DC형과 IRP형은 기본적으로 근로자가 직접 연금자산을 운용하는 제도다. 다시 말해 수익률을 가르는 건 결국 투자자 본인의 결정인 것이다.

만약 ETF에 투자하고 싶다면 증권사가 가장 유리하다. ETF만 놓

〈표 1-10〉 퇴직연금 실물이전 대상 상품

상품	이전 가능 여부
예금(은행·저축은행 등)	O
펀드, 상장지수펀드(ETF)	O
파생결합사채(ELB)	O
디폴트옵션	×
리츠(REITs)	×
보험계약	×

출처: 〈한국경제신문〉

고 보면 은행 퇴직연금계좌에서 매수할 수 있는 상품은 대략 100~150개지만, 증권사에서는 600~700개가량을 투자할 수 있다. ETF를 사고파는 절차도 증권사를 이용하는 게 훨씬 편리하다. 증권사에서는 장중에 실시간으로 ETF를 사고팔 수 있지만, 은행은 주문을 모아놨다가 하루에 한 번이나 두 번 정도 한꺼번에 처리하기 때문이다.

만약 퇴직연금을 어떻게 굴릴지 막막하다면 각 금융사에서 제공하는 투자 자문 서비스도 눈여겨볼 만하다. 이런 서비스를 활용하면 맞춤형 상담 등을 통해 더욱 전문적인 지원을 받고 투자 전략 수립에 도움을 받을 수 있다. 퇴직연금을 갈아타고자 한다면 금융사별로 어떤 투자 서비스를 운영하고 있는지 확인해보자.

11
거대 기관투자자, 국민연금은 어떻게 투자할까

36년간 기금 운용으로 번 돈 738조 원, 최근 3년 동안 207조 원, 연평균 수익률 6.82%. 누구의 투자 실적일까. 바로 우리의 노후 자금인 국민연금을 운용하는 국민연금공단기금운용본부의 투자 실적이다. 2017년 서울에서 전주로 이전한 뒤 매년 인력 유출 등 부정적인 뉴스가 끊이지 않고 있지만 국민연금 기금운용본부는 명실상부 국내 최대이자 최강의 투자기관으로 꼽힌다.

2025년 3월 기준 1,226조 원에 달하는 운용자산, 400여 명의 투자 전문가가 모인 이곳에는 매일 글로벌 투자기관들이 보내온 투자 제안서가 쌓인다. 세계 최대 사모펀드(PEF) 운용사 칼라일, 세계적 금융 명가 스웨덴 발렌베리 가문의 사모펀드 EQT파트너스 등 유수의 기관들이 국민연금과 투자 정보를 교류하고, 자금을 위탁받아 운용하고 있다.

이처럼 고급 정보를 바탕으로 움직이는 국민연금의 자금이 어디로 움직이는지는 금융 업계 초미의 관심사다. 국민연금이 투자한 자산은 시장에서 어느 정도 검증된 우량 자산이란 의미이기 때문이다. 한국 자본시장의 선두주자 국민연금은 어디에, 어떻게 투자하고 있을까.

위험자산과 안전자산의 비율, 65 대 35

국민연금의 포트폴리오는 단기 대박을 노리기보다는 장기적으로 안정적인 수익률을 확보하려는 투자자들이 참고해볼 만하다. 국민연금은 기금 운용에서 수익성만큼 안정성을 중시한다. 국민연금의 존재 목적이 젊은 시절 30~40년간 보험료를 낸 이들이 은퇴 후 사망할 때까지 안정적으로 연금을 받으며 살 수 있게 하는 것이기 때문이다.

국민연금은 향후 70년의 장기 자산 배분에서 전체 자산의 65%를 위험자산에, 나머지 35%를 안전자산에 배분하고 있다. 세부적으로는 55%의 주식과 통상 중위험 자산으로 분류되는 대체투자(15%) 중 인프라 등 수익성보다는 안정적 현금흐름에 집중한 자산 일부를 뺀 10%를 더하면 65%가 된다. 나머지 30%는 채권이며 장기 목표 수익률은 5.5%다.

2025년 3월 기준 국민연금의 자산 포트폴리오는 국내 주식 12.3%, 해외 주식 35.2%, 국내 채권 27.6%, 해외 채권 7.3%, 대체투자 17.4%로 구성된다. 이 가운데 해외 투자 비중은 약 50% 초반대로 추정된다. 이

⟨그림 1-11⟩ 국민연금의 자산 포트폴리오

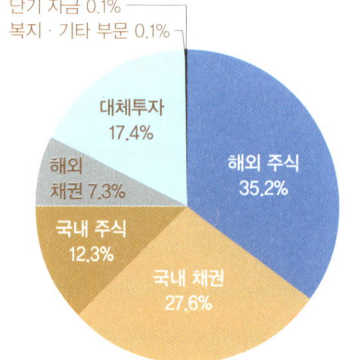

전체 자산 **1,226.8조 원**

금융 부문	1,225.1조 원	99.9%
국내 주식	150.9조 원	12.3%
국내 채권	338.6조 원	27.6%
해외 주식	431.4조 원	35.2%
해외 채권	90.0조 원	7.3%
대체투자	213.6조 원	17.4%
단기 자금	1.8조 원	0.1%
복지·기타 부문	1.7조 원	0.1%

※ 2025년 3월 말 기준
출처: 국민연금 기금운용본부

⟨표 1-11⟩ 1988~2024년 자산별 성과 내역

구분	1988~2024년 말	
	수익률	수익금
전체	6.82%	7,377,110억 원
복지 부문	5.65%	6,030억 원
금융 부문	6.80%	7,177,280억 원
국내 주식	5.40%	948,240억 원
해외 주식	15.17%	2,796,030억 원
국내 채권	3.71%	1,932,170억 원
해외 채권	5.80%	331,960억 원
대체투자	10.48%	1,176,570억 원
단기 자금	3.40%	20,300억 원
기타 부문	1.52%	2,970억 원

출처: 국민연금 기금운용본부

를 2030년까지 60%대로 높이는 것이 국민연금의 계획이다.

요약하면 국민연금의 포트폴리오 구성은 '위험자산 65%와 안전자산 35%', '주식 55%·채권 30%·대체투자 15%', '해외 60%와 국내 40%'로 요약된다. 이런 포트폴리오 구성은 지난 36년간 국민연금의 자산군별 수익률에 근거를 두고 있다. 국민연금 기금운용본부에 따르면 1988~2024년 누적수익률은 각각 국내 주식 5.4%, 해외 주식 15.17%, 국내 채권 3.71%, 해외 채권 5.8%, 대체투자 10.48%로 해외 주식과 대체투자가 다른 자산군에 비해 높다.

특정 기업보다는 '시장'을 산다

일반 개인투자자들은 기관 또는 초고액 자산가들만이 접근 가능한 사모펀드, 부동산, 인프라 등 대체투자를 따라가긴 어려운 것이 사실이다. 그렇다 보니 국민연금이 어떤 주식을 사는지에 관심이 쏠릴 수밖에 없다.

가장 최신 공시 연도인 2023년 기준 국민연금 해외 투자의 주력인 해외 주식(2023년 말 기준 320조 원)에서 지역적으로 가장 큰 비중을 차지하는 것은 단연 북미(66.7%)지역이다. 그 뒤는 유럽(18.3%), 아시아태평양(8.2%), 일본(4.3%)이다. 섹터별로는 정보기술(IT)이 21.8%로 가장 높고 금융(15.4%), 헬스케어(12.5%), 원자재·유틸리티·부동산(11.3%), 임의소비재(10.9%) 등에 주로 투자하고 있다.

종목별로는 미국 빅테크 기업들이 상위권을 차지하고 있다. 2023년 말에는 애플이 1위를 차지했고 마이크로소프트, 아마존, 엔비디아

〈표 1-12〉 국민연금 해외 주식 포트폴리오 및 주요 투자 기업(상위 10곳)

번호	종목명	평가액	자산군 내 비중	지분율
1	애플	131,724억 원	4.11%	0.34%
2	마이크로소프트	111,496억 원	3.48%	0.31%
3	아마존닷컴	54,887억 원	1.71%	0.27%
4	엔비디아	51,299억 원	1.60%	0.32%
5	인베스코 MSCI USA ETF	44,306억 원	1.38%	81.32%
6	알파벳 A	42,801억 원	1.34%	0.40%
7	메타 플랫폼스 A	41,638억 원	1.30%	0.41%
8	알파벳 C	33,359억 원	1.04%	0.32%
9	유나이티드헬스그룹	27,938억 원	0.87%	0.45%
10	노보 노디스크 B	24,663억 원	0.77%	0.54%

출처: 국민연금 기금운용본부

가 그 뒤를 이었다. 5위는 인베스코 MSCI USA ETF가, 6, 8위를 각각 알파벳(구글) 클래스 A 및 C가, 7위는 메타가 차지했다. 미국 지수에 투자하는 ETF를 제외하곤 빅테크 위주의 구성이다. 9위는 미국 최대의 의료보험사 유나이티드헬스그룹, 10위는 덴마크의 대형 제약사 노보 노디스크였다.

2023년 기준 운용자산이 148조 원에 달했던 국내 주식시장에서는 반도체, 자동차, 바이오, 석유화학, 철강 등 우리나라 주력 산업을 중심으로 고른 투자를 하고 있다. 사실상 시총 순으로 삼성전자, SK하이닉스, LG에너지솔루션, 삼성바이오로직스, 네이버 등이 톱5를 차지하고 있다.

국민연금의 주식 투자는 큰 틀에서는 S&P500이나 나스닥100, 다우존스 등 미국의 지수를 중심으로 유럽, 중국, 일본, 한국 등 주요 시장

자체를 추종한다고 볼 수 있다. 국민연금의 주식 직접 운용(액티브) 비중은 50%에 달한다. 그럼에도 투자에서 '파격'보다는 검증된 우량주를 중심으로 '적립식'으로 투자하고 있다.

안정적 수익의 비결, '쌀 때 사고 비싸지면 판다'

국민연금의 안정적 수익은 '쌀 때 사고 비싸지면 판다'는 원칙을 기계적으로 지킨 덕도 있다. 현재 국민연금은 5년 단위 중장기 전략적 자산 배분(Strategic Asset Allocation, SAA)과 1년 단위 전술적 자산 배분(Tactical Asset Allocation, TAA)의 2단계 자산 배분체계를 가지고 있다.

향후 5년간의 자산 배분 비중이 바로 SAA다. 일시적으로 주가가 급등락하면서 자산군별 목표 비중을 벗어날 수 있기에 국민연금은 자산별로 허용 범위를 두고 그 안에 있을 때는 목표 비중으로 간주한다. 예를 들어 국내 주식 SAA 허용 범위는 3%p다. 만약 올해 말까지 국내 주식 목표 비중이 14.4%라면 11.4%까지 용인하는 식이다.

여기에 추가적으로 TAA 허용 범위까지 2%p가 있어 최대 5%p까지도 운용의 유연성을 두고 있다. 하지만 웬만하면 SAA 허용 범위 안에서 포트폴리오가 관리되도록 조정(리밸런싱)을 하는 구조다.

이런 제도하에서 운용이 이뤄지기에 국민연금은 '쌀 때 사고 비쌀 때 판다'는 원칙을 기계적으로 지키게 된다. 예를 들어 국내 시장이 다른 시장에 비해 폭락해 전체 운용 자금 중 국내 주식 비중이 10% 수준으로 떨어지면 국민연금은 기계적으로 최소 11.4% 수준까지 국내 주식 순매수에 들어간다. 그리고 시장이 회복돼 14.4%를 넘어서고 나아가 17.4%를 초과하는 상황이 벌어지면 매도에 들어간다.

국민연금의 대체투자자산을 통해 최근 대형 기관투자자들이 관심을 두는 분야가 어느 쪽인지 가늠해볼 수 있다. 일반적인 사모펀드, 상업용 빌딩 등 부동산 자산, 도로, 공항 등 인프라 자산 투자에 주력하던 국민연금은 운용자산이 불어나면서 지속적으로 다양한 대체투자자산을 포트폴리오에 편입시키고 있다.

국민연금은 2020년을 전후로 운용사(General Partner, GP) 지분 인수, 사모대출(Private Debt, PD), 산림 등 대체투자자산군을 늘렸고 최근에는 에너지와 천연자원, 사모사채, 세컨더리 크레디트(Secondary Credit, 기존 대출 채권이 거래되는 시장) 등으로 관심의 폭을 넓히고 있다. 또한 재건축을 통해 미국 뉴욕 맨해튼의 새로운 랜드마크 빌딩으로 부상한 원밴더빌트 빌딩 등 이미 완공된 자산을 사는 게 아닌 개발 초기 단계 투자를 통해 수익률을 높이는 등 투자 전략도 다변화하고 있다. 우리나라에 ESG 투자를 확대한 주역이기도 한 만큼 국민연금의 ESG 투자 관련 정책을 눈여겨보는 것도 도움이 될 수 있다.

12
똑똑한 AI가 대신 굴려주는 퇴직연금

연 2.93%. 2020년부터 2024년까지 5년간 퇴직연금의 연평균 수익률이다. 우리나라 국민의 평균적인 퇴직연금 수익률이 사실상 은행 정기예금 금리 수준에 불과하다는 뜻이다. 대부분 투자자가 어디에, 얼마나 투자해야 할지 모르겠다는 이유로 원리금 보장형 상품에 돈을 묻어둬서다.

퇴직연금은 기본적으로 장기투자 상품이다. 공격적으로 투자해야 평균 수익률을 높일 수 있다. 안정적인 수익을 위해선 자산 배분 전략도 동반돼야 한다. 하지만 투자자 개인이 시시각각 변하는 시장 상황을 파악하고 유연하게 투자자산을 조정하는 건 쉽지 않다.

이런 투자자에게는 인공지능(AI)이 자산을 운용하는 로보어드바이저(Robo Advisor, RA)가 좋은 대안이 될 수 있다. RA 일임형 서비스를 이

〈표 1-13〉 최근 5년간 퇴직연금 수익률 추이

연도	퇴직연금 평균 수익률
2020년	2.58%
2021년	2%
2022년	0.02%
2023년	5.26%
2024년	4.77%

출처: 고용노동부, 금융감독원

용하면 투자자가 일일이 주식이나 채권을 매매할 필요 없이 전문가 수준의 포트폴리오 관리를 받을 수 있다. 최근 정부가 개인형 퇴직연금(IRP)에 RA 일임 서비스를 허용하면서 시장도 빠르게 커지고 있다.

AI가 연금도 굴려준다

금융감독원에 따르면 퇴직연금 적립금은 2016년 말 147조 원에서 2024년 말 431조 7,000억 원으로 193.7% 늘었다. 연평균 16.2%씩 성장한 셈이다. 적립금 규모는 꾸준히 증가하고 있지만 수익률은 저조한 상황이다. 전체 퇴직연금 적립액 가운데 82.5%(2024년 기준)가 원리금 보장형 상품에 투자하고 있어서다. 실적 배당형 비중은 17.5%에 그친다.

퇴직연금은 기본적으로 20년 이상 적립 및 운용하는 장기 상품이다. 매달 납입하는 자금을 어떻게 운용하느냐에 따라 수천만 원 이상

〈표 1-14〉 퇴직연금 로보어드바이저 일임 서비스

개념	투자자 맞춤형 포트폴리오 자동 생성·운용
한도	개인형 퇴직연금(IRP) 연 900만 원
사업자	디셈버앤컴퍼니, 파운트투자자문, 미래에셋증권, 한국투자신탁운용 등

출처: 〈한국경제신문〉

의 격차가 나타날 수 있다. 수익률을 높이기 위해선 위험자산 투자 비중을 키워야 하지만, 노후 대비라는 목적을 고려할 때 주식에 모든 자산을 '몰빵'하는 것도 부담이다. 정답은 분산투자다. 하지만 바쁜 직장인들이 일상생활을 보내면서 퇴직연금까지 신경 쓰는 건 쉽지 않다.

최근 금융권에서 주목받는 해법이 RA다. RA는 AI와 알고리즘을 기반으로 투자자 성향에 맞는 맞춤형 포트폴리오를 생성하고 그에 따라 자산을 운용하는 서비스다. 투자자가 일일이 상품을 고르고 매매할 필요 없이 전문가 수준의 포트폴리오 관리를 받을 수 있다.

매매까지 대신 해준다, RA 일임형 서비스

RA 서비스는 AI가 포트폴리오를 추천만 하는 '자문형'과 실제 매매까지 대신 하는 '일임형', 이렇게 두 가지로 나뉜다. 그중 일임형 서비스는 자산 배분 전략이 자동화된다는 점이 가장 큰 장점이다. 투자자가 일일이 상품을 고르고 매매할 필요 없이 전문가 수준의 포트폴리오 관리를 받을 수 있다. RA는 수천 개의 글로벌 금융 데이터를 분석해 투자자 성향에 맞는 최적의 포트폴리오를 구성하고, 시장 변화에 따라 자동으로 자산을 리밸런싱(비중 재조정)한다.

한 예로 RA 일임 서비스 점유율 1위인 디셈버앤컴퍼니의 '핀트'는 ① 스포츠 모드(글로벌 적극 투자), ② 스마트 모드(글로벌 분산투자), ③ 크루즈 모드(국내외 적극 투자), ④ 컴포트 모드(국내외 분산투자), ⑤ 에코 모드(국내 인컴 투자) 등 다섯 가지 투자 전략을 제공한다. 그중 크루즈 모드는 미국 지수와 국내 지수를 추종하는 상장지수펀드(ETF)에 주로 투자한다. 투자자들은 본인에게 맞는 투자 전략을 선택할 수 있고, 개별 종목의 편입 금지 지정 등 다양한 옵션을 사전에 지정할 수 있다.

RA 일임형 서비스는 일반 액티브 펀드보다 수수료가 낮다는 점도 강점이다. 예를 들어 핀트의 퇴직연금 일임 서비스 수수료는 연 0.396~0.588%로 1% 미만이다.

지금까지 RA 시장은 핀테크 스타트업이 주도했다. 하지만 AI 수준이 급속도로 발전하면서 은행이나 증권사 등 금융회사도 RA 사업에 뛰어들고 있다. 국민·신한·하나·우리·농협은행과 미래에셋·한국투자·삼성·NH투자증권 등의 고객들은 각사 애플리케이션(앱) 및 홈페이지를 통해 RA 일임 서비스를 이용할 수 있다.

2025년부터 정부가 IRP에 일임형 서비스를 허용하면서 시장이 확 열렸다. 가입 한도는 IRP 계좌당 연간 900만 원이고 매년 900만 원씩 증액된다. 아직 IRP를 제외한 확정기여(DC)형 등 나머지 퇴직연금에 대해선 RA 일임 서비스가 허용되지 않았다. 다만 금융권에서는 'RA

일임형 서비스가 IRP에서 성과를 낸다면 향후 DC형으로 확대되는 건 시간 문제'라는 평가가 많다.

과거 수익률보다 나의 투자 성향에 맞게 투자하라

그렇다면 가장 중요한 수익률은 어떨까. RA 회사들은 각 알고리즘 수익률을 금융 IT 전문기업 코스콤을 통해 공시하고 있다. 코스콤에 따르면 테스트베드를 통과해 퇴직연금 상용서비스가 가능한 알고리즘은 총 528개다. 이 중 미래에셋자산운용의 'M-ROBO마이골드자원배분'의 최근 1년 수익률이 31.6%(2025년 6월 13일 기준)로 1위를 기록했다.

　사람이 운용하는 펀드와 달리 알고리즘은 감정에 휘둘리지 않고 일관된 원칙에 따라 투자 결정을 내리기 때문에 시장 급락 및 급등 상황에서도 냉정하게 대응할 수 있다. 이 때문에 RA는 하락장에서 더 빛을 발한다. 2024년 하반기 코스피200 지수가 17.2% 하락하는 동안 '안정 추구형 국내 주식' 알고리즘은 -4% 수익률로 선방했다.

　그렇다고 과거 수익률만 보고 상품에 가입해선 안 된다. 과거에 높은 수익률을 기록했다고 해서 미래에도 그럴 것이란 보장이 없기 때문이다. 개인의 투자 성향에 맞는 전략을 선택하는 것이 무엇보다 중요하다. 목표 수익률은 연금자산이라는 특성을 고려할 때 연평균 7% 수준이 이상적이다.

13
장기투자 시에는
작은 수수료도 꼼꼼하게 체크하라

 퇴직연금시장에서 대세 투자 수단으로 자리 잡은 상장지수펀드(ETF)를 활용하는 연금투자자라면 수수료도 꼼꼼하게 살펴봐야 한다. 연금투자는 오랜 기간에 걸쳐서 투자가 이뤄지는 만큼 적은 비용 차이가 은퇴 시기에는 큰 수익률 차이로 이어질 수 있다.

 전문가들은 자산운용사가 내세우는 ETF 총보수뿐만 아니라 숨은 비용까지 따져봐야 한다고 조언한다. 숨은 비용을 포함하면 수수료율이 뒤바뀌는 경우가 있는 데다, 많게는 총보수가 63배까지 차이 나기 때문이다.

 한국거래소에 따르면 2025년 기준 연금계좌에서 가장 인기 있는 미국 대표 지수형 ETF의 총보수는 연 0.0047~0.3% 수준이다. 동일한 구조의 상품인데도 총보수가 많게는 63배까지 차이가 나는 것이다.

총보수가 가장 낮은 상품은 KB자산운용의 'RISE 미국S&P500(연 0.0047%)'이다. 총보수 연 0.0047%는 ETF를 1억 원어치 팔았을 때 연간 4,700원 정도만 수익으로 들어온다는 뜻이다. 운용비용과 인건비 등을 고려하면 남는 것이 없는 수준이다.

그럼에도 ETF 업계에서는 수수료 인하 경쟁에 불이 붙고 있다. ETF 업계 투톱인 삼성자산운용과 미래에셋자산운용의 선두 다툼 과정에서 총보수는 소수점 넷째 자리까지 내려갔다. 비용을 줄일 수 있으니 투자자에게는 반가운 소식이다.

2025년 초 삼성자산운용은 미국 대표 지수형 ETF인 'KODEX 미국S&P500'과 'KODEX 미국나스닥100'의 총보수를 연 0.0099%에서 연 0.0062%로 내렸다. 미래에셋자산운용이 'TIGER 미국S&P500'과 'TIGER 미국나스닥100'의 총보수를 기존 대비 10분의 1 수준인 연 0.0068%로 낮추자 맞대응에 나선 것이다.

기타 비용, 실부담 비용까지 확인하라

그러나 자산운용사들이 치열한 가격 경쟁을 벌이고 있는 '총보수'는 전체 ETF 수수료의 일부에 불과하다. 여기에 기타 비용과 매매 및 중개수수료까지 더한 것이 투자자가 실제로 부담하는 금액이다. 따라서 ETF에 투자할 때 자산운용사들이 홍보하는 총보수뿐 아니라 총보수와 기타 비용을 더한 '총보수 비용(Total Expense Ratio, TER)'을 비교해봐야 한다. 총보수는 적지만 기타 비용이 많아 오히려 총수수료가 더 높아지는 사례가 있기 때문이다. 예를 들어 'SOL 미국S&P500'의 총보수는 0.0099%이고, 'ACE 미국S&P500'의 총보수는 0.07%다. 총보수만 보면 'SOL 미국S&P500'의 수수료가 더 낮아 보이지만 이 둘의 TER은 0.14%로 동일하다.

ETF 상품 간의 수수료 차이는 소수점 단위지만, 시간이 지날수록 이 간극은 크게 벌어진다. 같은 지수를 추종하는 상품이더라도 어떤 자산운용사의 상품을 선택하느냐에 따라 수수료가 10년에 수십만 원씩 차이가 날 수 있다는 의미다. S&P500을 추종하는 ETF에 1,000만 원을 10년간 투자한다고 가정할 때 TER이 가장 낮은 'TIGER 미국S&P500'은 총 10만 8,000원의 수수료가 부과된다. 반면 TER이 가장 높은 'HANARO 미국S&P500'의 수수료는 'TIGER 미국S&P500'보다 76만 원 많은 86만 8,000원을 내야 한다.

TER을 확인했다면 마지막으로 기타 비용과 매매 및 중개수수료를 더해야 투자자가 실제로 부담하는 실부담 비용을 알 수 있다. 정률제인 총보수와 달리 기타 비용과 매매 및 중개수수료는 사후에 확정되기 때문에 투자 전에 정확한 수수료율을 알기는 어렵다. 다만 수수료를 최소화하려면 규모가 큰 ETF를 고르는 것이 유리하다. TER 비율을 ETF 순자산으로 나눠 계산하기 때문이다. 일반적으로 상장 초기에 기타 비용과 매매 및 중개수수료가 많이 드는 만큼, 상장된 지 1년이 넘은 ETF에 투자하는 것도 수수료를 절약하는 한 방법이다.

모든 비용을 포함한 실부담 비용을 간편하게 확인하려면 'ETF

CHECK' 웹사이트에 접속하면 된다. 원하는 ETF를 검색한 후 수수료 항목을 보면 실부담 비용이 기재돼 있다. 투자자가 일일이 총보수, TER, 매매 및 중개수수료를 확인하지 않아도 간편하게 비교할 수 있도록 한 것이다. 만약 더 구체적으로 수수료 내역을 확인하고 싶다면 '금융투자협회 전자공시 서비스' 사이트에서 '펀드 공시' 탭으로 들어간 후 '펀드 보수 및 비용'을 클릭하고 ETF를 검색하면 된다.

ETF 투자자들은 흔히 수수료는 투자자가 ETF를 사거나 팔 때 이를 별도로 납부하는 것으로 생각하지만, 이는 큰 오해다. ETF 수수료는 다 수익률에 녹아 있다. 투자자가 확인하는 수익률이 결국 모든 비용이 포함된 결과물인 셈이다.

ETF '직구', 얼마나 유리할까

연금계좌가 아닌 일반 계좌를 이용하는 투자자라면 미국 증시에서 직접 ETF를 살 수 있다. 연금계좌에서는 국내 상장 해외 ETF만 구매할 수 있다. 미국 ETF는 수수료를 더 간편하게 확인할 수 있다. 미국 ETF 대부분은 해당 ETF 투자 설명서에 있는 총보수가 모든 비용이 포함된 실부담 비용이기 때문이다. 매매 및 중개수수료 등 숨은 비용 등을 계산하지 않아도 된다.

미국 ETF는 규모의 경제를 이룬 만큼 같은 대표 지수형 상품이더라도 국내 상품보다 보수가 싼 경우가 많다. S&P500을 추종하

<그림 1-12> 미국 ETF 총수수료

출처: 금융투자협회

는 미국의 대표적 ETF인 'SPDR S&P500 ETF Trust(SPY)', 'Vanguard S&P500(VOO)', 'iShares Core S&P500(IVV)'의 수수료는 각각 연 0.09%, 0.03%, 0.03%다. 총보수라 하면 국내 S&P500 ETF인 'RISE 미국S&P500(연 0.0047%)'이 더 저렴해 보일 수 있지만 국내 상품은 TER 등의 비용을 더해 계산하는 만큼 이 ETF의 실부담 비용은 0.1665%에 달한다. 실부담 비용 측면에서는 미국 ETF가 더 저렴한 것이다.

다만 보수와 별개로 들어가는 달러 환전 비용도 고려해야 한다. 환전 우대를 받는다고 해도 많게는 1% 이상의 비용을 떠안아야 한다.

과세 구조도 다르다. 해외 ETF는 매매차익 250만 원까지는 공제되고 초과 이익부터는 22% 양도소득세(분리과세)를 내야 한다. 분리과세 혜택이 없는 국내 상장 해외 ETF(매매차익은 15.4% 과세) 대비 유리해 보이기도 하지만 장기투자자라면 연금계좌를 통해 국내에 상장된 해외 ETF를 구매하는 것이 절대적으로 유리하다. 연금계좌 자산을 현금화해 55세 이후 연금으로 수령하면 연간 연금 수령액이 1,200만 원 이하일 경우 3.3~5.5%의 세율로 연금소득세가 부과된다.

14
복리 효과를 높이려면
연금계좌 주식 비중을 늘려라

연금투자의 핵심인 복리 효과를 극대화하기 위해선 안전자산보다 주식 비중을 높이는 것이 절대적으로 유리하다.

하지만 미국 등 다른 선진국과 달리 국내에서는 연금자산에서 주식을 100%로 담을 수 없다. 당국이 주식형 펀드 등 위험자산 비중을 적립금의 70%로 규제하고 있기 때문이다. 나머지 30%는 예·적금과 채권 등 안전자산으로 채워야 한다.

규제 개선에 대한 논의가 꾸준히 이뤄지고 있지만 단기간 내에 제도가 개편되기는 어려운 상황이다.

이런 상황에서 소위 이 70%룰을 넘을 수 있는 방법은 아예 없는 것일까?

1부 14장에서는 이를 해결할 방법을 다룬다.

채권혼합형 ETF로 70% 룰 뛰어넘기

그럼에도 방법은 있다. 채권혼합형 상장지수펀드(ETF)를 담는다면 이 '70% 룰'을 넘을 수 있다. 주식과 채권을 일정 비율로 담은 채권혼합형 ETF는 안전자산으로 분류되기 때문이다. 즉, 안전자산 30% 몫에 채권혼합형 ETF를 담으면 위험자산 70%의 벽을 넘을 수 있다.

단일종목 채권혼합형 ETF는 주식 비중이 최고 30%다. 테슬라 30%, 국고채 70% 비율로 투자하는 'TIGER 테슬라채권혼합Fn'이 대표적이다. 삼성전자와 채권을 담은 'KODEX 삼성전자채권혼합'부터 'ACE 엔비디아채권혼합블룸버그', 'PLUS 애플채권혼합', 'KIWOOM 팔란티어미국30년국채혼합액티브(H)' 등 미국 기술주 채권혼합 ETF까지 다양한 상품이 국내 증시에 상장돼 있다.

지수형 채권혼합 ETF에는 주식을 50%까지 편입할 수 있다. 2023년 말 규제 완화로 종전 40%에서 10%p 높아졌다. 대표적으로 'SOL

〈표 1-15〉 주요 채권혼합형 ETF의 주식 비중

	ETF	주식 비중
단일 종목형	TIGER 테슬라채권혼합Fn	30%
	KIWOOM 팔란티어미국30년국채혼합액티브(H)	30%
지수형	ACE 미국S&P500채권혼합액티브	30%
	SOL 미국배당미국채혼합50	50%
	TIMEFOLIO 미국나스닥100채권혼합50액티브	50%
TDF형	KODEX TDF2050액티브	74%
	TIGER TDF2045	79%

출처: 한국거래소

미국배당미국채혼합50'과 'TIMEFOLIO 미국나스닥100채권혼합50액티브' 등은 주식을 절반가량 담은 상품이다. 위험자산 70% 한도만큼 주식형 펀드를 넣고, 남은 안전자산 30% 한도로 이 ETF를 담으면 연금계좌 내 주식 비중을 85%로 높일 수 있다.

미국 지수와 미국 단기채를 절반씩 담는 ETF도 등장하고 있다. 미국 단기채를 선호하는 투자자가 늘어나면서다. 미국 신용등급이 하락하고 재정 적자가 확대되면서 장기채 변동성이 커지자 투자심리가 단기채로 쏠리고 있다는 것이다. 하나자산운용의 '1Q 미국S&P500미국채혼합50액티브'와 한화자산운용의 'PLUS 미국S&P500미국채혼합50액티브'는 미국 S&P500 지수와 단기채 가격을 절반씩 추종하는 상품이다.

채권혼합형 ETF는 채권 비중이 높아 하락장에서 비교적 손실을 줄이는 역할도 한다. 반대로 급등장에서는 수익률이 주식형 펀드보다 비교적 낮지만 포트폴리오의 변동성을 줄일 수 있다는 장점이 있다. 채권혼합형 ETF의 인기가 높아지면서 순자산 규모는 2025년 6월 기준 약 3조 9,000억 원에 달한다. 2023년 말까지만 해도 8,274억 원 수

〈표 1-16〉 급증하는 채권혼합형 ETF 순자산

연도	자산 규모
2022년	5,534억 원
2023년	8,274억 원
2024년	2조 7,410억 원
2025년	3조 9,000억 원

※ 2025년은 6월 기준
출처: 한국거래소

준이었던 채권혼합형 ETF 순자산은 2024년 말 2조 7,410억 원으로 늘어났고, 나날이 몸집을 불리고 있다. 관련 시장 규모가 1년 반 만에 5배 가까이 커진 것이다.

TDF로 최대 94%까지 늘리는 주식 비중

은퇴 시기에 맞게 자산을 배분해주는 TDF ETF도 쏟아지고 있다. TDF는 가입자 스스로 포트폴리오를 짜야 하는 기존 연금 상품과 달리 은퇴 시점을 정해주면 자동으로 자산을 배분하는 상품이다. 국내에서도 인기 연금 상품으로 떠오르고 있다.

이 TDF가 ETF 형식으로 등장한 건 거래 편의를 위한 측면도 있지만 TDF ETF로 간편하게 주식 비중을 최대 94%까지 늘릴 수 있기 때문이다. 주식 비중을 80%까지 높일 수 있는 '적격 TDF'는 퇴직연금 내 안전자산 투자 제한을 받지 않는다. 이런 이점 덕분에 국내 TDF 대부분은 주식을 80%까지만 담은 적격 TDF다. 연금계좌 내 주식형 펀드로 70%만큼 넣고 나머지를 적격 TDF로 채우면 주식 비중을 이론적으로 94%까지 높일 수 있다.

미래에셋자산운용은 2025년 3월 미국 S&P500 지수에 집중 투자하는 'TIGER TDF2045'를 상장했다. S&P500(79%)과 국내 단기채(21%)에 투자하는 상품으로, 연금계좌에서 미국 대표 지수 비중을 극대화하려는 투자 수요를 겨냥했다. 이 상품은 투자자가 2045년에 은퇴한다고 가정하고 자산 비중을 조절한다. 펀드매니저가 운용하는 기존 상품들과 달리 주식과 채권 비중을 미리 정한 대로 조절하는 패시브 방식으로 운용한다.

패시브 방식의 TDF ETF는 세계 최초다. 2040년까지는 1년에 1%p씩 S&P500 지수 비중을 줄이고, 국내 단기채 비중은 그만큼 늘린다. 은퇴를 5년 앞둔 2041년부터는 주식 비중을 1년에 5%p씩 줄여나간다. 은퇴 시점인 2045년부터는 더 이상 비중을 조절하지 않는다. S&P500에 39%, 국내 단기 채권에 61% 투자하는 포트폴리오가 유지된다. 청년기에는 공격적으로 투자하지만 은퇴가 다가올수록 보수적으로 운용하기를 원하는 투자자에게 적합한 방식이다.

펀드 운용에 드는 비용도 적다. 이 ETF의 총보수는 연 0.19% 수준이다. 기존 TDF ETF의 평균 총보수인 연 0.75%의 3분의 1도 되지 않는다. TDF처럼 장기투자에 적합한 상품일수록 운용보수가 수익률에 미치는 영향이 커진다.

한국투자신탁운용도 'ACE TDF2030액티브', 'ACE TDF2050액티브' 등을 내놓았으며 삼성자산운용의 'KODEX TDF2050액티브' 등도 국내 시장에 상장돼 있다. 퇴직연금시장이 자산운용사의 차세대 먹거리로 떠오르면서 TDF ETF 등 채권혼합형 ETF가 잇달아 출시될 것으로 예상된다. 한국투자신탁운용에 따르면 퇴직연금시장은 2024년 말 기준 432조 원에서 연평균 약 9.2% 성장해 2034년 1,042조 원으로 커질 것으로 예상된다.

한 자산운용사 관계자는 "퇴직연금 내 주식 비중을 높이면서 장기투자를 유도하는 것이 미국 등 선진국의 공통적인 정책 흐름이다"라며 "통계적으로 봤을 때 주식 비중이 높을수록 장기 성과가 우월했다"라고 조언했다.

15
장기적립식 투자로 부리는 '증여의 마법'

자라나면서 험난한 세상을 마주할 자녀에게 한 푼이라도 더 물려주고 싶은 부모가 많다. 하지만 무작정 큰 금액을 한꺼번에 증여한다면 생각하지 못한 세금 고지서를 받을 수 있다.

그렇다고 증여한 뒤 어떤 투자도 하지 않은 채 방치한다면 결국 자녀가 성인이 됐을 때 쓸 수 있는 돈의 가치는 치솟는 물가로 인해 떨어질 수 있다.

반대로, 적은 돈도 일찍 증여해 오랜 기간 투자하면 자녀의 경제적 기반을 탄탄하게 하는 버팀목으로 작용한다. 전문가들은 상장지수펀드(ETF)를 통해 주식시장에 장기적립식으로 투자하면 저비용으로 높은 수익률을 거둘 수 있다고 조언한다. 1부 15장에서는 장기적립식 투자로 부릴 수 있는 '증여의 마법'에 대해서 다룬다.

일찍 증여할수록 세금을 줄일 수 있다

자녀 출생 직후 증여를 시작하면 31세가 될 때까지 최대 1억 4,000만 원을 증여세 없이 증여할 수 있다. 미성년 자녀에게는 10년마다 2,000만 원씩, 만 19세 이상 성년 자녀에게는 10년마다 5,000만 원씩 증여재산 공제(비과세) 한도가 부여돼서다. 10년마다 공제 한도가 초기화되기 때문에 일찍 증여할수록 증여세 없는 증여 금액이 늘어나는 게 핵심이다. 따라서 증여를 계획하고 있다면 자녀가 태어나자마자 증여하

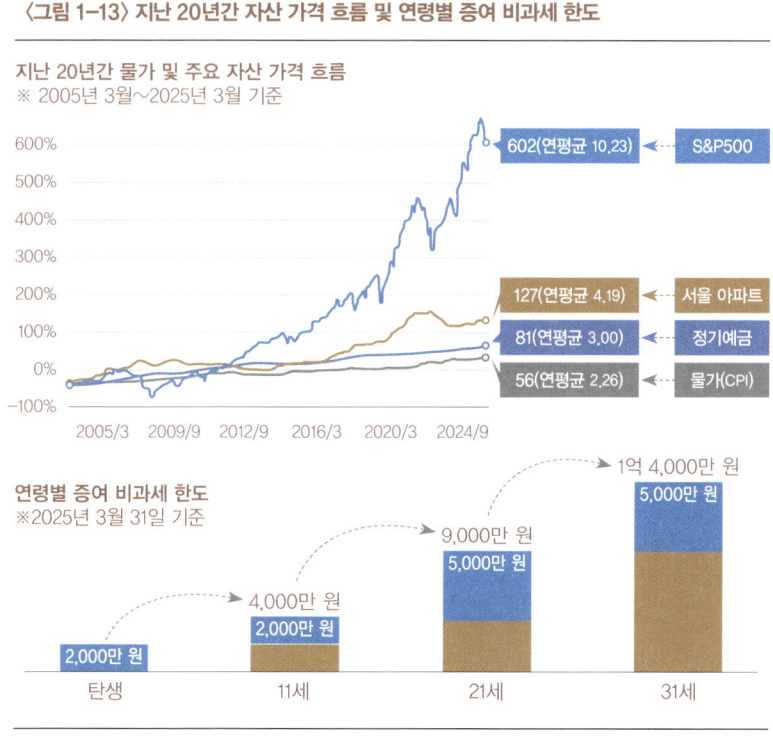

〈그림 1–13〉 지난 20년간 자산 가격 흐름 및 연령별 증여 비과세 한도

출처: 삼성자산운용

는 편이 유리하다.

비과세 한도는 증여를 하는 사람이 아니라 받는 사람을 기준으로 주어진다는 점에 유의해야 한다. 자녀의 비과세 한도는 부모 각각이 아니라 부부 합산이다. 직계존속 기준이므로 비과세 한도에는 조부모가 주는 금액도 포함된다. 미성년 자녀라면 부모와 조부모가 10년마다 최대 2,000만 원 한도로 세금 없이 증여할 수 있는 것이다.

자녀에게 증여했다면 비과세 한도 내 금액이라도 반드시 증여세 신고를 해야 한다. 10년 단위의 증여 기간을 계산할 때 증여하는 시점이 아니라 증여세 신고를 한 시점이 기준이 되기 때문이다. 만약 증여한 뒤 신고하지 않았다면 추후 자녀가 해당 금액을 출금하는 당일 증여한 것으로 보게 될 수 있다.

자녀에게 준 돈 억대 자산으로 불려주기

증여는 단순히 돈을 물려주는 것에서 끝나지 않는다. 한국 물가는 2025년 초 기준 지난 20년간 무려 56% 올랐다. 한국물가정보원에 따르면 짜장면 가격은 2010년 3,945원에서 2025년 8,500원으로 15년 새 두 배 이상 뛰었다. 2005년생 자녀에게 출생 직후 2,000만 원을 증여하고 20년 후 성인이 될 때까지 이 금액에 대해 아무런 투자 조치도 해주지 않는다면 성인이 된 자녀가 받는 실질적인 돈의 가치는 반 토막 나는 셈이다.

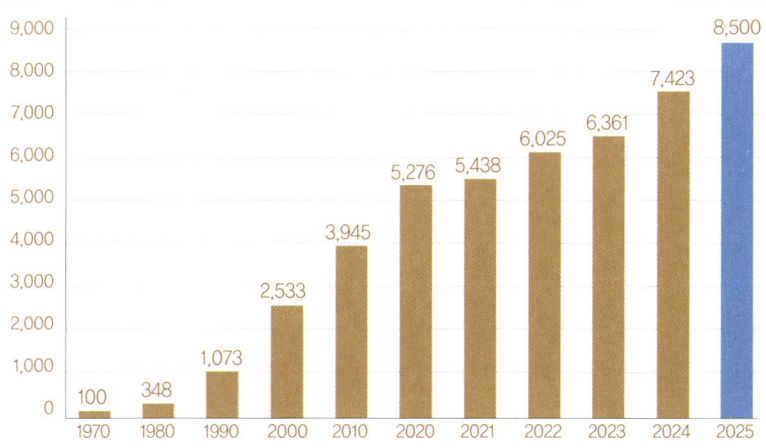

〈그림 1-14〉 1970년 이후 치솟은 짜장면 가격

※ 단위: 원
※ 2025년 3월 31일 기준
출처: 한국물가정보원

증여 후 투자해야 하는 이유는 단순히 절세나 물가 측면에서 유리하기 때문만은 아니다. 투자에는 '복리의 마법'이 존재한다. 예를 들어 2,000만 원을 투자해 연평균 5% 수익률을 거둔다면 20년 후 3,306만 원이 불어난 5,306만 원을 손에 쥘 수 있다. 여기서 연평균 수익률이 1%p만 올라가도 1,108만 원이 더 늘어난다. 증여와 함께 복리의 마법을 잘 활용하면 성인이 된 자녀에게 억대 자산을 만들어줄 수 있는 것이다.

목돈을 한 번에 증여하기 부담스럽다면 적립식 증여제도인 유기정기금 증여제도를 활용할 수 있다. 이 경우 연 3% 추가 할인율이 적용돼 한 번에 증여하는 것보다 더 많은 금액을 줄 수 있다는 장점이 있다. 금액을 현재 가치로 환산해 증여액을 평가해주는 것으로, 화폐

가치 하락을 감안해준다고 이해하면 쉽다. 미성년 자녀에게 매월 19만 원씩 10년간 정기 증여하면 총액은 2,280만 원이지만 할인율을 적용한 할인평가액은 약 2,003만 원으로 줄어든다. 비과세 한도(2,000만 원)를 적용받으면서도 약 280만 원을 추가로 증여할 수 있다.

물려줄 것은 돈이 아닌 올바른 투자 습관

전문가들은 ETF로 장기적립식 투자를 하면 간편하면서도 높은 수익률을 얻을 수 있다고 조언한다. ETF는 다양한 자산에 분산투자해 위험을 줄일 수 있어 개별 주식보다 변동성이 작다. 개별 주식의 요동치는 수익률을 보면 장기투자에 실패할 수 있지만 변동성이 비교적 크지 않은 ETF를 이용하면 오랜 기간 시장의 성과를 누릴 수 있다. 낮은 수수료로 비용도 최소화할 수 있다.

그중에서도 꾸준히 우상향해온 미국 대표 지수 ETF는 증여에 적합한 상품으로 꼽힌다. 2005년생 자녀가 성인이 될 때까지 20년간 투자했다고 가정했을 때 자산별 수익률은 미국 S&P500 지수 602%(연평균 10.23%), 서울 아파트 127%(연평균 4.19%), 정기예금 81%(연평균 3%)다. 삼성자산운용에 따르면 2005년부터 20년간 미국 S&P500 지수와 나스닥100 지수를 추종하는 ETF에 매달 각각 10만 원씩 적립식 투자를 할 경우 원금 4,860만 원은 2억 9,400만 원으로 여섯 배로 불어난다.

최근에는 타깃 데이트 펀드(TDF) 전략을 활용한 어린이펀드 상품에 관한 관심도 늘고 있다. TDF는 생애주기에 따라 위험자산과 안전자산 비중을 자동으로 조정해주는 방식의 펀드다. 미래에셋자산운용은 국내 유일한 어린이 대상 TDF인 '미래에셋우리아이TDF2035'를 운용 중이다. 글로벌 주식·채권에 2035년까지 장기로 투자해 자녀가 성인이 됐을 때 목돈을 물려주기 위한 목적이다. 마이크로소프트·엔비디아 등을 담은 ETF '아이셰어즈 익스팬디드 테크섹터(IGM)'를 비롯해 '뱅가드 S&P500', 'TIGER 미국나스닥100' 등에 투자한다.

미성년 자녀의 은퇴를 미리 준비하자는 취지의 펀드도 나왔다. KB자산운용의 'KB온국민빠른출발타겟자산 배분펀드'가 대표적이다. 2025년으로부터 45년 뒤인 2070년 은퇴를 가정하고 포트폴리오를 조정한다. 일반적으로 TDF는 주식 등 위험자산을 전체의 최대 80%까지 담지만, 이 상품은 투자 초기 위험자산 비중을 100%로 설정하는 게 특징이다. 은퇴까지 한참 남았기 때문에 주식이 하락해도 지속적인 분할매수로 평균 매입 단가를 낮출 수 있다.

자녀에게 ETF나 펀드를 증여하는 절차는 어렵지 않다. 우선 증권사 홈페이지나 애플리케이션을 통해 증여를 받을 자녀 명의의 증권사 계좌를 개설한다. 미성년자의 경우 법정대리인의 동의를 통해 계좌 개설이 가능하다. 계좌 개설 이후 원하는 ETF를 매수하면 된다. 다음 단계는 증여세 신고다. 증여세 면제 범위 내에서 증여하더라도 증여 사실을 신고해야 한다. 증여일로부터 3개월 이내에 관할 세무서에 증여세 신고서를 제출하고, 증여세 신고서에는 증여자와 수증자의 정보, 증여 재산의 종류 및 가액 등을 기재해야 한다. 마지막으로 증여세 신고 후 증권사에 증여 신고 접수를 해야 한다. 증권사에 따라 필요한 서류가 다를 수 있어 사전에 확인하는 편이 좋다.

김도형 삼성자산운용 ETF컨설팅본부장은 "경제적 독립은 자녀가 맞이할 미래의 중요한 과제 중 하나"라며 "자녀에게 물려줄 수 있는 가장 좋은 유산은 올바른 투자 습관과 그에 기반한 자산"이라고 말했다.

PART 2.
평생 받는 노후 통장, 국민연금

01 국민연금, 가입 기간이 '깡패'인 이유

2025년부터 국민연금을 받고 있는 60대 가정주부 A 씨는 친구 B 씨가 부럽다. 매월 100만 원 정도를 받는 자신과 달리 B 씨의 연금액은 150만 원으로 훨씬 많기 때문이다.

대학 졸업 후 연봉이 높은 금융사에서 일했던 A 씨는 2008년 금융위기 이후 회사 사정이 어려워지면서 20년간 다니던 회사에서 나왔다. 그 후부터는 전업주부로 아이들을 돌보며 지냈다.

동네 친구인 B 씨도 A 씨와 비슷한 경로를 겪었다. 첫 직장이었던 여행사를 10년 넘게 다녔던 B 씨는 경영 악화로 회사를 나온 후 한 중소기업에 취직했다. 이후 약 15년 동안 주 5일씩 꾸준히 일하면서 매달 300만 원 가까운 월급을 받았다. B 씨의 국민연금 납입 기간은 30년에 육박한다.

'짧고 굵게' 내지 말고 '가늘고 길게' 내라

B 씨가 A 씨보다 연금부자가 된 비결은 간단하다. 100% 누구에게나 적용되는 것은 아니지만 연금 수령액을 늘리는 데 있어 '짧고 굵게' 보험료를 내기보다는 '가늘어도 길게' 붓는 것이 유리하다는 게 연금 재테크계의 정설이다. '국민연금은 가입 기간이 깡패'란 이야기가 나오는 이유다.

국민연금공단에 따르면 2025년 국민연금에 신규 가입한 사람을 기준으로 가입 기간 중 월평균 소득이 500만 원(연봉 6,000만 원)인 사람이 20년 동안 보험료를 냈을 때 받을 수 있는 월 연금액은 81만 1,930원이다. 반면 월평균 소득이 그의 60% 수준인 300만 원(연봉 3,600만 원)으로 절반에 불과하지만 가입 기간이 30년인 사람의 연금액은 91만 5,640원으로 10만 원 넘게 높다. 월 보험료가 훨씬 적더라도 더 오랫동안 일하면 실제 받는 연금액은 더 높을 수 있는 것이다.

물론 가입 기간이 같다면 당연히 월평균 소득액이 많아 보험료를 더 많이 낼수록 예상 연금액이 높아진다. 월평균 소득이 500만 원인 사람이 30년 동안 보험료를 냈다면 월 연금 수령액은 121만 6,390원으

〈표 2-1〉 소득과 가입 기간에 따른 예상 월 연금액

구분	예상 월 연금액
월급 500만 원 × 20년 가입	81만 1,930원
월급 300만 원 × 30년 가입	91만 5,640원
월급 500만 원 × 30년 가입	121만 6,390원

출처: 국민연금공단

<그림 2-1> 국민연금 산식

$$[\text{비례상수} \times (\text{A값} + \text{B값})] \times [1 + (0.05 \times n/12)]$$

비례상수: 28년 1.2 / A값: 가입자 월평균 소득 / B값: 본인 평균 소득 / n: 20년 초과 개월 수

출처: 국민연금공단

로 늘어난다.

10년 더 일하면 50% 더 받는 원리

하지만 월 소득이 아주 큰 차이가 나는 것이 아니라면 더 오래 일하면서 적은 금액이라도 연금을 더 오랫동안 부은 사람이 더 많은 연금을 수령할 수 있다.

소득 수준이 같다면 가입 기간이 20년일 때보다 30년인 경우 월 연금액은 약 1.5배가량 높게 나타난다.

이런 일이 발생하는 이유는 가입 기간이 40년이어야 명목 소득대체율인 40%가 적용되는 국민연금의 구조 때문이다.

국민연금 급여액은 큰 틀에서는 〈그림 2-1〉처럼 전체 가입자의 3년간 월평균 소득(A값)과 가입자 본인의 월평균 소득(B값)을 더한 값에 20년 이상 가입 시 부여되는 인센티브를 더해 산출된다. 가입 기간 40년을 완전히 채운 경우 연금액이 가입 기간 평균 소득의 40%에 도달하는 구조다.

20년 이상 가입 시 부여되는 인센티브 산식을 들여다보면 1년 더

가입할수록 연금액이 5%씩 늘어나는 구조라고 볼 수 있다. 10년 더 가입하면 50%다. 소득이 같은 경우 20년 가입자보다 30년 가입자의 연금액이 50%가량 많은 이유다.

소득이 적을수록 더 많이 받을까

월급이 적더라도 좀 더 오래 일하면서 보험료를 내야 할 이유는 하나 더 있다. 국민연금공단에 따르면 2023년 신규 가입자 기준 20년 이상 가입 시 100만 원 소득자는 수익비가 4.3배에 달한다. 평균 소득자(2022년 기준 286만 원)는 2.2배, 400만 원은 1.9배, 현재 국민연금을 내는 소득 상한액인 590만 원 소득자는 1.6배로 소득이 적을수록 수익비가 많았다. 소득이 적을수록 낸 돈에 비해 받는 돈이 더 늘어나는 구조라는 뜻이다.

이는 2025년 연금개혁으로 보험료율이 2033년까지 13%, 소득대체율은 내년부터 43%로 오르는 상황에도 동일하다. 소득이 낮을수록 수익비가 높은 것은 소득 재분배 기능을 하는 'A값' 때문이다. 〈그림 2-1〉에서 언급한 산식의 구조상 평균 소득 이하인 저소득 가입자는 실제 노후에 받을 연금액이 자신이 낸 보험료에 비례해 산출한 연금액보다 많아진다. 이는 월 소득이 적더라도 더 오래 일하면서 보험료를 내는 것이 연금액을 늘리는 가성비를 높일 수 있다는 것을 의미한다.

국민연금 가입 기간 늘리는 법, 임의가입

그렇다면 이렇게 가성비 좋은 국민연금의 가입 기간을 최대한 늘리는 방법은 무엇일까. 가장 먼저 고려해볼 것은 '임의가입'이다. 국민연금 임의가입은 국내에 거주하는 18세 이상 60세 미만 국내 거주자 중 소득이 없어 가입자가 될 수 없는 사람이 본인 선택에 따라 가입하도록 만든 제도다.

전업주부나 학생, 군인 등 소득이 없거나 의무 가입 대상이 아닌 사람들이 노후 대비를 위해 국민연금에 임의가입하고 있다. 2024년 말 임의가입자 수는 31만 6,000명에 달한다.

2025년 6월 기준 국민연금 임의가입을 통한 연금보험료는 최소 월 9만 원 이상으로 최대 월 55만 5,300원까지 낼 수 있다. 국민연금이 발표한 2025년 예상 연금 월액표에 따르면 최소 가입 기간인 10년간 9

〈표 2-2〉 노령연금 예상 연금 월액표

평균 소득월액(A값) 3,089,062

순번	가입 기간 중 소득월액평균액(B값)	연금보험료 9%	가입 기간						
			10년	15년	20년	25년	30년	35년	40년
1	390,000	35,100	175,250	262,230	349,210	390,000	390,000	390,000	390,000
62	1,000,000	90,000	205,980	308,210	410,430	512,660	614,890	717,110	819,340
162	2,000,000	180,000	256,360	383,580	510,810	638,040	765,260	892,490	1,019,720
262	3,000,000	270,000	306,730	458,960	611,180	763,410	915,640	1,067,860	1,220,090
271	3,090,000	278,100	311,270	465,740	620,220	774,690	929,170	1,083,650	1,238,120
362	4,000,000	360,000	357,110	534,330	711,560	888,790	1,066,010	1,243,240	1,420,470
462	5,000,000	450,000	407,480	609,710	811,930	1,014,160	1,216,390	1,418,610	1,620,840
479	6,170,000	555,300	466,420	697,900	929,370	1,160,850	1,392,330	1,623,800	1,855,280

※ 단위: 원/월
※ 2025년 기준
출처: 국민연금공단

만 원씩 납입하면 연금 수령 개시 후 월 20만 5,980원을 받을 수 있다. 반면 최대 금액인 55만 5,300원을 10년간 납입해도 월 수령액은 46만 6,420원에 그친다. 보험료는 6배 넘게 더 냈는데 연금 수령액은 2배 정도밖에 늘지 않는 셈이다.

가성비만 보면 9만 원을 내는 것이 좋아 보인다. 하지만 앞서 언급했듯 국민연금 보험료를 최대 상한으로 내더라도 낸 돈보다는 받을 돈이 1.6배에 달할 정도로 국민연금은 수익비가 높은 노후 준비 수단이다. 개인연금 등 사적 연금의 수익비가 1배라는 점을 감안하면 훨씬 후한 혜택으로, 형편이 허용된다면 최대한 납입 금액을 올려 최대한 많은 연금소득을 확보하는 것이 안정적인 노후로 이어질 수 있다.

더 많은 연금을 받고 싶다면 임의계속가입제도를 활용하라

60세가 돼 국민연금 납부 의무가 사라졌는데 아직 최소 가입 기간인 10년을 채우지 못했거나, 나중에 더 많은 연금을 받고 싶은 사람이라면 '임의계속가입제도'를 활용할 수 있다. 임의계속가입 기간에는 회사를 다니는 사업장가입자라도 지역가입자와 같이 9%의 보험료를 모두 본인이 내야 한다. 임의계속가입 자체가 국민연금의 의무 납입 연령인 만 18~59세를 넘어선 '추가 납부'의 성격을 지니기 때문에 보험료 부담 의무가 본인에게 넘어가는 셈이다.

그럼에도 임의계속가입의 효과는 쏠쏠하다. 월 소득이 300만 원인 근로자가 60세부터 65세까지 5년간 국민연금을 추가 납부했을 때 추가로 내야 하는 보험료는 1,620만 원이다. 앞에서 사례로 언급한 월 소득 300만 원, 30년 가입자가 5년을 추가 가입한 경우 매월 받는 연금 수령액은 91만 5,640원에서 106만 7,860원으로 15만 원이 늘어난다. 1년에 180만 원꼴로 9년만 연금을 받아도 낸 돈보다 받은 돈이 많아지고, 그 후부턴 매년 180만 원의 추가 수입을 확보하는 것이다.

02
국민연금도 세금을 내나요

국민연금공단에 따르면 2024년 12월 기준 국민연금 노령연금을 매월 200만 원 이상 수령하는 수급자는 총 5만 772명으로 집계됐다. 2023년 말 1만 7,805명에서 1년 만에 3배 가까이 늘어난 수치다.

노령연금은 국민연금을 10년 이상 가입해 보험료를 낸 뒤, 수급 연령(2025년 기준 만 63세)이 되면 받을 수 있는 국민연금이다. 1988년 국민연금제도 도입 당시 한창 경제활동 중이던 베이비붐 세대(1950~1960년대생)의 연금 수급이 본격화되면서 고액 수급자 수도 빠르게 증가하고 있다.

하지만 이들이 실질적으로 수령하는 연금액은 명목상 수령액보다 적을 가능성이 크다. 그 이유는 국민연금에도 과세가 적용되기 때문이다.

특히 국민연금 외에 별도의 추가적인 소득이 있다면 세금 부담은 더욱 커진다.

소득세가 적용되지만 소득공제도 적용된다

국민연금은 '연금소득'으로 분류되어 소득세가 부과된다. 2001년까지는 노령연금에 대해 소득세가 부과되지 않았다. 그 대신 국민연금 납부 당시 소득공제 혜택도 제공되지 않았다.

하지만 2001년부터 2002년 사이 소득세법 개정을 통해, 2002년 이후 납부한 보험료에 대해서는 소득공제를 제공하는 대신 연금 수령 시에는 연금소득으로 간주해 소득세를 부과하는 방식으로 제도가 전환되었다.

1990년부터 2025년까지 총 35년간 국민연금을 납부한 수급자를 예로 들어보자.

이 사람에겐 2002년부터 2025년까지 24년분에 대해서만 세금이 부과된다.

당연히 2002년 이후 경제생활을 시작해 국민연금 보험료를 납부하기 시작한 가입자는 전액 소득공제 방식이 적용된다. 젊은 시절 소득이 높을 때는 소득공제 혜택을 받아 절세 혜택을 누리고, 노년기에는 낮은 세율로 세금을 납부하는 구조이므로 수급자 입장에서는 유리한 제도다.

월 200만 원 연금을 받는 사람이 내야 할 세금은

그렇다면 월 200만 원의 연금 수급권자가 내야 하는 세금은 얼마나 될까. 분석을 단순화하기 위해 2002년부터 국민연금을 납부해 월 200만 원을 받고 있는 65세 A 씨의 경우를 생각해보자. A 씨는 국민연금 외에는 다른 소득이 없다.

A 씨의 경우 최종적으로 내야 할 세금은 약 104만 5,000원으로 예상된다. 연간 연금소득 2,400만 원 중 730만 원은 소득에서 공제된다. 연금액이 350만 원 이하면 전액, 350만~700만 원 구간은 350만 원에 350만 원을 초과하는 금액의 40%, 700만~1,400만 원 구간은 490만 원에 700만 원을 초과하는 금액의 20%, 1,400만 원을 초과할 경우 630만 원에 1,400만 원 초과 금액의 10%가 공제액으로 산정된다. 연금소득공제는 최대 900만 원까지 적용된다.

여기에 본인공제 150만 원을 받을 수 있다. 배우자나 부양가족의 소득 금액이 연 100만 원 이하라면 150만 원씩 추가로 공제를 받을 수 있다. A 씨의 경우 아내도 연 100만 원 이상의 국민연금을 수령 중으

〈표 2-3〉 연금소득공제(소득세법 제47조의 2항, 900만 원 한도)

총연금액	공제액
350만 원 이하	총연금액
350만 원 초과 700만 원 이하	350만 원 + (350만 원을 초과하는 금액의 40%)
700만 원 초과 1,400만 원 이하	490만 원 + (700만 원을 초과하는 금액의 20%)
1,400만 원 초과	630만 원 + (1,400만 원을 초과하는 금액의 10%)

출처: 국세청

로, 다른 부양가족이 없어 본인분 공제만 받는다고 가정한다.

이렇게 산출된 A 씨의 과표 산출액은 1,520만 원이다. 여기에 대해 과세표준에 따라 6~45%의 소득세율에 따라 세금이 부과된다. 과세표준 1,400만~5,000만 원 구간의 소득세 적용 최고세율은 15%이다. 이를 적용하면 102만 원의 산출세액이 나온다. 여기에 7만 원의 표준세액공제를 적용하면 95만 원이 최종적으로 내야 할 결정세액으로 산출된다.

결정세액에 10%가 추가되는 지방소득세(9만 5,000원)를 포함하면 A

〈표 2-4〉 연금 월 200만 원 수급자의 납부 세액

구분	산식 또는 기준	금액	비고
① 총연금소득	월 200만 원 × 12	2,400만 원	연금 수입 전액
② 연금소득공제	630만 원 + (2,400만 원 − 1,400만 원) × 10%	730만 원	—
③ 인적공제	본인공제	15만 원	배우자·부양가족 해당 없음
④ 과세표준	①−②−③	1,520만 원 (2,400만 원−730만 원 −150만 원)	—
⑤ 산출세액	1,400만~5,000만 원 구간 세율 적용: 15% (④ × 15%=228만 원) − 누진공제(126만 원)	102만 원	—
⑥ 결정세액	⑤ − 표준세액공제(7만 원)	95만 원	—
⑦ 지방소득세(10%)	⑥ × 10%	9만 5,000원	—
⑧ 최종납부세액	⑥ + ⑦	104만 5,000원	—
⑨ 월평균부담	⑧ ÷ 12	약 8만 7,000원	

출처: 국세청

씨가 내야 할 총 세금은 104만 5,000원, 매월 8만 7,000원의 세금을 내야 한다.

연금 월 64만 원까지는 세금을 면제받는다

세금을 내지 않아도 되는 최대 연금액은 약 64만 원이다. 연 770만 원까지는 소득공제와 세액공제를 적용할 경우 결정세액이 0원으로 계산되기 때문이다. 이 경우 연금소득공제(504만 원)와 본인공제(150만 원)를 적용받으면 116만 원의 과세표준이 적용된다. 산출세액은 여기에 6%를 곱한 6만 9,600원이 된다. 여기에 표준세액공제 7만 원을 적용하면 세금을 내지 않아도 된다.

다른 소득이 없고 노령연금만 있다면 국민연금공단이 세금을 원천징수한 뒤 연금을 지급하기에 5월에 별도로 종합소득신고를 하지 않아도 된다. 공적연금 가운데 장애연금과 유족연금은 소득세 부과 대상이 아니다.

하지만 점차 국민연금을 받으면서 일을 하거나 노후에도 사업 소득이 있는 사례가 늘고 있다. 주식이나 다른 금융자산을 통해 이자 및 배당 수입을 얻고 있는 수급자들도 많다. 이 경우 연 350만 원이 넘는 연금을 받는 경우 다른 소득과 더해 종합소득세가 부과된다. 앞서 제시한 연 770만 원의 연금소득자의 경우 연금소득만 있을 시 세금을 내지 않지만, 종합소득세 대상이 되면 연금소득공제를 한 후의 연금

⟨표 2-5⟩ 종합소득세 세율(2023~2024년 귀속)

과세표준	세율
14,000,000원 이하	6%
14,000,000원 초과 50,000,000원 이하	15%
50,000,000원 초과 88,000,000원 이하	24%
88,000,000원 초과 150,000,000원 이하	35%
150,000,000원 초과 300,000,000원 이하	38%
300,000,000원 초과 500,000,000원 이하	40%
500,000,000원 초과 1,000,000,000원 이하	42%
1,000,000,000원 초과	45%

출처: 국세청

소득액 266만 원에 대해 세금이 부과된다. 연간 5,000만 원 초과 8,800만 원 이하의 소득을 거두는 경우에는 24%의 세금이, 실제 사례는 드물겠지만 연간 10억 원이 넘는 과세표준이 적용될 경우 세율은 45%까지 높아지니 5월 종합소득세 신고를 철저히 준비할 필요가 있다.

03
월 60시간 이상 아르바이트한다면 반드시 가입하라

"시급 1만 원 아르바이트로 100만 원을 벌었는데 국민연금에 건강보험까지 4대 보험을 떼가니 실수령액은 90만 원이 조금 넘네요. 국민연금 꼭 내야 하나요?"

아르바이트를 하는 10~20대 청년들이 국민연금공단에 가장 많이 하는 질문이다. 월급날 통장을 확인했는데 국민연금에 건강보험, 장기요양보험, 실업급여까지 공제돼 월급이 10% 가까이 깎여 있다.

당장 단돈 몇만 원이 아쉬운 데 2064년이면 고갈된다는 국민연금에 '쥐꼬리' 같은 아르바이트 월급을 내야 하냐는 것이 많은 청년의 불만이다.

하지만 국민연금에 대한 불신은 내려놓고 미래 연금 수익만 생각한다면 젊을 때 아르바이트를 하면서 연금 가입 기간을 늘리는 것만큼 큰 재테크도 없다는 것이 연금 전문가들의 일관된 설명이다. 매일 대립하고 싸우기만 하는 것 같은 여야 정치권조차도 이 문제에서만큼은 의견이 같다.

국민연금 가입 대상은 어디까지인가

국민연금법에 따르면 소득이 있는 만 18세 이상 60세 미만의 국민은 모두 국민연금 의무 가입 대상이다. 따라서 정규 일자리가 아닌 아르바이트를 하는 경우도 가입 조건에 해당한다면 연금보험료를 내야 한다.

하지만 모든 아르바이트생이 국민연금 납부 대상자가 되는 것은 아니다. 국민연금을 내야 하는 아르바이트생의 조건은 다음과 같다.

우선 아르바이트나 파트타임으로 일하는 단시간 근로자의 경우 고용 기간이 1개월 이상이고, 근로시간이 월 60시간 이상이라면 사업장가입자로 가입해야 한다. 국민연금의 보험료율은 2025년 기준 월 소득의 9%다. 사업장가입자의 경우에는 사업자와 가입자가 절반(각각 4.5%)씩 부담한다.

2025년 연금개혁으로 보험료율은 2026년부터 0.5%p씩 높아져 2033년 13%까지 올라간다. 13%의 보험료율에 대해서도 근로자가

〈표 2-6〉 국민연금에 가입해야 하는 근로자 기준

공통 요건		
· 1개월 이상 근무 · 소득이 보건복지부 장관이 고시하는 금액(220만 원) 이상		
단시간 근로자	일용직 근로자	건설일용직 근로자
근로 기간 월 60시간 이상	1개월간 8일 이상 또는 60시간 이상 근로	1개월간 8일 이상 근로

출처: 국민연금공단

6.5%, 사용자가 6.5%씩 절반씩 부담한다.

구체적인 가입 기준은 근로계약서 유무에 따라 조금씩 다르다. 근로계약서가 있는 경우 계약서상 고용 기간이 1개월 이상(기간을 정하지 않은 경우도 포함)이고, 근로시간이 월 60시간 이상이면 국민연금 가입 대상이다.

일용 근로자의 경우 1개월 이상 근로하면서 월 8일 이상 근로하거나 월 60시간 이상 근로하도록 계약한 경우, 실제 근로시간과 관계없이 가입 대상이다.

근로계약서를 쓰지 않거나 소정 근로시간을 알 수 없는 경우에도 실제 고용된 기간이나 근로한 시간이 이 기준에 부합되면 국민연금 가입 대상이 된다.

자연히 1개월 동안 근로시간이 60시간 미만인 단시간 근로자나 일용 근로자 또는 1개월 미만의 기한을 정해 일하는 근로자는 국민연금 사업장가입자 가입 대상 기준에서 제외된다. 아르바이트 조건이 이 기준에 부합하는데 사업주가 4대 보험을 제공하지 않는다면 이는 불법으로 과태료 대상이 된다.

청년들이 많이 하는 아르바이트인 스타벅스나 맥도날드와 같은 대형 프랜차이즈들은 이 기준에 해당되는 경우 어김없이 4대 보험에 가입하고 있다. 이런 기업들은 애초에 주 60시간 이상 근무를 채용 조건으로 내거는 경우가 대부분이다.

예를 들어 스타벅스 아르바이트생인 '파트너'의 경우 하루 5시간 주5일 근무가 기본 근무 조건이다. 기본 근무 시간만 채워도 한 달에

100시간 이상을 일하게 된다.

여야 이견 없는 가입 기간 연장의 '마법'

그렇다면 아르바이트를 하면서 국민연금을 납부하면 무엇이 좋을까? 국민연금은 가입 기간이 길수록 수급액이 늘어나는 구조다. 현행 국민연금은 40년간 보험료를 납부하면 생애 평균 소득 대비 43%를 받는다. 보험료를 내는 동안 월평균 소득이 300만 원이었던 사람이 40년간 보험료를 냈다면 노후에 연금으로 월 129만 원을 받는다는 뜻이다. 국민연금은 매년 전년도 물가상승률만큼을 반영해 연금액을 높여준다. 그 점을 감안하면 실제로 연금을 받을 때 수령하는 금액은 더 크다.

국민연금 산식에 따르면 20년 가입자는 소득대체율이 20%가 된다. 이후 가입 기간이 1년이 늘어날 때마다 1%p 가량씩 대체율이 높아진다. 하지만 실제로 40년이라는 가입 기간을 꽉 채우는 사람은 많지 않다. 국민연금공단에 따르면 2024년 3월 기준 국민연금(노령연금) 수급자의 평균 가입 기간은 19년 9개월(237개월)로 약 20년 수준이다.

우리 국민의 평균 월 소득인 300만 원을 버는 평균 소득자를 기준으로 이른바 '알바 국민연금 납부'의 위력을 가늠해보자. 학창 시절 동안 2년 아르바이트(월급 100만 원)를 하면서 국민연금 납부 시 소득대체율은 약 2%p 정도가 늘어난다. 이는 월평균 소득 300만 원을 가

〈표 2-7〉 아르바이트 2년 차이가 생애 연금액에 미치는 효과

아르바이트로 낸 돈	4만 5,000원 × 24개월 = 108만 원
아르바이트 2년으로 늘어나는 연금액 300만 원 × 2% = 매월 약 6만 원(연 72만 원)	→ 20년 수령 시: 1,440만 원(13.3배 이익)
	→ 30년 수령 시: 2,160만 원(20배 이익)

※ 가입 기간이 1년 늘어날 때 소득대체율은 약 1% 올라가는 것으로 가정
※ 월 300만 원 소득자 기준

정하면 월 6만 원, 한 해에 약 72만 원을 더 받는 셈이다. 이런 사람이 65세에 은퇴해 80대 중반까지 20년간 연금을 받는다면 물가상승분을 감안하지 않고 단순하게 계산해봐도 1,440만 원에 달한다.

반면 아르바이트 시절의 낸 보험료는 전체 보험료 9만 원(소득의 9%)의 절반인 4만 5,000원(4.5%)에 불과하다. 1년간 54만 원, 2년이면 108만 원이다. 은퇴 후 연금을 받아도 낸 돈을 회수하고, 20년을 살면 최소 낸 돈의 13.3배, 30년을 살면 20배를 더 받게 되는 것이다. 수익률로 치면 1,000% 이상 남는 장사다. 국민연금은 매년 물가상승률만큼 급여액이 높아지므로, 물가상승률을 감안하면 실제로 받는 액수는 더 늘어난다.

정치인들이 청년들의 환심을 사려는 공약들에서도 한 살이라도 젊을 때 국민연금 가입 기간을 늘리는 것이 얼마나 노후에 도움이 되는지 알 수 있다. 이재명 대통령은 대선 후보 시절 18세가 된 청년에게 국민연금 첫 1개월 보험료를 지원하는 방안을 논의하자고 제안한 바 있다. 젊을 때 국민연금을 내면서 가입 기간을 늘리는 것이 얼마나 수익률이 높은 투자인지를 염두에 둔 공약이다.

최종적으로는 연금개혁안에 담기지 못했지만 윤석열 정부가 2024년 마련한 연금개혁 정부안에서는 현재는 59세까지인 국민연금 의무가입 기간을 64세까지 늘리는 안도 제시됐다. 60세가 넘어 일한다면 직장에서 최대 5년까지 보험료 절반을 내줄 수 있도록 하겠다는 이야기다. 학창 시절과 60대 이후를 합쳐 5년을 더 일하면 급여액은 평균 가입 기간(20년) 대비 25%, 10년을 더 일하면 50%가 늘어난다.

연금이 줄어들어도 일찍 받으려는 사람들

국민연금 수령액이 줄어드는 손해를 보는데도 국민연금을 애초 받을 나이보다 앞당겨 받은 조기 노령연금 수급자는 2024년 12월 기준 94만 8,000명에 달한다. 1년 전보다 11만 명가량 늘어난 수치다. 여러 가지 이유가 있지만 2024년이 5년마다 한 번씩 찾아오는 '수급 개시 연령' 상향 시기였기 때문이란 것이 국민연금공단의 설명이다. 수급 개시 연령 상향이 무엇이길래 피 같은 연금을 줄여가며 연금을 조기 수령한 것일까?

2024년 조기 수령자의 상당수는 1961년생으로 추정된다. 1961년생은 2024년 생일이 지나면 만 63세가 된다. 2023년부터 국민연금을 10년 이상 가입한 이들이 받는 노령연금 수급 개시 연령이 62세에서 63세로 상향됐다. 한 살 더 많은 1960년생은 이미 62세를 맞은 2022년부

〈표 2-8〉 조기 노령연금 연간 신규 수급자 추이

연도	수급자 수
2020년	5만 2,000명
2021년	4만 8,000명
2022년	5만 9,000명
2023년	11만 2,000명
2024년	11만 명

※ 2024년은 추정치
출처: 국민연금공단

터 국민연금을 받고 있는데, 1961년생은 연금을 2년 늦게 받게 된 셈이다. 조기 수령자의 증가는 은퇴해서 당장 소득이 없는 1961년생 노인들이 주도한 것으로 추정된다.

연금 수급 연령이 올라가다

이는 1998년 연금개혁의 결과로 나타난 현상이다. 1988년 국민연금제도가 처음 도입될 당시에는 만 60세가 연금 수급이 시작되는 나이였다. 하지만 연금의 지속 가능성을 위해 1998년 1차 연금개혁을 통해 지급 개시 연령을 단계적으로 높이기로 했다. 2013년 61세를 시작으로 5년마다 1세씩 올려 2033년에는 65세까지 높이는 것이다.

이에 따라 1952년 이전 출생자는 만 60세부터 국민연금을 받고 있지만 1953~1956년생은 만 61세부터, 1957~1960년생은 만 62세부터 연금을 받는 것으로 변경됐다. 1960년생도 이 개혁이 없었다면 3년 전

〈표 2-9〉 출생 연도별 노령연금 수급 개시 연령

~1952년생	1953~1956년생	1957~1960년생	1961~1964년생	1965~1968년생	1969년생~
60세	61세	62세	63세	64세	65세

출처: 국민연금공단

인 2020년부터 연금을 받을 수 있었다.

1961~1964년생은 1년 더 늦은 만 63세부터 연금을 받는다. 1961년생은 2024년, 1962년생은 2025년 연금 수급이 시작된다. 1965~1968년생은 만 64세, 1969년 이후 출생자는 만 65세부터 연금을 받게 된다.

이 구조에 따르면 1961년생들처럼 지급 개시 연령이 올라가는 기점에 걸려 있는 1965년, 1969년 출생자들은 한 해 전 출생자들에 비해 국민연금을 받을 수 있는 연령이 2년 늦어진다. 국가데이터처에 따르면 2021년 기준 1인 적정 노후 생활비는 월 177만 3,000원, 부부 기준 277만 원이다. 부부 기준으로 연 3,000만 원이 넘는 목돈이 필요하기에 연금 지급 개시 연령 1년의 차이는 상당한 부담이라고 볼 수 있다.

연금 수급 연령, 앞으로도 계속 올라갈까

2025년 3월 국회를 통과하며 마무리된 국민연금 개혁 최종안에는 지급 개시 연령 상향은 담기지 않았다. 하지만 전문가들은 매년 올라가는 평균 연령과 연금 고갈 등 재정 여건, 해외 사례 등을 감안할 때 지급 개시 연령 상항은 불가피한 선택이라고 분석한다.

2023년 윤석열 정부가 연금개혁안 도출을 위해 운영한 전문가 자문기구인 재정계산위원회는 연금 고갈을 막기 위해 지급 개시 연령을 최대 68세까지 높일 것을 제안한바 있다. 재정계산위원회는 5년마다 1년씩 지급 개시 연령이 올라가는 현재의 추세를 그대로 이어가 2038년 66세, 2043년 67세, 2048년 68세로 지급 개시 연령을 늦추는 시나리오를 제시했다. 이 기준에 따르면 1969~1972년생은 65세, 1973~1976년생은 66세, 1977~1980년생은 67세, 1981년 이후 출생자는 68세부터 연금을 받게 된다.

지급 개시 연령을 올리는 것은 국민연금 재정 관점에서는 타당한 게 사실이다. 국민연금공단에 따르면 노령연금을 받다가 사망한 수급권 소멸자의 평균 수급 기간은 2010년 82개월에서 2023년 6월 기준 189개월로 약 2.3배 늘었다. 한국인의 기대수명이 1970년 62.3세에서 2021년 83.6세로 늘면서 수급자들이 연금을 받는 기간도 늘어난 것이다. 기대수명이 점점 늘어 개별 수급자가 평생에 걸쳐 받을 연금의 액수도 늘어나는 만큼 연금 수급 개시 연령도 늦춰지는 것이 타당하다는 것이다.

조기연금 활성화로 연금개혁 보완하기

하지만 연금 수급 연령을 올리는 것은 정치적으로 쉽지 않은 일이다.

네덜란드는 2021년 연금 수급 연령을 만 67세로 상향 조정하려다 반발에 막혀 2024년 이후로 연기했다. 프랑스 역시 2020년 에마뉘엘 마크롱(Emmanuel Macron) 대통령이 연금 수급 개시 연령을 62세에서 64세로 늦추는 연금개혁을 추진했으나 거센 반발에 2022년 대선 이후로 미뤘고, 재선에 성공한 후 2023년 1월에야 다시 연금개혁안을 발표했다.

연금개혁안이 발표된 뒤 프랑스에서는 또다시 전국적인 반대 시위가 벌어졌고 상당한 진통을 겪었다. 프랑스 정부는 2022년 4월 정부가 의회 표결 없이 법안을 강행 처리할 수 있도록 한 헌법 49조 3항까지 발동하는 '강수'까지 둔 끝에 연금개혁법안을 통과시켰다. 지급 개시 연령 상향이 연금의 지속 가능성에 있어서 얼마나 중요한지와 함께 얼마나 어려운 개혁인지를 보여주는 장면이다.

한국도 연금 수급 연령을 올릴 경우 조기연금을 활성화하는 제도를 강화할 필요가 있다는 지적도 나온다. 현재는 조기연금을 5년 전부터 신청할 수 있는데 이 경우 연금이 1년에 6%씩 줄어든다. 월 100만 원 수급 자격이 있는 경우 5년 전부터 받으면 70만 원만을 수령하는 셈이다. 감액 비율을 일부 완화하는 식으로 조기 노령연금 수급을 유도하면 고령화 시대에 연금재정을 효율적으로 관리할 수 있다는 의견도 상당하다. 정부가 최근 노인 일자리를 매년 대폭 늘리고 있는데, 이 역시 고령층의 연금 공백에 따른 소득 감소를 예방하기 위한 대책이다.

이미 예고된 수급 개시 연령 상향의 직격탄을 맞는 1965년생과

〈표 2-10〉 1966년생 조기 노령연금 수급 예시

청구 당시 연령	59세	60세	61세	62세	63세
지급률	70%	76%	82%	88%	94%

※ 1966년생은 만 64세부터 수급, 1965년생으로 해도 동일
출처: 국민연금공단

1969년생들은 미리 국민연금 공백의 1년을 준비할 필요가 있다. 60대가 넘어서도 계속 일을 하면서 안정적인 소득을 얻을 수 있다면 문제가 없다. 그렇지 않다면 연금 공백기를 버틸 목돈이나 배당 등 소득원을 마련하거나 개인연금, 퇴직연금 등을 통한 대비를 철저히 할 필요가 있다.

05
'억대 유산' 부럽지 않은 유족연금

"내가 죽으면 내 연금은 어떻게 됩니까?"

국민연금 가입자들이 국민연금공단 직원들에게 하는 단골 질문이다. 공적보험인 국민연금은 연금 가입자 또는 연금을 받던 사람이 사망하면 그에게 생계를 의지하던 가족들이 안정된 삶을 살아갈수록 권리를 승계하는 유족연금제도를 운영하고 있다.

국민연금공단에 따르면 유족연금을 받는 사람은 2024년 12월 기준 104만 명에 달한다. 수급자 중 남자가 9만 5,000명, 여자는 94만 5,000명으로 여자의 비중이 압도적으로 높다. 지금 국민연금을 수령하고 있는 60대 이상 노인 세대에서는 주로 남편이 직장 생활로 돈을 벌고 아내는 전업주부를 하는 외벌이 가구가 많았기 때문이다.

하지만 국가데이터처에 따르면 2023년 기준 유(有)배우 가구 48.2%가 맞벌이 부부인 것으로 나타났다. 젊은 층일수록 맞벌이 비중이 높다는 예상과 달리 30대(48.9%), 40대(57.9%), 50대(58%) 등으로 오히려 국민연금 수령을 앞둔 중장년층일수록 맞벌이 비중이 높게 나타났다. 이는 그간 단순히 남편이 사망하면 아내가 승계하는 것으로 여겨졌던 유족연금 수령이 앞으로는 더 복잡해질 수 있다는 것을 의미한다.

유족연금, 누가 받을 수 있을까

그렇다면 유족연금은 어떤 사람들이 받을 수 있을까? 우선 사망자에게 배우자가 있으면 배우자가 1순위로 유족연금을 수령한다. 이때 법정 혼인 관계에 있는 배우자뿐 아니라 사실혼 관계의 배우자도 유족연금을 수령할 수 있다.

배우자가 없으면 자녀(25세 미만), 부모(60세 이상), 손자녀(19세 미만), 조부모(60세 이상) 순으로 유족연금이 지급된다. 자녀, 부모, 손자

〈표 2-11〉 유족연금 수급권 순위

우선순위	수급 요건
1. 배우자	조건 없음
2. 자녀	25세 미만 또는 장애등급 2등급 이상
3. 부모(배우자 부모 포함)	60세 이상 또는 장애등급 2등급 이상
4. 손자녀	19세 미만 또는 장애등급 2등급 이상
5. 조부모(배우자 조부모 포함)	60세 이상 또는 장애등급 2등급 이상

출처: 국민연금공단

녀, 조부모가 장애인복지법에서 규정한 '심한 장애인'에 해당될 경우 나이와 상관없이 유족연금을 수령할 수 있다.

유족연금과 관련된 많은 법적 분쟁 사례는 바로 사실혼 관계의 배우자 인정 여부에서 나온다. 사망한 수령자가 원래의 배우자와는 이혼했지만 새로운 배우자와 사실혼 관계를 맺고 살아가고 있었다면, 친자식보다 사실혼 배우자가 유족연금 수령에서 우선순위를 갖게 된다.

다만 사실혼 관계의 배우자가 유족연금을 받기 위해선 돌아간 사람과 사실혼 관계임을 법적으로 입증해야 한다. 이를 입증하기 위해선 법원에 '사실혼관계존부확인'이라는 소송을 통해 법원으로부터 망인과 사실혼 관계에 있었다는 판결문을 받아서 국민연금공단에 제출해야 한다.

사업 실패 등으로 노년기에 어쩔 수 없이 협의 이혼 신고를 했지만 실제로는 기존과 동일하게 부부관계를 유지하고 함께 자녀를 돌보는 사례들이 많다. 다수의 판례를 보면, 이혼했더라도 혼인의 의사를 갖고 부부 생활의 실체를 갖춘 점이 인정될 경우 법원은 이를 사실혼으로 보고 유족연금 수급권을 인정하고 있다.

가입 기간 길수록 유족연금도 늘어난다

유족연금 평균 수령액은 2024년 12월 기준 36만 3,131원으로 아주 많

<표 2-12> 유족연금 급여 기준

가입 기간	연금액
10년 미만	기본 연금액 40% + 부양가족 연금액
10년 이상~20년 미만	기본 연금액 50% + 부양가족 연금액
20년 이상	기본 연금액 60% + 부양가족 연금액

출처: 국민연금공단

진 않지만 국민연금 가입 기간이 긴 수급자들이 늘면서 점점 액수가 많아지는 추세다. 가장 많은 유족연금을 받는 이는 매월 148만 4,120원을 받고 있다. 노령연금 평균 수령액(65만 7,295원)보다 큰 금액을 유족연금으로 받는 사람도 있는 셈이다.

유족연금액은 사망자의 국민연금 가입 기간에 따라 다르다. 가입 기간이 10년 미만이면 사망자가 받던 연금의 40%, 10년 이상 20년 미만이면 50%, 20년 이상이면 60%를 유족연금으로 수령하게 된다. 국민연금 장기 가입자가 늘어날수록 유족연금액이 빠르게 늘어날 수 있는 구조다.

국민연금은 같은 소득이라면 장기 가입할수록 수령액이 더 많이 늘어나는 구조다. 월평균 400만 원을 벌면서 매달 36만 원의 국민연금 보험료를 납부하는 경우를 가정해보자. 국민연금공단에 따르면 이 경우 사망자의 국민연금 가입 기간이 10년 미만인 경우 월 지급되는 유족연금은 29만 4,190원, 20년 가입한 경우는 62만 2,440원으로 2배 이상의 유족연금액 차이가 난다.

만약 20년 가입자의 배우자가 20년간 유족연금을 받게 될 경우 그

〈표 2-13〉 월 소득 400만 원 국민연금 가입자 사망 시 유족연금

가입 기간	유족연금액
10년 미만	29만 4,190원
10년 이상~20년 미만	46만 7,830원
20년 이상	62만 2,440원
10년 미만 가입자 유족의 총 유족연금액 = 7,060만 5,600원	
20년 가입자 유족의 총 유족연금액 = 1억 4,938만 5,600원	

출처: 국민연금공단

금액은 물가상승분을 반영하지 않는다면 1억 4,938만 원 수준이다. 반면 10년 미만 가입자의 유족이 받는 금액은 7,060만 원으로 20년 가입자가 받는 연금액이 8,000만 원이나 많다.

국민연금 수령액이 매년 전년도 물가상승률을 반영해 인상된다는 점을 감안하면 그 차이는 더 크다. 가입 기간이 길어질수록 이 효과는 더해져서, 국민연금 장기 가입은 가입자 본인이 사망하더라도 남은 가족들에게 억대 유산을 남길 수 있는 또 하나의 방법이라 할 수 있다.

유족연금과 노령연금 둘 다 받을 순 없다

그렇다면 부부가 모두 노령연금(최소 가입 기간 10년을 채워 받는 국민연금)을 받고 있는데 한 사람이 사망한 경우는 어떻게 될까? 이 경우 남은 배우자는 자신의 노령연금과 배우자의 유족연금 중 하나를 선택

해 수령해야 한다. 유족연금을 선택하면 자신의 노령연금은 받지 못한다. 반대로 유족연금을 포기하면 자신의 노령연금에 포기한 유족연금의 30%를 더해서 수령하게 된다. 두 가지 선택지 중에 금액이 더 큰 것을 골라야 하는 것이다.

예를 들어 A 씨는 노령연금으로 월 200만 원을 받고 있고, 배우자 B 씨는 월 80만 원을 받고 있다고 하자. 두 사람 모두 국민연금 가입 기간이 20년 이상이고 다른 부양가족은 없다. 이때 A 씨가 먼저 사망하면 유족연금은 월 120만 원이 나온다.

B 씨가 자신의 노령연금을 포기하고 유족연금을 선택하면 B 씨의 연금 수급액은 월 120만 원이 된다. 만약 B 씨가 유족연금을 포기하면 본인의 노령연금(월 80만 원)에 포기한 유족연금의 30%인 월 36만 원을 더해 월 116만 원을 받게 된다. 이 경우 B 씨로선 자신의 노령연금을 포기하고 유족연금을 받는 것이 더 낫다.

다만 만약 유족연금을 받던 배우자가 재혼하게 되면 배우자의 유족연금 수급권은 소멸되고 그다음 우선순위인 가족이 수급권을 이어받게 된다. 그리고 재혼한 배우자는 수급 정지됐던 자신의 노령연금을 받게 된다.

06
'국민연금 재테크'가 뭐길래

내년부터 국민연금 수급이 시작되는 1964년생 박 모 씨(여성)는 요즘 연금 설계를 두고 걱정이 태산이다. 젊은 시절 회사에 다니면서 두 아이를 키운 박 씨는 중도 퇴직했지만 10년 이상 국민연금을 납부해 수급권을 얻었다. 지금은 지인이 운영하는 중소기업에 다니며 일하고 있는데 최소 3~4년은 안정적으로 200만 원 이상의 월급을 받을 수 있는 상황이다. 국민연금공단을 통해 확인한 박 씨의 월 연금 수령액은 약 100만 원 정도다.

박 씨의 지인들은 몇 년간 소득이 있으니 굳이 지금 받지 말고 '연기연금'을 신청해볼 것을 권했다. 연기연금을 신청하면 연금액을 받는 시기를 늦추는 대신 받을 수 있는 보험료가 높아지니 이득이란 게 지인들의 이야기였다. 하지만 최근 뉴스를 보니 섣불리 연금 수령액을 늘렸다가 건강보험료 '폭탄'을 맞는다는 흉흉한 이야기도 들린다. 이럴 때는 어떻게 하는 것이 좋을까?

나중에 받을수록 늘어난다, 국민연금연기제도

일단 향후 몇 년간 안정적인 소득이 있는 만큼 연기연금을 신청하는 것을 고려해봐야 한다. 국민연금공단은 가입자가 국민연금을 수령할 수 있는 나이가 됐을 때 1회에 한해 연금 수급권 취득 이후 최대 5년간 연금액의 일부 또는 전부의 수령을 미룰 수 있는 국민연금연기제도를 운영하고 있다.

연기연금을 신청하면 1년 동안 미룬 금액에 대해 7.2%p씩 연금액을 올려준다. 100만 원의 연금 수급권이 있는 박 씨가 연금 전액을 1년 연기 시 100만 원의 107.2%인 107만 2,000원을 1년 후부터 매달 받을 수 있다. 2년을 연기하면 14.4%, 5년간 미루면 36%가 늘어난다. 5년간 연

〈표 2-14〉 연기연금의 효과

구분	연금액 증가율
1년 연기	7.2%
2년 연기	14.4%
3년 연기	21.6%
4년 연기	28.8%
5년 연기	36%

출처: 국민연금공단

금 수급을 미루면 100만 원이었던 연금이 136만 원이 되는 셈이다.

물가상승에 따른 급여액 증가 등을 감안하지 않고 단순히 계산해봤을 때 박 씨가 5년 연기 후 30년을 산다고 가정하면 연기연금을 통해 추가로 받는 연금액은 1억 3,000만 원에 달한다. 오랜 기간 건강하게 산다면 월 100만 원의 연금을 5년간 받았을 때의 연금액(6,000만 원)보다 훨씬 이득이다. 국민연금 수령 연령이 됐지만 일자리가 있거나 금융·부동산 자산을 통한 안정적 수입이 있어 생계에 어려움이 없는 수급자라면 고려해봄직한 선택이다.

소득이 있긴 하지만 원하는 만큼의 생계를 유지하긴 어렵다면 받을 연금의 일부만 수급을 연기할 수도 있다. 연기 비율은 받는 연금액 50%, 60%, 70%, 80%, 90%, 100% 중 하나를 선택해 신청할 수 있다. 연금 수령액의 전부를 연기할 수도 있지만 절반은 수급 개시와 함께 받으면서 나머지 절반에 대해서만 가산을 받을 수도 있는 것이다.

소득이 많으면 연금은 줄어든다

다만 연기연금을 신청할 때 몇 가지 유의할 점이 있다. 먼저 연금 개시 시점에 소득이 많으면 연금 수령액이 감액될 수 있다. 국민연금을 10년 이상 납부한 사람이 연금 수급 개시 시점이 됐을 때 월평균 소득금액이 최근 3년간 국민연금 전체 가입자 평균 소득월액(A값)을 초과하면 최대 5년간 연금액이 삭감된다. 2025년 기준 A값은 월 308만

9,062원이다.

예를 들어 A값 초과 소득이 100만 원 미만(1구간)이면 초과액의 5%를 깎이게 된다. 이 기준은 초과 소득이 100만 원이 늘어날 때마다 점점 커진다. 초과 소득이 400만 원보다 많으면 정확히 400만 원일 때 감액되는 연금액 50만 원에 400만 원을 초과한 소득월액의 25%를 더 깎이게 된다. 물론 돈을 많이 번다고 해서 무한정 연금이 감액되는 것은 아니다. 국민연금공단은 감액의 상한선을 노령연금 수급액의 최대 50%까지로 규정하고 있다.

연금액은 늘어났는데 건강보험료가 늘어났다

마지막으로 박 씨가 짚고 넘어가야 하는 것은 건강보험 피부양자 자격 탈락 여부다. 피부양자란 보수 또는 소득이 없어 직장가입자에게 생계를 의지하는 사람을 뜻한다. 직장가입자의 배우자, 직계존속(부모, 조부모), 직계비속(자녀, 손자녀)까지 포함되며 피부양자가 되면 건강보험료(건보료)를 부담하지 않아도 건강보험 혜택을 받을 수 있다.

2022년 건강보험 부과 체계 개편으로 피부양자 인정 기준(소득, 재산, 부양 요건) 가운데 소득 기준이 연 소득 3,400만 원 이하에서 2,000만 원 이하로 강화됐다. 여기서 말하는 소득에 개인연금 등 사적연금소득은 빠져 있지만 국민연금과 같은 공적연금소득과 금융소득, 사업소득, 근로소득, 기타소득이 포함된다.

현행 제도에 따르면 월 환산 금액 167만 6,000원 이상의 소득이 있으면 지역가입자로 전환된다. 이 때문에 연기연금을 신청할 때는 자신이 건강보험 지역가입자로 전환 시 낼 건보료가 얼마나 될지를 미리 계산해 늘어나는 연금액과 비교해볼 필요가 있다.

직장이 있는 건강보험 가입자의 보험료율은 2025년 기준 소득의 7.09%로, 원칙적으로 근로소득에 대해서만 건보료를 부과한다. 하지만 지역가입자는 건보료를 산정할 때 소득뿐 아니라 보유 중인 재산에도 보험료를 부과해 경우에 따라선 연기연금으로 늘어난 국민연금 수급액 이상의 건보료를 내야 할 수도 있다. 연기연금을 통해 기껏 연금액을 높여놨더니 건보료 폭탄을 맞았다는 말이 이 때문에 나오는 것이다.

박 씨는 금융소득 등 다른 소득이 없다고 가정하면 연기연금 신청 여부와 관계없이 월 연금 수령액이 167만 6,000원보다 적어 건보 피부양자 탈락을 고민할 필요는 없다. 하지만 국민연금은 매년 소비자물가상승에 맞춰 급여액을 높여준다는 점을 감안하면 향후 물가상승 추세에 따라 피부양자에서 탈락할 가능성도 배제할 순 없다.

07
오늘날 65세 가장에게 필요한 연금 프로그램

평균수명이 길어지면서 60~70대 젊은 노인이 80~90대 나이 든 노인을 부양하는 '노노(老老)부양' 사례가 늘고 있다. 결혼 연령도 높아지면서 부모는 노년기에 접어들었는데 아직 미성년 자녀가 있는 경우도 많다.

노후에 활용할 자산이 넉넉한 이들이라면 큰 문제가 안 되겠지만 국민연금 외에는 별도의 소득이 없는 노인들에게는 정말 부담이 되는 일이다.

정부는 이처럼 고령에도 가족 부양의 의무를 진 이들을 돕기 위해 '부양가족연금제도'를 운영하고 있다. 이 제도는 국민연금이 출범한 1988년부터 존재한 제도지만 이런 사실을 모르고 신청을 안 해 노후 자금을 놓치는 수급자도 적지 않다.

부양가족연금은 누가, 얼마나 받을까

부양가족연금은 노령연금, 장애연금, 유족연금 등 국민연금 수급자에게 배우자나 미성년 또는 장애 자녀(장애2급 이상), 고령(63세 이상) 또는 장애 부모(배우자의 부모 포함)가 있는 경우 기본 연금액 외에 추가로 지급하는 '가족수당' 성격의 부가급여 연금이다.

부양가족연금을 받을 수 있는 수급자의 연령은 국민연금 급여지급 연령 상향에 따라 조정된다. 2025년 기준 63세인 지급 개시 연령은 8년 뒤인 2033년 2세 더 늘어나 65세가 된다.

부양가족연금은 연금 수급자에 의해 생계를 유지하는 가족의 수에 맞춰 지급된다. 수급자의 국민연금 가입 기간 등과 관계없이 정액으로 지급되고 해마다 전년도 물가상승률을 반영해 조정된다. 매년 전년도 물가상승률만큼을 급여액 인상에 반영하는 국민연금의 강점을 부양가족연금도 똑같이 갖추고 있는 셈이다.

2025년 기준 부양가족 연금액은 배우자는 월 2만 5,027원(연 30만 330원), 자녀나 부모는 월 1만 6,680원(연 20만 160원)이다. 부양가족 숫자에 따라 연금액은 늘어난다. 만약 자신에게 생계를 의존하는 배우

〈표 2-15〉 부양가족 연금액

구분	연금액
배우자	월 2만 5,027원(연 30만 330원)
자녀, 부모	월 1만 6,680원(연 20만 160원)

※ 2025년 기준

자와 노모와 함께 사는 65세 수급자라면 한 달에 약 4만 2,000원씩 1년에 50만 원 수준의 연금을 더 받을 수 있는 셈이다.

　국민연금공단에 따르면 2024년 기준 월평균 234만 명에게 579억 원의 부양연금이 지급됐다. 연간 총 지급액으로 보면 6,952억 원에 달한다. 수급자 1인 평균 2만 5,000원(30만 원)가량을 받았다. 가족을 부양하기에 충분한 액수는 아니지만 2025년 기초연금 지급액이 월 34만 2,510원인 점을 감안하면 노후 안정에 쏠쏠한 도움이 된다는 것이 수급자들의 평가다.

부양가족연금 수급 조건을 충족하려면

물론 한 명의 부양가족이 두 명의 가족에게 생계를 의존한다고 해서 두 사람 모두에게 부양가족연금이 지급되는 것은 아니다. 연금은 한 사람에게만 지급되는 것이 원칙이다. 국민연금이나 공무원연금, 사학연금 등 다른 공적연금을 받고 있는 사람도 부양가족에서 제외된다.

　부양가족연금을 받기 위해선 대상 수급자가 직접 가까운 국민연금공단 지사에 가서 신청해야 한다는 점을 꼭 기억해야 한다. 신청 시에는 가족관계증명서와 함께 부양가족이 자신에게 생계를 의지하고 있음을 입증할 서류를 준비해야 한다. 직접 챙기지 않으면 1년에 수십만 원에 달하는 연금을 포기하는 셈이다.

　다만 한 번 등록이 됐다고 해서 평생 연금이 지급되는 것은 아니니

주의가 필요하다. 연금을 받던 중에 생계유지 관계가 단절되거나 연령 도달 또는 장애등급 변동 등 부양가족연금 대상자로서의 요건이 소멸되면 부양가족 대상에서 자동으로 제외된다.

노후 급전이 필요할 땐 국민연금 실버론

배우자나 본인의 의료비 등 노후에 급전이 필요할 때는 국민연금의 대출 프로그램인 '실버론'을 활용하는 것도 현명한 선택이 될 수 있다. 국민연금공단은 국내에 거주하는 만 60세 이상 국민연금 수급자를 대상으로 긴급자금을 빌려주는 실버론 제도를 운영하고 있다. 대출 용도는 주택 전·월세 보증금, 의료비, 배우자 장제비, 재해복구비 등으로 한정된다.

대부 한도는 최대 1,000만 원으로 연간 국민연금 수령액의 2배 이내에서 실제 사용한 금액만큼이 지원된다. 실버론의 최대 강점은 낮

〈표 2-16〉 실버론 개요

구분	내용
대출 대상	국내 거주하는 만 60세 이상 국민연금 수급자
대출 용도	주택, 전·월세 보증금, 의료비, 배우자 장제비, 재해복구비
대부 한도	최대 1,000만 원(연간 국민연금 수령액의 2배 이내)
금리	5년 만기 국고채 수익률, 예금은행 가중평균 수신금리 중 낮은 금리에 연동 (2025년 5~6월 기준 연 2.69%)

출처: 국민연금공단

은 금리다. 실버론의 이자율은 5년 만기 국고채 수익률과 예금은행 가중평균 수신금리(신규 취급액 기준) 중 낮은 금리에 연동해 분기별로 변동금리를 적용한다. 2025년 5~6월 기준 적용 금리는 연 2.69%다. 수급자마다 신용 여건이 천차만별이란 점을 감안하면 정말 낮은 금리라 할 수 있다.

08 군대에서 국민연금을 불리는 법

가기 전에는 피하고 싶고 다녀오면 추억이 되는 것이 군복무다. 고되고 힘든 시간이지만 군복무는 국민연금 연금액을 늘리는 데 요긴한 도움이 된다. 바로 크레디트(credit)와 추후납부(추납)의 두 가지 혜택을 통해서다.

복무 기간만큼 연금액도 늘어난다, 군복무 크레디트

우선 군복무 크레디트는 병역의무를 이행한 현역병, 전환복무를 한 사람, 상근예비역, 사회복무요원 등에게 국민연금 가입 기간을 얹어주는 제도로 일종의 군복무 보너스다. 가입 기간이 늘어나는 만큼 연

<표 2-17> 2025년 연금개혁으로 달라지는 군복무 크레디트

기존	6개월 인정(2008년 1월 1일 이후 입대해 6개월 이상의 군복무를 마친 경우)
개정	최대 12개월 인정(실제 복무 기간 내, 2026년 1월 1일 이후 군복무를 마친 경우)
효과	+ 월 1만 2,450원(연 14만 9,400원, 2026년 신규 가입자 기준 가입 기간 40년, 수급 기간 25년 가정)

출처: 국민연금공단

금 수령액도 커진다.

  2008년 1월 1일 이후에 입대해 6개월 이상의 군복무를 마친 경우 6개월이 인정된다. 2025년 3월 연금개혁으로 2026년 1월 1일 이후 12개월 이상의 군 복무를 마친 경우 최대 12개월이 인정되는 것으로 혜택이 2배가 됐다.

  군복무 크레디트는 노령연금을 청구할 때 별도의 신청 없이도 자동 반영된다. 만약 국민연금 가입 기간이 9년인 가입자가 있다면 군복무 크레디트를 통해 12개월을 인정받을 경우 노령연금 의무가입 기간을 충족하며 수급권을 갖게 되는 셈이다.

  이런 군복무 크레디트는 2025년 내에 대폭 확대될 전망이다. 이재명 대통령은 임기 중 군복무 크레디트를 군 생활 기간 전체로 확대하는 방안을 공약으로 내걸었다. 윤석열 정부도 2023년 10월 발표한 '국민연금 종합운영계획'을 통해 군복무 크레디트를 최종적으로 군 생활 기간 전체로 확대한다는 계획을 밝힌 바 있다. 군복무에 대한 사회적 보상을 강화하고 국민연금의 실질소득보장률을 높인다는 것이 정부의 취지다.

  2025년 기준 육군은 18개월, 해군은 20개월, 공군은 21개월을 복무

한다. 지금보다 6개월가량 긴 군복무 기간을 보낸 예비 노령연금 수급자들에게 크레디트를 얼마나 부여할지는 정해지지 않았지만, 이들 역시 최소한 현재 군복무 기간 이상으로 크레디트를 인정받을 가능성이 크다.

군복무추납으로 국민연금 2배 불리기

최근 인기를 끌고 있는 두 번째 혜택은 군복무추납이다. 군복무추납 제도는 소득이 없어 보험료를 내지 못했던 납부 예외나 적용 제외 기간에 대해 본인이 원할 때 보험료를 내는 제도로 1999년 4월부터 시행되고 있다.

국민연금공단에 따르면 군복무추납을 하면 추납한 보험료 대비 2배 넘는 연금을 받을 수 있다. 연금개혁으로 보험료가 9%에서 2026년부터 0.5%p씩 13%까지 오르지만, 분석의 편의를 위해 기존의 9%로 가정해서 계산해보자.

예를 들어 월급 300만 원을 받는 직장인이 10년간(2021년 1월~2030년 12월) 국민연금에 가입하고 군복무 기간 2년 동안 추납한다면 이 기간 추납 보험료는 648만 원(300만 원×9%×24개월)이다. 여기서 한 가지 알아둘 점은 직장인은 원래 연금보험료의 절반(4.5%)을 회사가 내주지만 군복무추납은 본인이 9%를 다 내야 한다는 것이다.

이 직장인은 군복무추납 덕분에 65세부터 매달 받을 연금액이 월 28

만 6,680원에서 월 34만 6,920원으로 늘어나게 된다. 20년간 국민연금을 받는다고 가정하면 군복무추납을 하지 않을 때보다 1,445만 7,600원을 더 받게 된다. 2년 복무 기간에 대해 추납한 보험료(648만 원)의 2.2배를 받는 셈이다. 추납에 더해 크레디트까지 더하면 2년이 넘는 가입 기간을 늘릴 수 있으니 군복무의 노후보장 효과는 쏠쏠한 셈이다.

추납 신청은 1988년 1월 1일 이후 군복무 기간이 있는 사람이면 육·해·공 관계없이, 현역·단기 복무 관계없이 본인이 원할 때 아무 때나 신청할 수 있다. 다만 국민연금제도가 1988년 1월 1일 도입된 탓에 그 이전에 복무한 기간에 대해선 추납할 수 없다는 점은 유의해야 한다.

최근 이 같은 군복무추납의 장점이 알려지면서 신청자 수가 빠르게 늘고 있다. 국민연금공단에 따르면 최근 4년간 군복무추납 신청자는 2020년 1,210명, 2021년 2,512명, 2022년 3,586명, 2023년 2,438명으로 늘고 있다.

국민연금공단이 가입 기간을 자동으로 인정해주는 군복무 크레디트와 달리 추납은 대상자가 직접 신청해야만 적용할 수 있다는 점을 기억해둬야 한다. 한 번에 모든 추납 보험료를 내지 않고 60개월까지 나눠서 낼 수 있어 부담을 덜 수 있는 것도 추납의 장점 가운데 하나다.

전역 직업군인이라면 임의가입제도를 이용하라

한편 일반병이 아닌 직업군인도 국민연금을 받을 수 있을까? 답은

"네"다. 임의가입제도를 이용하면 된다.

국민연금은 대한민국 국민으로서 18세 이상 60세 미만인 사람은 누구나 의무가입 대상이다. 다만 공무원, 군인, 사립학교 교직원, 별정 우체국 직원 등은 각각 별도의 공적연금이 있어 가입 대상에서 제외된다. 하지만 다른 공적연금을 매월 받고 있더라도 60세 미만이라면 국민연금에 가입할 수 있다. 이런 이들이 가입 가능한 제도가 바로 임의가입제도다.

군인연금은 국민연금이나 공무원연금 등 다른 공적연금과 달리 최소 가입 기간인 20년을 채웠다면 전역 직후부터 연금을 받을 수 있다. 계급 정년제 때문에 일정 나이까지 일정 직급 이상으로 승진을 하지 못할 경우 전역해야 하는 독특한 군 정년 시스템 때문이다.

전역해 이미 군인연금을 수령하고 있는 이가 국민연금을 받기 위해선 임의가입제도를 신청한 뒤 국민연금 전체 지역가입자의 중위수 소득인 100만 원을 기준으로 매월 9만 원(2023년 기준, 소득의 9%) 이상을 납부하면 된다. 이렇게 최소 가입 기간인 10년 이상을 납부하면 노후에 군인연금에 더해 국민연금까지 지급받을 수 있다.

09
이혼해도 연금 걱정 없는 분할연금제도

한국 사회에서 이혼은 더 이상 낯선 일이 아니다. 국가데이터처에 따르면 지난해 이혼 건수는 9만 1,000건으로, 같은 해 혼인 건수(22만 2,000건)의 40%에 달했다. 최근에는 이혼을 전면에 내세운 TV 예능 프로그램이 인기를 끄는가 하면, 결혼 생활이 20년 이상 된 부부의 이혼을 일컫는 '황혼 이혼'이 전체 이혼의 3분의 1을 차지할 정도로 50~60대 장·노년층 사이에서도 이혼율이 높아지고 있다.

이혼 과정에서 피할 수 없는 것 중 하나가 '재산 분할'이다. 집이나 예금처럼 명확하게 나눌 수 있는 자산도 분할 대상이지만, 혼인 기간 중 쌓인 국민연금도 분할 대상에 속한다. 국민연금공단은 이혼한 부부가 연금을 나눠 가질 수 있는 분할연금제도를 1999년부터 운영하고 있다.

분할연금의 핵심, 혼인 유지 기간

분할연금은 혼인 생활이 끝난 이후에도 안정적인 노후 생활이 가능하도록 보장하는 제도다. 특히 가사와 육아로 경제활동에 참여할 수 없는 상황에서 국민연금 가입까지 하지 못한 경우라도 혼인 기간의 정신적·물질적 기여를 인정해 혜택을 제공한다. 분할연금은 수급권자에게 별도의 분할연금을 지급하는 게 아니라 전 배우자의 노령연금에서 분할해 지급하는 개념이다.

분할연금을 받으려면 일정 요건을 충족해야 한다. 우선 배우자였던 사람이 노령연금 수급권자여야 한다. 분할연금을 청구하는 자와 상대 배우자 모두 연금 수급 연령에 도달해야 한다. 2025년 기준 수급 개시 연령은 63세다. 또 연금 가입 기간 중 혼인 기간이 5년 이상이어야 한다.

분할연금 수급권을 확보한 이후에는 재혼하거나 이혼한 배우자

〈표 2-18〉 혼인 지속 기간별 이혼 건수

혼인 기간	이혼 건수	비중
4년 이하	1만 5,200건	16.7%
5~9년	1만 6,400건	18%
10~14년	1만 4,400건	15.8%
15~19년	1만 2,100건	13.3%
20년 이상	3만 3,000건	36.2%
전체	9만 1,200건	100%

출처: 국가데이터처

가 사망해 노령연금 수급권이 소멸 또는 정지되더라도 이와 상관없이 분할연금을 받을 수 있다. 그러나 분할연금 수급권을 얻기 전에 이혼한 배우자가 사망해 노령연금 수급권이 소멸되거나 장애 발생으로 장애연금을 받는 경우는 분할연금을 받을 수 없다.

분할연금은 얼마나 받을 수 있을까

분할연금 요건을 모두 충족하면 신청 다음 달 분부터 매월 받을 수 있다. 그렇다면 얼마를 나눠 가질 수 있을까? 수령액을 계산하려면 기본적으로 혼인 기간을 명확히 해야 한다. 분할연금은 실질적인 혼인 기간에 해당하는 연금액에 대해서만 청구할 수 있기 때문이다.

혼인 기간은 기본적으로 법률혼 기간을 의미한다. 하지만 실질적으로 혼인 관계가 지속된 것으로 보기 어려운 기간에 한해선 신고를 통해 혼인 기간 산정에서 제외할 수 있다. 기존에는 법률혼 기간을 기준으로 분할연금 수급권을 인정했지만, 2016년 12월 선고된 헌법불합치 결정에 따라 분할연금 수급권을 판단할 때는 실질적인 혼인 관계 여부를 고려하고 있다. 이에 따라 2018년 6월 20일 이후 분할연금 지급 사유가 발생한 경우라면 이혼 당사자 중 누구라도 별거, 가출 등의 이유로 실질적인 혼인 관계가 존재하지 않았던 기간에 대해 공단에 신고해 혼인 기간 산정에서 제외할 수 있다.

혼인 기간이 결정됐다면 배우자였던 자의 노령연금액 중 혼인 기간에 해당하는 연금액을 절반으로 나눈다. 예를 들어 이혼한 배우자의 월 연금 수령액이 100만 원이고, 혼인 기간에 해당하는 연금액이 월 70만 원이라면 이를 반반씩 나눈 월 35만 원이 된다.

분할 비율을 따로 정하는 것도 가능하다. 2016년 12월 30일 이후 분할연금 지급 사유가 발생한 경우는 이혼 당사자가 협의하거나 법원의 재판을 통해 분할 비율을 별도로 결정할 수 있다.

시기를 놓치지 않는 분할연금 청구 방법

연금 분할 청구권이 인정된다고 해도 이를 행사할 수 있는 기간에는 제한이 있다. 이혼 후 5년 내로 청구하지 않으면 청구권이 소멸된다.

분할연금 수급권을 미리 청구하는 방법도 있다. 이혼한 상대 배우자가 아직 연금을 받고 있지 않더라도, 분할연금을 미리 신청해둘 수 있는 선청구제도를 통해서다. 실제 지급은 수급 개시 연령에 도달하는 등 요건이 모두 충족된 이후에 이뤄지지만, 미리 신청해두면 심사 절차가 단축돼 연금을 더 빨리 받을 수 있다는 장점이 있다. 선청구는 이혼의 효력이 발생한 날로부터 3년 이내 해야 한다.

분할연금을 받을 때 다양한 상황이 발생할 수 있다. 예를 들어 배우자였던 자가 소득이 있는 업무에 종사해 감액된 연금액을 지급받는 경우는 얼마만큼의 분할연금을 받을 수 있을까. 이때는 감액 전의 연금액을 기준으로, 혼인 기간에 해당하는 연금액을 나눈 금액을 분할

⟨표 2-19⟩ 늘어나는 분할연금 수급자

연도	합계	남자	여자
2021년	5만 3,911명	6,061명	4만 7,850명
2022년	6만 8,196명	7,783명	6만 413명
2023년	7만 5,985명	9,020명	6만 6,965명
2024년	9만 471명	1만 890명	7만 9,581명
2025년 2월	9만 3,270명	1만 1,305명	8만 1,965명

출처: 국민연금공단

⟨표 2-20⟩ 연금 종류별 평균 수급액

가입 기간 20년 이상의 연금액	319만 원
가입 기간 10~19년의 연금액	213만 원
조기연금	73만 원
분할연금	26만 원

※ 2025년 2월 기준
출처: 국민연금공단

연금액으로 지급한다. 분할연금 수급권자가 본인의 노령연금이나 장애연금을 받게 되는 경우는 어떻게 될까? 이 경우는 한 가지만 선택하는 게 아니라 본인의 연금과 분할연금을 모두 받을 수 있으니 걱정하지 않아도 된다.

이혼 부부가 서로 분할연금을 청구하지 않기로 합의할 수도 있다. 다만 분할연금에 대한 합의라는 점을 명확히 해야 한다. 대법원 판례에 따르면 "향후 재산 분할 청구를 하지 않기로 한다"라고만 명시할 경우 추후 분할연금을 청구할 수 있다.

분할연금 수급자 수는 해마다 증가하고 있다. 국민연금공단에 따르면 2025년 2월 기준 분할연금 수급자 수는 9만 3,270명으로 2021년 대비 73% 급증했다. 분할연금 수급자의 평균 수급액은 2월 기준 약 26만 원, 최고 수급액은 약 218만 원으로 조사됐다.

이처럼 분할연금은 이혼이라는 선택이 삶의 불확실성으로 이어지지 않도록 돕는 최소한의 안전망이다. 이 제도가 힘을 발휘하려면 무엇보다 제도를 제대로 알고 적절한 시점에 청구하는 것이 중요하다.

10

경력 단절 여성의 희망, 출산 크레디트

0.75명. 국가데이터처가 발표한 2024년 한국의 합계출산율(한 여성이 가임기간인 15~49세에 낳을 것으로 예상되는 평균 출생아 수)이다. 한국의 합계출산율은 2015년 이후 9년 만에 소폭 반등했지만, 여전히 전 세계에서 유례없는 '0명대 출산율'이라는 점은 달라지지 않았다. 2024년 1.15명의 합계출산율을 기록한 일본보다도 낮은 수치다.

아이를 낳는 일을 기쁨이 아닌 희생으로 여기는 현실이 바뀌지 않는 한 저출산 추세를 지금보다 뚜렷하게 반전시키기 어렵다는 지적도 나온다.

이런 상황에서 정부는 출산에 따른 여성의 경력 단절과 경제적 불이익을 완화하기 위해 다양한 제도를 도입해왔다. 그중 하나가 국민연금의 출산 크레디트제도다.

자녀 수에 따라 국민연금 가입 기간을 인정해주는 제도

출산 크레디트는 자녀 수에 따라 국민연금 가입 기간을 추가로 인정해주는 제도다. 군복무 크레디트와 마찬가지로 실제로 보험료를 납부하지 않았더라도 일정 기간을 납부한 것으로 간주해 가입 기간에 포함시킨다. 가입 기간이 늘어나면 그만큼 연금 수령액이 증가하는 효과가 있다.

정부는 2008년 출산을 장려하는 한편 출산과 육아로 경력 단절을 겪는 여성의 연금 수급권을 확대하기 위해 출산 크레디트제도를 도입했다. 이 제도에서 인정하는 자녀의 범위에는 민법에 따른 친생자와 혼인 외 출생자, 양자 및 친양자, 입양한 자녀 등이 포함된다.

지금까지 출산 크레디트는 2008년 1월 1일 이후 둘째 자녀 이상을 출산(입양)한 경우 국민연금 가입 기간을 추가로 인정해줬다. 둘째는 12개월, 셋째 이상은 자녀 한 명당 18개월을 적용했다. 50개월의 상한선도 있었다.

그러나 2025년 3월 보험료와 소득대체율을 높이는 국민연금 개혁안이 국회를 통과하면서 출산 크레디트제도 역시 확대됐다. 2026년 1월 1일부터는 첫째 자녀부터 가입 기간을 12개월 인정해준다. 이보다 하루라도 먼저 첫아이를 출산한다면 혜택을 받을 수 없다. 둘째(12개월)와 셋째 이상(한 명당 18개월) 출산에 따른 가입 기간은 기존과 동일하다. 정부가 이처럼 첫째 자녀부터 가입 기간을 산입하기로 한 것은 아이를 한 명도 채 낳지 않는 저출산 시대의 현실을 고려했기 때문이다.

〈표 2-21〉 출산 크레디트제도 확대

자녀 수	현행	개혁안
첫째	–	12개월
둘째	12개월	12개월
셋째 이상	한 명당 18개월	한 명당 18개월
상한	50개월	폐지

※ 개편안은 2026년 1월 1일부터 적용 예정
출처: 보건복지부

기존 50개월 상한선도 폐지됐다. 예를 들어 2026년 1월 1일 이후 아이 5명을 낳은 국민연금 가입자는 총 78개월(12+12+18+18+18개월)의 가입 기간을 인정받을 수 있다. 상한 규정이 폐지되면서 가입 기간이 현행 대비 28개월 늘어나는 것이다. 이론상으로 자녀 수에 따라 무제한으로 가입 기간을 인정받을 수 있는 길이 열렸다.

그렇다면 출산 크레디트의 실제 효과는 어느 정도일까? 가령 2026년 1월 1일 이후 국민연금에 신규 가입하고 같은 해 첫째 자녀를 출산한 여성이 있다고 가정해보자. 이 가입자가 국민연금에 가입한 기간이 40년이고, 연금을 25년간 수령한다는 전제하에 매달 연금 수령액은 기존보다 3만 3,210원 늘어난다. 생애 전체로 보면 총 787만 원(2025년 현재가 기준)의 연금이 더 지급되는 셈이다.

앞으로는 쌍둥이를 출산했을 때도 자녀 수만큼 출산 크레디트가 모두 인정된다. 현재까지는 첫 출산에서 쌍둥이를 낳아도 첫째는 제외되고 둘째만 인정돼 12개월만 추가됐다. 내년부터는 쌍둥이 모두에게 적용돼 총 24개월(12+12개월)의 가입 기간을 인정받을 수 있다.

이미 자녀가 한 명 있고 내년에 두 번째 출산으로 쌍둥이를 낳는 경우도 살펴보자. 이때는 출산 크레디트 확대 이전에 태어난 첫째 아이를 제외하고, 쌍둥이에 대해서만 가입 기간이 적용돼 총 30개월(12+18개월)을 인정받을 수 있다.

출산 크레디트, 남성이 더 혜택받는다

그렇다면 출산 크레디트는 여성만을 위한 제도일까? 그렇지 않다. 출산 크레디트는 국민연금을 수령하는 시점에 적용되는데, 국민연금 가입자이거나 가입자였던 부부가 합의에 따라 한 사람에게 가입 기간을 몰아주는 것도 가능하다. 이때 부부 중 한 명이 연금 지급을 청구한 날로부터 한 달 이내에 합의서를 제출해야 한다. 기한 내 합의하지 않으면 추가 가입 기간은 부부가 절반씩 나눠 가지게 된다.

　지금까지 출산 크레디트 혜택을 적용받은 사람은 여성보다 남성이 압도적으로 많았다. 국민연금공단에 따르면 출산 크레디트를 적용받은 수급자 수는 2024년 6월 기준 5,891명으로, 이 가운데 여성은 단 132명뿐이었다. 나머지 5,749명은 모두 남성이었다.

　이를 두고 "정작 아이를 출산한 여성에게는 혜택이 적게 돌아간다"라는 지적도 나온다. 이는 대체로 남성이 여성보다 연금을 먼저 수령하는 경우가 많기 때문으로 분석된다. 즉, 부부 중 남성이 나이가 더 많은 경우가 많아 연금 수급 시점에 출산 크레디트를 우선 적용받는

〈표 2-22〉 출산 크레디트 수급자 현황

연도	전체	남성	여성
2020년	2,067명	2,028명	39명
2021년	2,959명	2,902명	57명
2022년	4,269명	4,183명	86명
2023년	5,037명	4,931명	106명
2024년	5,981명	5,849명	132명

※ 2024년은 6월 기준
출처: 국민연금공단

〈표 2-23〉 출산 크레디트에 따른 연금 지급액 추이

연도	지급액
2020년	7억 4,184만 원
2021년	11억 1,534만 원
2022년	16억 5,629만 원
2023년	22억 4,553만 원
2024년	13억 5,451만 원

※ 2024년은 6월 기준
출처: 국민연금공단

다는 것이다. 또한 여성은 출산과 육아로 경력이 단절되면서, 국민연금을 수령하기 위한 최소 가입 기간(10년)을 채우지 못해 출산 크레디트 자체를 적용받지 못하는 경우도 많다. 이렇듯 출산 크레디트의 실질적 혜택이 남성에게 집중되는 것은 제도의 취지와 어긋난다는 비판의 목소리도 존재한다.

출산 크레디트는 이러한 구조적 한계에도 불구하고 출산의 사회적 가치를 인정해주는 제도로서 효용이 있다. 물론 출산 크레디트가 확대된다고 해서 출산율이 급격하게 오를 것으로 기대하기는 어렵다.

출산은 보다 복잡한 사회·경제적 판단에 따른 결과라서다. 그렇지만 출산과 육아의 부담을 짊어지고 있는 여성을 인정해주고 실질적으로 보상해주는 분위기가 형성될수록 앞으로 더 열린 마음으로 출산을 고민할 수 있는 환경이 마련될 것이다.

11
연금 가입 기간을 늘리는 반환일시금 반납제도

국민연금 수령을 앞둔 박 모 씨는 얼마 전 국민연금공단으로부터 한 통의 우편을 받았다. 과거에 일시불로 받은 반환일시금을 이자와 함께 다시 공단에 납부하면 매달 받는 연금액이 늘어난다는 안내였다. 혹시 공단을 사칭한 사기일까 싶어 반신반의했던 박 씨는 곧바로 공단에 문의했고, 실제 제도라는 설명을 듣고 반납 절차를 밟기로 했다. 그러면 박 씨가 매달 받을 연금은 얼마나 늘어날까?

돌려주고 더 받는다

국민연금공단은 국민의 연금 수급권을 확대하기 위해 반환일시금 반납제도를 운영하고 있다. 이 제도를 알기 위해선 우선 반환일시금을 알아야 한다. 반환일시금이란 국민연금을 받을 수 있는 최소 가입 기간인 10년을 채우지 못한 채 60세가 된 가입자에게 일시금으로 지급되는 급여다. 일반적인 연금처럼 매달 나오는 것이 아니라 납부한 보험료에 소정의 이자를 더한 금액을 한번에 지급한다. 국적을 상실하거나 국외로 이주한 경우에도 지급된다. 가입자 또는 가입자였던 자가 사망했지만 유족연금에 해당되지 않는 경우에도 받을 수 있다.

현재 기준으로는 국적 상실이나 국외 이주가 아닌 이상 60세 이전에는 반환일시금을 본인이 받을 수 없다. 그러나 제도 초기였던 1988년부터 1998년까지는 실직 후 1년이 지나면 반환일시금을 받을 수 있었다. 특히 1998년 외환위기 여파로 많은 국민연금 가입자가 실직하자, 생활비 마련을 위해 국민연금을 포기하고 반환일시금을 수령한 사람이 700만 명을 넘었다.

1999년 이전 직장 퇴사 등의 사유로 수령했던 반환일시금을 이자와 함께 반환하는 것을 '반납'이라고 말한다. 국민연금 최소 가입 기간 10년을 채우지 못하고 연금 수급 개시 연령에 도달해 반환일시금을 지급받은 경우에는 반납할 수 없다.

반납을 하면 과거의 가입 기간이 다시 살아난다. 예전에는 지금보다 국민연금의 소득대체율이 높았기 때문에 과거 가입 기간이 복원되면 연금이 늘어나는 효과를 볼 수 있다.

소득대체율의 역사를 살펴보자. 1988년 국민연금 도입 후 1998년까지 소득대체율은 70%에 달했다. 이후 국민연금 고갈 위기에 따른 연

〈표 2-24〉 연도별 소득대체율 변화

연도	소득대체율
1988~1998년	70%
1999~2007년	60%
2008~2025년	50~41.5%(매년 0.5%p 감소)
2026년 1월 1일 이후	43%

출처: 국민연금공단

금개혁으로 1999~2007년 소득대체율은 60%로 내려갔다. 2008년부터는 50%에서 매년 0.5%p씩 낮아졌다. 2028년에는 40%까지 떨어질 예정이었지만, 2025년 3월 국회에서 국민연금 개혁안이 18년 만에 통과되면서 2026년부터 소득대체율은 43%로 조정된다. 비록 소득대체율이 다소 높아지긴 하지만 과거에 비해 크게 낮은 건 여전하다. 따라서 반환일시금 반납으로 1990년대처럼 소득대체율이 높았던 시기에 납부했던 기록이 복원되면, 현재 보험료 납부로 얻을 수 있는 연금 혜택 이상을 기대할 수 있는 셈이다.

미래를 바꾸는 선택

하지만 반환일시금 반납은 아무나 할 수 있는 게 아니다. 반환일시금을 받아 국민연금 가입 이력이 사라진 사람 중 가입자 자격을 다시 취득한 경우에만 반납을 신청할 수 있다. 즉, 직장에 재취업했거나 임의가입으로 보험료를 다시 내는 상황이어야 반납할 수 있다는 의미다.

〈표 2-25〉 국민연금 반납 신청 추이

연도	건수
2020년	18만 5,320건
2021년	16만 6,860건
2022년	12만 4,079건
2023년	8만 4,617건
2024년	12만 7,795건

출처: 보건복지부

보건복지부에 따르면 반납 신청 건수는 2023년 8만 4,617건에서 2024년 12만 7,795건으로 1년 새 약 51% 증가했다.

반납 시에는 반환일시금 외에 이자까지 합쳐서 내야 한다. 과거 반환일시금을 받은 날이 속한 달부터 반납 신청일이 속한 달의 전월까지의 기간에 해당하는 이자가 가산 금액으로 산정된다. 공단 내부에서 정한 연도별 이자율은 국민연금공단 홈페이지에서 찾아볼 수 있다. 반납금에 적용되는 이자율은 2025년 기준으로 연 2.6%다.

반납에 따른 부담이 클 경우 분할 납부도 가능하다. 전액을 일시 납부하거나 종전 가입 기간에 따라 3회에서 최대 24회에 걸쳐 분할 납부할 수 있다. 다만 분할 납부 시에는 추가 이자가 붙는다.

앞서 박 씨의 사례로 돌아가보자. 출산 전까지 직장을 다니던 박 씨는 1998년 퇴사하며 반환일시금으로 약 145만 원을 받았다. 그리고 예전 가입 기간을 복원하려면 반환일시금과 이자를 합쳐 두 배가 넘는 약 320만 원을 내야 한다는 국민연금공단의 안내를 받았다.

하지만 이 경우 상당한 이자를 부담하고서라도 반납을 신청하는 것이 유리하다. 박 씨는 반환일시금을 이자와 함께 반납하면 예상 연금액이 월 98만 원에서 월 107만 원으로 늘어난다고 안내받았다. 약 320만 원을 내면 추가로 받을 수 있는 연금이 월 9만 원, 1년에 108만 원에 달한다. 3년이면 추가 연금액이 324만 원으로 늘어나 납부한 원금을 회수하고도 남는다.

반납 후 받게 된 연금이 두 배 이상 늘어난 사례도 있다. 국민연금공단에 따르면 한 남성은 40세에 다니던 직장에서 희망퇴직을 했다. 1년 후 재취업에 성공한 그는 다시 일한 지 10년쯤 지났을 무렵 "60세까지 보험료를 납부하면 월 57만 원의 연금을 평생 받을 수 있다"라는 안내문을 받았다. 예상보다 적은 연금액에 의아해 안내문을 다시 들여다보자, 희망퇴직 당시 수령했던 반환일시금을 반납하면 연금 수령액이 훨씬 늘어날 수 있다는 사실을 알게 됐다.

이후 그는 2년에 걸쳐 반납을 마쳤고, 현재는 기존 예상액보다 약 2.5배 많은 월 140만 원가량의 연금을 받고 있다. 목돈을 다시 내야 하는 부담이 컸지만, 결과적으로 더 안정적인 노후를 마련한 셈이다.

이처럼 반환일시금 반납은 단순한 보험료 납부를 넘어 과거를 복원하고 미래를 바꾸는 선택이 될 수 있다. 경제적 여유가 된다면 지금의 작은 투자가 평생 안심할 수 있는 든든한 노후의 밑거름이 될 수 있다.

12

국민연금에 '자진해서' 가입하는 사람들

'국민연금, 어차피 고갈된다는데 왜 굳이 가입해야 하나?'

상당수의 국민은 고갈 위기에 처한 국민연금에 대해 이처럼 회의적인 시선을 가지고 있다. 이런 불신은 젊은 층 사이에서 특히 더 팽배하다.

2024년 연금개혁청년행동이 공개한 여론조사 결과에 따르면 전국 만 18세 이상 남녀 1,003명 가운데 20~30대의 47%는 국민연금 폐지에 찬성하는 것으로 나타났다.

하지만 놀랍게도 국민연금에 '자진해서' 가입하는 이들도 생각보다 적지 않다. 기금이 고갈된다 해도 결국 국가가 지급을 책임질 것이라는 신뢰 그리고 노후는 스스로 대비해야 한다는 판단이 이들을 움직이고 있다.

재테크 수단으로 떠오른 국민연금 가입

지난 3년여 전과 비교하면 다소 줄었지만 국민연금에 자발적으로 가입해 매달 보험료를 내는 국민은 70~80만 명에 달한다. 기금 고갈에 대한 우려가 큰 지금, 이들은 오히려 '국민연금만큼 확실한 노후 수단이 없다'라는 생각으로 제도에 발을 들이고 있는 것이다.

은퇴 후 국민연금을 더 많이 받으려면 보험료를 납부하는 가입 기간을 늘리는 것이 핵심이다. 직장인이든 자영업자든 국민연금 가입 기간이 길수록, 공백 없이 납부할수록 수령액이 커진다.

다만 소득이 없는 주부나 학생 등은 의무가입 대상이 아니기 때문에 본인이 자발적으로 보험료를 내고 가입 기간을 최대한 확보해야 한다. 최소 10년 이상 보험료를 납부해야 매달 연금을 수령할 수 있기 때문이다.

국민연금에는 두 가지 형태의 자발적 가입이 있다. 하나는 '임의가입', 다른 하나는 '임의계속가입'이다.

먼저 임의가입은 사업장가입자나 지역가입자가 될 수 없는 사람이 국민연금에 가입해 연금 혜택을 받을 수 있도록 한 제도다. 사업장가입자와 지역가입자를 제외한 18세 이상 60세 미만 국민 중 희망하는 사람이 신청할 수 있다. 주로 소득이 없는 전업주부나 학생, 군인 등이 임의가입제도를 활용하고 있다. 가장 최신 자료인 2025년 2월 기준으로 보면 전체 국민연금 가입자 수는 2,198만 명, 임의가입자는 31만 4,847명이다.

〈표 2-26〉 성별 자발적 가입자 구분

성별	임의가입자 수	임의계속가입자 수
남성	5만 8,682명	14만 2,767명
여성	25만 6,165명	32만 8,489명
합계	31만 4,847명	47만 1,256명

※ 2025년 2월 기준
출처: 국민연금공단

〈표 2-27〉 연령별 임의가입자 수

연령	임의가입자 수
30세 미만	2만 5,247명
30~40세 미만	1만 9,682명
40~50세 미만	8만 7,049명
50~60세 미만	18만 2,869명
60세 이상	0명
합계	31만 4,847명

※ 2025년 2월 기준
출처: 국민연금공단

임의가입자는 보험료 산정의 기준이 되는 기준소득월액이 별도로 정해진다. 국민연금법 시행령 10조에 의해 전년도 12월 31일 기준으로 지역가입자 전원의 중위수에 해당하는 자의 기준소득월액으로 결정한다.

이에 따라 2025년 4월부터 2026년 3월까지 1년간 임의가입자의 기준소득월액은 100만 원으로 정해졌다.

한때 임의가입은 강남에 거주하는 주부들 사이에서 재테크 수단으로 주목받았다. 실제로 임의가입자는 남성보다 여성이 많다. 2025년 2월 기준 여성 임의가입자 수는 25만 6,165명으로 남성 임의가입자(5만

8,682명)의 4배 이상이다.

자발적 가입의 나머지 하나는 임의계속가입이다. 60세가 넘어도 보험료를 계속 납부할 수 있도록 허용한 제도다. 60세에 도달했지만 최소 가입 기간을 채우지 못해 연금을 받지 못하거나 보험료를 더 납부해 더 많은 연금을 받고자 할 때 임의계속가입을 선택할 수 있다. 다만 65세 이상이거나 60세에 도달해 반환일시금을 이미 수령한 사람은 임의계속가입을 신청할 수 없다.

임의계속가입자는 직장을 다니고 있어도 본인이 보험료 전액(기준소득월액의 9%)을 내야 한다. 일반적인 사업장가입자가 회사와 보험료를 절반씩 나눠 내는 것에 비해 부담이 큰 셈이다. 임의계속가입자 수는 2025년 2월 기준 47만 1,256명이었다. 임의가입자나 임의계속가입자는 사업장가입자와 지역가입자처럼 의무가입이 아니기 때문에 본인이 원할 때 언제든지 탈퇴할 수 있다.

그렇다면 자발적으로 국민연금에 가입했을 때의 효과는 어느 정도일까? 한 임의가입자가 2025년 1월부터 보험료를 매달 9만 원씩 낸다고 가정해보자. 2025년 6월 기준 국민연금공단의 예상연금 간단계산기로 조회한 결과, 이 가입자가 10년간 월 9만 원씩 보험료를 납부하면 매달 20만 5,980원의 연금을 수령할 수 있다. 가입 기간을 20년으로 늘리면 수령액은 월 41만 430원으로 늘어난다. 다만 보험료율을 현행 9%에서 13%로 인상하고, 소득대체율을 40%(2028년 기준)에서 43%로 상향하는 내용의 국민연금 개혁안이 2026년부터 적용되면 이 수치는 다소 조정될 수 있다.

더 많은 연금이냐, 건강보험료 폭탄이냐

하지만 자발적 가입자는 감소세를 보이고 있다. 임의가입자와 임의계속가입자 수는 2019년 82만 6,592명, 2020년 88만 8,885명, 2021년 93만 9,752명 등으로 꾸준히 증가하다가 이후부터는 하락 곡선을 그리고 있다. 2024년 임의가입 및 임의계속가입자 수(79만 5,150명)는 80만 명 아래로 감소했다. 인구 감소로 연금 가입자 수 자체가 줄어든 것이 우선적인 원인으로 거론된다.

동시에 건강보험 피부양자 자격에서 탈락할 수 있다는 우려도 영향을 미쳤다는 분석이 나온다. 국민연금을 포함해 연간 합산소득(사적연금 제외)이 2,000만 원을 넘으면 건강보험 피부양자 자격을 잃고 매달 수십만 원에 달하는 건강보험료를 내야 한다. 때문에 일부는 "국민연금에 자발적으로 가입했다가 건보료 폭탄을 맞는 것 아니냐"라며 자발적 가입을 꺼리고 있다는 것이다.

이에 정부는 임의가입자와 임의계속가입자의 보험료 납부 기회를

〈표 2-28〉 임의가입자 및 임의계속가입자 수 추이

연도	전체	임의가입자 수	임의계속가입자 수
2020년	2,210만 7,028명	36만 2,328명	52만 6,557명
2021년	2,234만 7,586명	39만 6,632명	54만 3,120명
2022년	2,249만 7,819명	36만 5,487명	50만 827명
2023년	2,238만 4,787명	32만 4,601명	53만 4,010명
2024년	2,198만 4,003명	31만 5,926명	47만 9,224명

출처: 국민연금공단

확대하고 나섰다. 국민연금법 시행령을 일부 개정한 결과, 국민연금 임의가입자 또는 임의계속가입자가 보험료를 내지 않았을 때 자동으로 자격이 상실되는 기준은 2024년 1월부터 보험료 체납 3개월에서 6개월로 완화됐다.

전문가들은 국민연금 자발적 가입 여부를 결정할 때 건강보험 피부양자 탈락 가능성 등 개인적 상황을 충분히 고려해야 한다고 조언한다. 국민연금연구원 관계자는 "국민연금제도 자체만으로 보면 임의가입과 임의계속가입을 통해 더 많은 연금을 탈 수 있어 유리하다"라면서도 "예상 연금액을 미리 살펴보고 피부양자 자격을 유지할 수 있는지 등을 가늠해본 뒤 자발적 가입을 결정하는 것이 좋다"라고 말했다.

13
연금은 좋은데, 보험료 낼 돈이 없다면

"당장 생활비도 빠듯한데, 보험료 낼 돈이 어디서 나와!"

국민연금이나 건강보험처럼 매달 고정적으로 빠져나가는 사회보험료를 보며 한 번쯤 이런 푸념을 내뱉는 사람들이 많다. 실제로 지난해 한국경영자총협회가 여론조사업체 모노리서치에 의뢰해 전국의 만 20세 이상 성인 1,034명을 대상으로 실시한 국민연금 관련 설문조사에서도 이런 인식이 그대로 드러났다. "현재 소득 수준과 비교했을 때, 납부해야 하는 국민연금 보험료가 부담된다"라는 응답이 전체의 72.7%에 달한 것이다.

국민연금은 월 소득 상한선을 두고 그 범위 내에서 보험료를 부과한다. 아무리 월급이 많아도 일정 수준 이상으로 보험료를 매기지 않는다는 뜻이다.

하지만 실제 국민들이 체감하는 경제적 압박은 훨씬 크다는 것이

여론조사를 통해 드러났다.

보험료 80%를 지원해주는 두루누리제도

특히 규모가 작고 자금 여력이 넉넉지 않은 영세 사업장의 경우 상황은 더 심각하다. 영세 사업장에 고용된 근로자뿐 아니라 이들에게 월급을 주는 사업주 역시 사회보험료를 감당하기 어려운 경우가 많다. 국민연금공단은 이런 현실을 반영해 일정 조건을 충족하는 영세 사업장의 사업주와 근로자에게 국민연금 및 고용보험 보험료의 일부를 지원하는 제도를 운영하고 있다. 사회보험 혜택을 더 많은 국민이 두루 누릴 수 있도록 하는 '두루누리 사회보험료 지원 사업'이다.

두루누리 사업은 신청제로 운영된다. 요건에 해당하더라도 사업주가 직접 신청하지 않으면 혜택을 받을 수 없다. 그렇다면 누가 두루누리 지원을 받을 수 있을까? 구체적으로 살펴보면, 근로자 수가 10명 미만인 사업장에 고용된 근로자 가운데 '월평균 보수 270만 원 미만'인 신규 가입자와 그 사업주가 지원 대상이다. 여기서 말하는 신규 가입자는 두루누리 신청일 직전 1년간 고용보험 및 국민연금 자격 취득 이력이 없는 근로자를 의미한다.

가장 중요한 지원 수준을 살펴보자. 요건을 충족한 경우, 근로자와 사업주는 각각 부담하는 국민연금 보험료의 80%를 지원받는다. 금액으로는 근로자와 그 사업주에게 각각 월 최대 8만 2,800원까지 지원

〈표 2-29〉 두루누리 국민연금 지원 예시

월평균 보수 230만 원인 직장인의 경우
• 사업주 지원액 = 8만 2,800원(230만 원 × 4.5% × 80%) • 사업주 부담액 = 2만 700원 • 근로자 지원액 = 8만 2,800원(230만 원 × 4.5% × 80%) • 근로자 부담액 = 2만 700원

출처: 국민연금공단

한다. 단, 근로자의 전년도 재산세 과세표준액 합계가 6억 원 이상이거나 종합소득이 4,300만 원 이상이면 지원 대상에서 제외된다.

지원 대상에 해당하면 최대 36개월간 보험료를 지원받을 수 있다. 10명 미만 사업장에 새로 입사한 직원의 월평균 보수가 230만 원이라고 가정해보자. 이 경우 국민연금 보험료는 월 20만 7,000원(230만 원 × 보험료율 9%)으로, 절반은 사업주가 납부하기 때문에 실제로는 월 10만 3,500원을 내면 된다.

여기에 더해서 두루누리제도를 활용한다면 정부가 근로자 부담금의 80%인 월 8만 2,800원을 대신 부담하며 이 직원이 실제로 내야 하는 금액은 월 2만 700원으로 줄어든다. 이처럼 근로자 입장에서만 보면, 정부 지원으로 최대 3년간 298만 800원(월 8만 2,800원 × 12개월 × 3년)을 절감하는 효과가 있다.

보험료 지원은 해당 월 보험료를 법정 납부 기한까지 완납했을 경우, 다음 달 고지서에 지원금을 차감한 금액만 청구되는 방식으로 이뤄진다. 2024년 기준 두루누리제도를 통해 국민연금 보험료를 지원받은 근로자는 약 91만 8,900명, 지원 사업장은 54만 2,700곳에 달했다.

실직자라면 실업 크레디트로 보험료를 지원받자

보험료 납부가 어려운 실직자도 실업 크레디트제도를 통해 보험료를 지원받을 수 있다. 실업 크레디트는 고용보험에 가입해 구직급여를 받는 18세 이상 60세 미만의 실직자에게 정부가 보험료의 75%(최대 4만 7,250원)를 지원하는 제도다. 나머지 25%(최대 1만 5,750원)는 본인 부담이다.

국민연금 보험료를 1개월 이상 납부한 기록이 있는 국민연금 가입자가 지원 대상이다. 국민연금 지역가입자도 고용보험에 가입해 구직급여를 받는다면 실업 크레디트가 지원된다. 지원 기간은 구직급여 수급 기간 중 생애 최대 12개월이다.

다만 보험료 납부가 어려운 이들을 위한 제도인 만큼 재산과 소득 기준을 충족해야 한다. 재산은 재산세 과세표준의 합이 6억 원 이하, 소득은 연간 종합소득(사업소득 및 근로소득 제외)이 1,680만 원 이하인 경우 지원 대상이 된다. 보건복지부에 따르면 2024년 실업 크레디

〈표 2-30〉 최근 5개년 실업 크레디트 이용자 수

연도	이용자 수
2020년	60만 6,833명
2021년	66만 5,997명
2022년	58만 4,351명
2023년	56만 3,362명
2024년	56만 4,191명

출처: 보건복지부

트를 지원받은 가입자는 56만 4,191명으로 전년(56만 3,362명) 대비 약 1,000명 증가했다.

가입자가 희망하면 실업 크레디트를 신청하고 동시에 지역가입자로 매월 보험료를 납부하는 것도 가능하다. 소득이 없어도 임의가입을 통해 보험료를 낼 수 있기 때문이다. 이렇게 동시에 보험료를 납부하면 가입 기간이 추가 산입돼 연금이 불어나는 효과를 볼 수 있다.

고용노동부에서 제시한 사례를 살펴보자. 경기도 화성시에 거주하는 49세 A 씨는 실직 후 180일 동안 구직급여를 수령하게 됐다. 보험료의 75%를 지원받을 수 있는 실업 크레디트도 신청했다. A 씨는 소득이 없지만 임의가입을 통해 60세까지 월 9만 원의 보험료를 납부할 예정이다. 앞으로의 11년(132개월)과 기존 가입 기간(132개월)을 더한 264개월간 보험료를 납부하는 것이다. 이 경우 A 씨가 받을 수 있는 국민연금은 월 47만 4,160원이다.

여기서 실업 크레디트까지 받는다면 연금은 더 늘어난다. 매달 1만 5,750원을 본인이 부담하고 정부가 매월 4만 7,250원을 12개월간 지원한다면, 가입 기간은 12개월을 추가한 276개월로 연장된다. 연금은 기존보다 1만 9,020원 증가한 월 49만 3,180원이 된다.

이는 결코 적은 금액이 아니다. 약 19만 원(1만 5,750원 × 12개월)만 스스로 부담하면 연간 22만 8,240원(1만 9,020원 × 12개월), 20년 동안 수령한다고 가정하면 약 456만 원을 추가로 받는 것이다.

그렇다면 최근 재취업에 성공한 사람은 실업 크레디트를 신청할 수 없을까? 꼭 그렇지만은 않다. 구직급여 종료일이 속하는 달의 다음

달 15일이 되기 전까지는 실업 크레디트를 신청해 지원받을 수 있다.

총 12개월을 채우기 전까지는 구직급여를 받을 때마다 실업 크레디트를 다시 신청할 수 있다. 이번에 3개월분에 대해서만 지원받았다면 나머지 9개월분은 추후 구직급여를 받을 일이 생길 때 신청할 수 있다.

14
폐업했는데, 보험료를 계속 내야 하나요

얼마 전 운영하던 음식점을 폐업 처리한 이 모 씨는 통장에서 빠져나간 국민연금 보험료를 보고 한숨을 내쉬었다. 이 씨뿐만이 아니다. 최근 불경기에 따른 폐업과 소득 감소로 보험료 납부가 어렵다는 호소가 국민연금공단에 자주 접수된다.

공단에서는 소득이 없는 경우 '납부예외' 신청이 가능하다고 말한다. 말 그대로 보험료를 당장 낼 여력이 없을 때 증빙서류를 제출해 납부예외를 인정받을 수 있다. 실제로 2020년에는 코로나19 여파로 납부예외 신청자가 크게 늘었다.

하지만 여기에는 함정이 있다. 납부예외 기간은 연금 수급을 위한 가입 기간에서 제외되기 때문에 결과적으로 연금 수령액이 줄어드는 불이익이 발생한다는 점이다. 당장 생계가 어려워 보험료를 내지 못

〈표 2-31〉 국민연금 가입자 현황

구분	가입자 수	비율
사업장가입자	1,468만 명	66.8%
지역가입자	651만 명	29.6%
임의가입자	32만 명	1.4%
임의계속가입자	48만 명	2.2%
합계	2,199만 명	100%

※ 2024년 12월 기준
출처: 국민연금공단

했을 뿐인데, 결과적으로 노후 안전망이 무너지는 악순환에 빠진다. 그렇다면 당장 생계가 빠듯한 상황 속에서도 연금을 포기하지 않으려면 어떻게 해야 할까?

중단하더라도 나중에 납부재개하는 게 이득

전문가들은 생계가 어려워 일정 기간 보험료를 내지 못했더라도 납부를 재개하는 편이 낫다고 조언한다. 정부가 사업 중단 등으로 인한 지역 납부예외자가 보험료 납부를 재개하는 경우 보험료 부담을 덜어주고 있기 때문이다. 이는 직장과 보험료 부담을 절반씩 나누는 사업장가입자와 달리 보험료 전액을 스스로 부담해야 하는 지역가입자를 위한 조치다.

지원 금액은 월 보험료의 50%, 월 최대 4만 6,350원이다. 생애 최대 12개월까지 지원한다. 다만 재산과 소득요건에 부합해야 한다. 재산세 과세표준의 합이 6억 원 이상이고, 사업소득과 근로소득을 제외한 종합소득이 연 1,680만 원 이상이면 지원받을 수 없다.

2026년부터는 보험료를 지원받는 지역가입자 수가 더 늘어날 예정이다. 보험료 납부를 재개한 지역가입자뿐 아니라 소득이 일정 수준 이하인 저소득 지역가입자에 대해서도 정부가 지원해주기로 했기 때문이다. 마찬가지로 지원 비율은 50%, 기간은 최대 12개월이다. 새롭게 보험료 지원을 받을 수 있는 저소득 지역가입자의 소득 기준은 관계부처 논의를 통해 결정될 예정이다.

이처럼 보험료 부담을 완화하는 정부 지원책이 확대되고 있지만, 기한이 정해진 제도인 만큼 가입자는 스스로 보험료를 낼 수 있을 정

〈표 2-32〉 지역가입자 보험료 지원 확대

지원 대상
• 현행: 실직, 사업 중단, 휴직 등으로 국민연금 보험료 납부를 중단한 지역가입자 중 납부를 재개한 자
• 개정: 저소득 지역가입자(저소득 기준은 2025년 안으로 확정할 계획)

출처: 국민연금공단

〈표 2-33〉 국민연금 보험료 지원제도

구분	제도
지역가입자	• 납부재개자 보험료의 50% 지원 • 저소득 지역가입자도 추가 지원 예정
가사근로자	월평균 소득 270만 원 미만 시 최대 80% 지원
농어업인	농어업인 요건 해당 시 보험료 최대 50% 지원
두루누리	10인 미만 사업장 근로자에 보험료 80% 지원

※ 재산 및 종합소득 요건은 별도
출처: 국민연금공단

도의 경제적 자립 상태를 갖추는 것이 바람직하다. 납부예외 상태였다가 재취업 등으로 소득이 다시 발생하면 반드시 이를 신고하고 보험료를 재납부해야 한다. 만약 회사에 재입사하는 경우라면 사업장가입자로 국민연금에 의무적으로 가입되지만, 개인 사업장을 운영하거나 프리랜서로 일하는 경우 직접 납부재개를 신고해야 한다.

소득이 있음에도 신고하지 않으면, 국민연금 수급을 위한 최소 가입 기간인 10년을 채우지 못하거나 연금 수령액이 줄어드는 등 향후 연금 수급에 불이익이 따를 수 있으므로 각별한 주의가 필요하다.

납부예외 기간 동안 내지 못했던 보험료를 나중에 납부하는 것도 가능하다. 납부예외를 신청한 가입자가 추후 소득이 발생해 납부예외 기간의 보험료 납부를 원할 경우 보험료를 내고 가입 기간을 인정받을 수 있다. 이는 연금 혜택을 확대할 수 있는 것으로 강제 사항은 아니다.

소득이 줄었다면 보험료를 줄여라

정부 지원 없이 보험료 부담을 줄일 방법도 있다. 먼저 지역가입자는 특성상 소득이 일정하지 않을 수 있기 때문에 소득이 줄었다는 사실을 증명하는 서류를 공단에 제출하면 기준소득월액을 낮출 수 있다. 기준소득월액은 가입자가 신고한 소득에서 1,000원 미만을 제외한 숫자로 보험료를 산정하는 기초가 된다. 결국 기준소득월액이 낮아지면 보험료 부담도 줄게 된다.

반대로 지역가입자가 추후 더 많은 연금을 받기 위해 실제보다 높은 소득으로 신고하는 것도 가능하다. 이 경우에는 별도의 소득 증빙 없이 신청만으로 가능하다. 여유가 있다면 노후를 위한 투자 수단으로 활용할 수 있는 셈이다.

사업장가입자도 마찬가지다. 직장을 다니는 사업장가입자는 전년도 소득을 기준으로 보험료가 부과되는데, 보험료를 내는 시점의 월 소득이 전년도와 비교해 20% 이상 하락 또는 상승할 때는 근로자의 동의를 얻어 사용자가 기준소득월액 변경을 신청할 수 있다. 지역가입자와 사업장가입자 모두 신청일이 속한 월의 다음 달부터 새로 조정된 보험료가 반영된다.

예를 들어 지난해 월 300만 원을 벌던 직장인의 올해 급여가 월 240만 원으로 줄었다면, 이 사람이 내야 할 보험료는 회사 부담분 50%를 제외하고 기존 월 13만 5,000원(300만 원 × 9% × 50%)에서 10만 8,000원(240만 원 × 9% × 50%)으로 감소한다.

가사근로자, 농어업인을 위한 보험료 지원

국민연금에서는 특수 직군을 위한 보험료 지원제도도 운용하는데, 가사근로자법에 따라 등록된 가사서비스 기관에 소속된 근로자의 경우 소득 및 재산 요건을 충족하면 보험료 일부를 지원받을 수 있다.

우선 월평균 소득은 270만 원 미만, 종합소득은 연 4,300만 원 미만

이어야 한다. 재산세 과세표준 합계는 6억 원 미만이어야 지원 대상이다. 이들에 대한 보조 비율은 사업장 규모에 따라 달라진다. 10인 미만 사업장에 다니는 가사근로자는 보험료의 80%, 10인 이상 사업장에 소속된 가사근로자는 보험료의 40%를 지원받을 수 있다. 지원 기간은 1인당 최대 36개월이다.

농어업인을 위한 지원도 있다. 국민연금 제도상 농어업인 요건에 해당하는 자는 보험료의 50%(월 최대 4만 6,350원)를 지원받을 수 있다. 재산세 과세표준의 합이 12억 원 미만, 종합소득은 연 6,000만 원 미만이면 된다. 도시 지역에 거주하더라도 농어업에 종사한다면 국고 보조를 받을 수 있다.

국민연금은 장기적인 제도다. 몇 개월 보험료를 멈췄다고 당장 문제가 생기지는 않는다. 하지만 몇 개월이 모이면 훗날 수령할 연금이 크게 달라진다. 따라서 낼 수 없다면 합법적인 예외를 활용하고, 낼 수 있을 때는 적극적으로 제도적 지원을 받는 것이 중요하다.

15
돈 더 받으려다 건강보험료 폭탄을 맞는다면

"국민연금 더 받으려고 추후납부(추납)를 했더니, 이제 매달 20만 원씩 건강보험료를 내게 생겼네요."

"월 170만 원씩 연금이 나와서 피부양자에서 탈락했어요."

은퇴 이후를 준비하는 재테크 관련 인터넷 카페에서는 이런 글들을 어렵지 않게 찾아볼 수 있다. 국민연금 가입 기간을 늘리기 위해 추납, 임의가입, 임의계속가입 등을 선택했다가 뜻밖에 건강보험 피부양자 자격에서 탈락해 손해를 봤다는 사례들이다. 왜 이런 일들이 발생한 것일까?

우선 추납은 실직이나 사업 중단 등으로 보험료를 내지 못한 기간에 대해 나중에라도 납부할 수 있도록 국민연금공단이 기회를 주는 제도다. 임의가입과 임의계속가입은 법적으로 보험료를 낼 의무가 없는 이들이 자발적으로 납부하는 경우를 말한다.

이들 모두 가입 기간으로 인정되기 때문에 연금 수령액을 늘리는 데 도움이 된다.

강화된 건강보험료 피부양자 기준

문제는 연금이 일정 수준을 초과하면 건강보험 피부양자 자격을 유지할 수 없다는 점이다. 피부양자는 직장에 다니는 자녀나 가족에게 생계를 의존하는 사람으로, 건강보험료를 따로 내지 않고도 건강보험 혜택을 받을 수 있다. 이 때문에 피부양자에 대한 무임승차 논란이 끊이지 않았다.

2022년 9월 이전 피부양자 소득 기준은 연 소득 3,400만 원이었다. 퇴직·개인연금 등 사적연금을 제외하고, 국민연금 같은 공적연금과 금융·사업·근로·기타소득을 모두 합산한 연 소득이 3,400만 원을 넘으면 피부양자에서 제외돼 지역가입자로 전환됐다. 지역가입자는 건보료 전액을 본인이 부담한다.

정부는 피부양자 무임승차 논란을 해소하기 위해 피부양자 기준선을 대폭 높였다.

이에 따라 2022년 9월 이후 피부양자 기준선은 연 소득 2,000만 원으로 강화됐다. 연 소득 2,000만 원 이상 3,400만 원 미만의 피부양자가 지역가입자로 새로 전환한 것이다. 부부 중 한 명이라도 소득 기준을 초과하면 부부 모두 피부양자 자격을 잃는다. 가령 남편이 국민연금으로 월 200만 원(연 2,000만 원 초과)을 받으면, 아내는 연금소득이 한 푼도 없어도 남편과 함께 피부양자에서 동반 탈락해 지역가입자로 전환된다.

국민건강보험공단에 따르면 2022년 9월 이 같은 내용의 2단계 건

⟨표 2-34⟩ 건강보험료 피부양자 추이

연도	피부양자 수	전체 건강보험 가입자 중 피부양자 비율
2020년	1,861만 명	36.2%
2021년	1,809만 명	35.2%
2022년	1,704만 명	33.1%
2023년	1,653만 명	32.1%
2024년	1,589만 명	30.8%

출처: 국민건강보험공단

보료 부과체계 개편 이후 2025년 2월까지 공적연금소득이 연간 2,000만 원을 초과해 지역가입자로 전환된 인원은 31만 명을 넘었다. 이들이 부담하게 된 월평균 건강보험료는 9만 9,190원에 달했다.

피부양자 기준 강화가 국민연금 수급자에게 미친 영향을 나타내는 조사 결과도 있다. 2024년에 발표한 국민연금연구원의 보고서 ⟨건강보험과 연금소득 과제가 국민연금에 미치는 영향⟩에 따르면 자녀의 직장 건강보험에 피부양자로 등록돼 있던 60세 이상 연금 수급자 348만 가구 중 7.2%에 해당하는 24만 8,000여 가구가 지역가입자로 전환됐을 것으로 추정된다.

이들이 추가로 부담하게 된 건강보험료는 연평균 264만 원, 월평균 약 22만 원으로 나타났다.

국민연금만으로 피부양자 자격을 잃는 사람들도 늘고 있다. 국민연금공단에 따르면 2024년 2월 기준 3만 4,270명이었던 월 200만 원 이상 연금 수급자 수는 2025년 2월 두 배 이상 많은 7만 1,983명으로 증가했다.

탈락이 두렵다면 조기연금을 활용하라

그렇다면 연금을 늘리려다 피부양자에서 탈락하는 불상사를 막기 위해선 어떻게 해야 할까? 한 가지 대안으로 조기연금제도를 활용하는 방법이 있다.

조기연금은 정상적인 수급 개시 연령이 되기 5년 전부터 국민연금을 수령할 수 있도록 한 제도다. 일찍 연금을 받아 갈 수 있는 대신 연금액이 1년마다 6%씩 감액된다. 5년까지 앞당겨 받을 수 있기 때문에 연금은 최대 30% 깎인다. 예를 들어 연금 수령액이 월 170만 원으로 예상되는 사람이 5년 일찍 연금을 받기로 한다면 연금은 월 120만 원 수준으로 줄어든다. 이처럼 조기연금은 수령액이 줄어드는 '손해연금'처럼 보일 수 있지만, 연금 외에 다른 소득이 없다면 건강보험 피부양자 자격을 유지하는 데 도움이 될 수 있다.

실제로 피부양자 기준 강화와 맞물려 조기연금 수급자 수는 증가하는 추세다. 국민연금공단에 따르면 조기연금 수급자는 2022년 75만 5,302명에서 2023년 85만 6,132명, 2024년 94만 8,000명으로 늘었다. 연금이 줄어드는 손해에도 불구하고 하루라도 빨리 연금을 받고자 하는 사람들이 많아졌다는 것이다. 국민연금연구원은 조기연금 수급자가 2025년 기준으로 100만 명을 넘어설 것으로 전망하고 있다.

다만 조기연금을 선택하는 이유는 다양하다. 일부는 건강보험 피부양자 자격을 유지하기 위해 조기 수령을 택하지만, 은퇴 이후 연금 개시 전까지의 소득 공백을 메우기 위한 현실적인 판단으로 조기연금

〈표 2-35〉 조기연금 수급자 수 추이

연도	수급자 수
2020년	66만 6,202명
2021년	70만 5,631명
2022년	75만 5,302명
2023년	85만 6,132명
2024년	94만 8,000명

출처: 국민연금공단

〈표 2-36〉 조기연금 수급자 수급액

최고	261만 2,410원
평균	72만 8,527원

출처: 국민연금공단

을 활용하는 사람들도 있다.

이처럼 조기연금의 인기가 높아지자 정부는 국민연금 급여의 일부도 조기에 수령할 수 있도록 허용하는 방안을 검토하고 나섰다. 현재는 급여 전액을 한꺼번에 앞당겨 받을 수 있도록 하고 있는데, 앞으로는 일부 금액만 먼저 받을 수 있도록 해 은퇴 후 소득 공백을 좀 더 유연하게 메울 수 있도록 하겠다는 구상이다.

조기연금은 피부양자 자격 유지를 위한 하나의 방편이지만 100% 유효한 것은 아니다. 국민연금은 매년 물가상승률을 반영해 연금이 불어나기 때문이다. 물가상승률이 올라가면 연금 수급액이 늘어나고 개인의 연금 수준에 따라 몇 년 뒤에는 피부양자에서 탈락할 가능성이 있다는 이야기다. 2025년은 국가데이터처가 발표한 작년 물가상승률(2.3%)만큼 연금이 인상됐다.

이런 이유로 전문가들은 조기연금을 신청하기에 앞서 연금 감액에 따른 장점과 향후 물가상승 변수 등을 충분히 고려해야 한다고 조언한다. 단순히 연금을 많이 받는 것을 목표로 삼기보다 건강보험 등 다른 제도와의 영향까지 고려하는 종합적인 노후 설계가 현명한 접근일 수 있다.

16
갑자기 큰돈이 필요할 때, 실버론

노후를 철저히 준비한 사람이라면 큰 걱정이 없겠지만 국민연금이나 기초연금에 의지해 살아가는 이들도 적지 않다. 문제는 갑작스럽게 이사를 하거나 병원에 입원하는 등 목돈이 필요할 때다. 마땅한 소득이 없는 상황에서는 은행 대출조차 쉽지 않은 것이 현실이다.

2부 16장에서는 살아가면서 갑자기 큰돈이 필요할 때를 위한 제도인 '실버론'에 대해 다룬다. 국민연금공단은 이런 어려움을 겪는 연금 수급자를 위해 저금리로 자금을 빌려주는 노후긴급자금 대부제도를 운영하고 있다. 2012년 5월 도입된 이른바 '실버론'이다.

공단에 따르면 실버론 이용자 대부분은 매달 받는 연금에서 원금과 이자를 공제하는 방식으로 상환하고 있다. 사실상 연금을 미리 당겨 쓰는 셈이다.

실버론, 언제 어떻게 신청할까

실버론을 신청할 수 있는 대상은 국내에 거주하는 60세 이상 국민연금 수급자다. 수급 개시 연령에 도달했을 때 받는 일반적인 국민연금 형태의 노령연금과 이혼 시 받는 분할연금, 유족연금, 장애연금(1~3급) 수급자 등이 해당된다. 다만 연금 지급이 중지된 사람, 국민연금에서 지급받은 대부금 상환이 완료되지 않은 사람, 개인회생 또는 파산 신청 후 면책이 확정되지 않은 사람 등은 실버론을 이용할 수 없다.

실버론 이용 용도에도 제한이 있다. 단순히 생활비를 충당하기 위한 목적으로는 신청할 수 없다는 뜻이다. 긴급자금을 지원하기 위한 목적으로 운영되는 제도이므로 전·월세 보증금이나 의료비, 배우자 장제비, 재해복구비 등 특정한 용도에 한해서만 지원받을 수 있다.

예를 들어 본인이나 배우자 명의로 주택 임차계약을 체결한 경우, 본인 또는 배우자의 치료를 위해 의료비를 납부해야 하는 경우, 배우자가 사망했을 경우, 본인 또는 배우자가 자연재해나 화재로 피해를 입은 경우 신청할 수 있다. 한 가지 주의할 점은 전·월세 보증금, 의료비, 배우자 장제비, 재해복구비 등 네 가지 중 한 가지 용도로만 대출받을 수 있다는 점이다. 가령 전·월세 보증금 600만 원과 배우자 장제비 400만 원을 합쳐 신청하는 방식은 허용되지 않는다.

국민연금공단에 따르면 2024년 실버론 이용액은 463억 9,600만 원으로 전년(447억 2,700만 원) 대비 3.7%(16억 6,900만 원) 증가했다. 전체 실버론 이용액 중 68.3%(316억 7,000만 원)는 전·월세 보증금에 사

〈표 2-37〉 최근 5개년 실버론 이용 현황

연도	금액
2020년	493억 9,500만 원
2021년	533억 3,700만 원
2022년	482억 6,500만 원
2023년	447억 2,700만 원
2024년	463억 9,600만 원

출처: 국민연금공단

〈표 2-38〉 용도별 실버론 이용액

용도	금액	비율
전·월세 보증금	316억 7,000만 원	68.3%
의료비	138억 400만 원	29.8%
배우자 장제비	6억 800만 원	1.3%
재해복구비	3억 1,400만 원	0.6%
합계	463억 9,600만 원	100%

※ 2024년 기준
출처: 국민연금공단

용됐다. 뒤를 이어 의료비는 29.8%(138억 400만 원), 배우자 장제비는 1.3%(6억 800만 원)를 차지했다.

실버론을 이용하기 위해선 신청 기간을 지켜야 한다. 전·월세 보증금은 임차개시일 전이나 후 3개월 이내(갱신계약은 갱신계약일로부터 3개월 이내), 의료비는 처방일로부터 6개월 이내에 신청해야 한다. 배우자 장제비는 사망일로부터 3개월 이내, 재해복구비는 재해발생일 또는 재난지역 선포일로부터 6개월 이내다. 신청자는 각 대출 용도에 따라 전·월세 계약서, 진료비 계산서, 사망 진단서, 피해 사실 확인서 등을 제출하면 된다.

실버론 신청자는 연간 연금 수령액의 두 배(최대한도 1,000만 원) 내에서 실제 소요된 비용만큼 빌릴 수 있다. 여기서 연금 수령액은 실버론 신청 당시 최종 지급받은 연금을 기준으로 한다. 예를 들어 연금이 월 45만 원이고, 의료비가 500만 원이라고 가정해보자. 이때 한도액은 연간 연금 수령액(월 45만 원 × 12개월 = 540만 원)의 두 배인 1,080만 원이지만 최대한도는 1,000만 원이므로 이 한도 내에서 실제 소요액인 500만 원을 빌릴 수 있다.

노후 대비, 일찍 시작할수록 이득이다

대출금은 최대 5년간 원금균등분할 방식으로 갚아 나가면 된다. 매달 상환할 원리금은 월 연금의 50% 이하가 되도록 한다. 상환 과정에서 최소한의 연금 수령을 보장하려는 조치다. 원금 상환 없이 이자만 납부하는 거치 기간(1~2년)을 선택하면 최대 7년까지 상환 기간을 늘릴 수 있다. 매월 국민연금을 받는 날에 자동이체하거나 연금에서 원천공제하는 방식으로 갚으면 된다. 가상계좌를 통해 수시 상환하는 것도 가능하다.

실버론은 신용등급과 관계없이 비교적 낮은 금리로 목돈을 빌릴 수 있다는 것이 가장 큰 장점이다. 이자율은 분기별로 결정된다. 5년 만기 국고채 수익률과 예금은행 가중평균 수신금리(신규취급액 기준) 중 낮은 금리에 연동해 분기별로 변동금리가 적용된다. 2025년 2분기

〈표 2-39〉 실버론 이자율

기간	금액
2024년 3분기	3.44%
2024년 4분기	3.01%
2025년 1분기	2.86%
2025년 2분기	2.69%

※ 연체이자율은 이자율의 2배
출처: 국민연금공단

기준 이자율은 2.69%다. 연체 시 적용되는 이자율은 여기에 2배를 적용한다. 정확한 이자액은 국민연금공단 홈페이지에서 이자 모의계산 서비스를 통해 확인할 수 있다.

실버론은 어디까지나 긴급 대응책이다. 장기적인 관점에서 안정적인 노후를 설계하려면 체계적인 준비가 필요하다. 이를 위해 국민연금공단은 전 국민을 대상으로 개인의 재무 상태, 건강, 여가, 대인관계 등 4대 분야에 대해 맞춤형 상담을 제공하는 노후 준비 서비스를 운영하고 있다. 현재는 노후 준비가 시급한 중장년층의 이용이 많지만, 이 서비스는 사전 예방적 성격이 강한 만큼 젊을 때부터 미리 준비하는 것이 효과가 크다.

상담을 원하면 가까운 국민연금공단 지사에서 대면 상담을 받거나 NPS 중앙노후준비지원센터 홈페이지에서 종합재무설계, 간단재무설계, 목적자금설계 등 다양한 온라인 서비스를 무료로 이용할 수 있다.

국민연금 수급자는 실버론 외에도 다양한 혜택을 누릴 수 있다. 국민연금 수급자임을 증명하는 신분증 기능에 더해 주유소, 식당, 영화

관 등에서 할인을 제공하는 카드를 주요 카드사에서 발급받을 수 있다. 노령·분할·장애·유족연금을 10만 원 이상 받고 있는 국민연금 수급자라면 누구나 발급받을 수 있다. 혜택은 카드사별로 다르며, 체크카드와 신용카드 중 선택할 수 있다.

17
제2의 인생, 그러나 국민연금은 깎인다면

기대수명이 길어지면서 은퇴 후에도 일을 놓지 못하는 고령층이 점점 늘고 있다. 정년 이후에도 계속고용의 형태로 직장에 다니거나 치킨집 같은 자영업에 뛰어드는 등 이들 고령층은 '제2의 인생'을 펼치고자 고군분투한다.

하지만 일을 시작하자마자 뜻밖의 당혹감에 부딪히는 경우가 있다. 다름 아닌 국민연금 때문이다.

> "얼마 전 다니던 직장을 그만두고 작은 음식점을 개업한 60대입니다. 내년부터 국민연금을 받는데 연금이 깎인다고 들었습니다. 노후를 위해 꼬박꼬박 낸 연금인데, 소득이 있다고 줄인다는 게 납득이 안 됩니다."

실제로 은퇴자들이 모인 인터넷 커뮤니티에는 이런 내용의 성토 글이 종종 발견된다. 소득이 일정 수준 이상이면 국민연금을 깎는 감액 제도를 두고 하는 말이다. 생활비라도 벌고자 경제활동을 이어가는 노년층의 근로 의욕을 떨어뜨리는 불합리한 제도라는 지적도 나온다.

연금이 깎여도 그들이 일해야 하는 이유

국민연금법에 따르면 노령연금(국민연금의 일반적 형태) 수급자는 일정 수준을 넘어서는 소득을 벌면 연금 수령 연도부터 최대 5년간 원래 받을 수 있는 연금에서 감액된 연금을 수령하게 된다.

감액 여부를 가르는 기준은 국민연금 전체 가입자의 평균 소득이다. 구체적으로는 수급자의 연금 수급 직전 3년간 국민연금 전체 가입자의 평균 소득월액의 평균액(A값)이 기준이다. 이 A값보다 수급자의 소득이 많으면 연금이 깎인다. 2025년 기준으로 A값은 308만 9,062원이다. 즉, 약 309만 원 이상을 버는 수급자는 원래 받을 수 있었던 연금보다 연금이 줄어든다.

이때 소득은 이자·배당소득 등을 제외하고 근로·사업·임대소득을 합친 금액이다. 예를 들어 사업소득 금액(필요경비 공제 후 금액)과 근로소득 금액(근로소득공제 후 금액)을 합산한 금액을 근무 개월 수로 나눈 값이 A값을 초과하면 연금이 깎인다. 다만 감액되는 금액은 연금액의 절반을 넘을 수 없다.

　감액 규모는 초과 소득 수준에 따라 다르다. A값을 초과한 월 소득액이 '100만 원 미만'이면 초과액의 5%를 깎는다. 삭감 액수로는 5만 원 미만이다.

　A값 초과 소득이 '100만 원 이상~200만 원 미만'이면 5만~15만 원 미만, '200만 원 이상~300만 원 미만'이면 15만~30만 원 미만, '300만 원 이상~400만 원 미만'이면 30만~50만 원 미만을 삭감한다. A값 초과 소득이 '400만 원 이상'이면 50만 원 이상을 차감한다.

〈표 2-40〉 국민연금 삭감 현황

연도	금액	인원
2020년	1,699억 4,100만 원	11만 7,145명
2021년	1,724억 8,600만 원	12만 808명
2022년	1,906억 2,000만 원	12만 7,974명
2023년	2,167억 7,800만 원	11만 799명
2024년	2,429억 7,000만 원	13만 7,061명

출처: 국민연금공단

〈표 2-41〉 초과 소득 구간별 감액 수급자 규모

초과 소득 구간	규모
100만 원 미만	6만 2,424명
100만 원 이상 200만 원 미만	2만 6,919명
200만 원 이상 300만 원 미만	1만 4,100명
300만 원 이상 400만 원 미만	7,394명
400만 원 이상	2만 6,224명
합계	13만 7,061명

※ 2024년 기준
출처: 국민연금공단

〈표 2-42〉 연령대별 취업자 수 변화

연령대	취업자 수	전년 대비 증감 규모
청년층	829만 3,000명	−19만 명
중장년층	1,364만 9,000명	−7만 8,000명
노년층	312만 2,000명	+25만 5,000명

※ 2023년 기준
출처: 국가데이터처

이 같은 감액 대상자는 매년 10만 명 이상 나오고 있다. 국민연금공단에 따르면 소득이 일정액을 초과해 연금이 깎인 수급자는 2023년 11만 799명에서 2024년 13만 7,061명으로 23.7%(2만 6,262명) 급증했다. 같은 기간 전체 삭감액은 2,167억 7,800원에서 2,429억 7,000원으로 약 12%(261억 9,200원) 증가했다.

이는 고령층의 경제활동 증가와도 관련이 깊다. 실제로 국가데이터처가 발표한 〈2023년 생애 단계별 행정통계〉에 따르면 65세 이상 노년층 등록 취업자 수는 2023년 기준 312만 2,000명으로 1년 전(286만 7,000명)보다 약 9%(25만 5,000명) 증가했다.

청년층과 중장년층 취업자 수는 각각 19만 명, 7만 8,000명 감소했는데 노년층 취업자만 청년층과 중장년층 취업자 감소분을 합한 수준인 25만 5,000명가량 늘었다. 인구 대비 비율로 따지면 노년층 10명 중 3명꼴로 취업 상태다.

물가는 계속 오르고 기대수명은 늘어나면서 많은 중장년층이 은퇴 후에도 마음 놓고 쉬지 못한다는 점을 고려하면 앞으로 더 많은 감액 대상자가 나올 것으로 전망된다.

감액 페널티를 피하는 연기연금제도

다행히 한번 감액이 시작됐다고 해서 평생 줄어든 연금을 받는 건 아니다. 연금 감액은 최대 5년까지만 적용된다. 5년 이후에는 소득과 무관하게 원래 받아야 할 연금 전액을 수령할 수 있다.

버는 돈에 비해 삭감액이 크지 않다는 일부 의견도 있다. 그렇다고 해도 수년간 줄어든 연금을 감수해야 하는 상황은 누구도 원치 않을 것이다. 이때 소득을 줄이지 않고도 감액을 피할 방법이 하나 있다. 바로 연금 수령 시기 자체를 뒤로 미루는 연기연금제도를 활용하는 것이다.

연기연금은 연금 수령 시기를 앞당기는 조기연금과 반대로 최대 5년까지 수급 시기를 미룰 수 있는 제도다. 수급 시기를 1년 늦출 때마다 연금액이 7.2% 늘어난다. 5년간 최대 36%까지 연금이 증액되는 셈이다. 게다가 연금은 전년도 물가상승률을 반영해 해마다 증액되기 때문에 연기연금은 수급자 입장에서 이득이라고 볼 수 있다. 본인의 건강 상태나 소득 수준 등에 따라 연기연금을 검토한다면 경제활동에 따른 연금 감액에 대비할 수 있다.

OECD는 연금감액제도의 불합리함을 지적하며 한국 정부에 폐지를 권고한 바 있다. 정부도 이런 문제를 인식하고 감액제 폐지를 추진하기도 했다. 보건복지부는 2023년 〈5차 국민연금 종합운영계획〉에서 "노후소득보장 강화 및 고령자 경제활동 제고를 위해 소득 활동에 따른 노령연금 감액제 폐지를 추진한다"라고 발표했다. 하지만 2025

년 3월 국회를 통과한 국민연금 개혁안에서는 이 내용이 빠졌다. 삭감 대상이 주로 고소득 수급자이므로 소득 재분배를 고려해 현행 제도를 유지하기로 한 것이다. 다만 이재명 대통령이 후보 시절 감액 제도의 개선을 공약으로 내세운 만큼, 향후 단계적 폐지가 검토될 것이란 전망이 나온다.

노후를 위해 수십 년간 모아온 연금이 뜻밖의 제도 장벽으로 인해 줄어든다면 허탈감을 느낄 수밖에 없다. 정부에서 감액제를 재검토하기 전까지는 연기연금과 같은 방법으로 개인 차원에서 대응할 필요가 있다.

PART 3.

또 하나의 노후 재테크,
대체투자

01
위험자산에서 필수 투자로, 비트코인

비트코인과 연금. 상상하기 어려운 조합일지도 모르겠다. '안정적'인 노후를 위한 연금과 '공격적'인 암호화폐 투자가 매칭이 안 된다고 느껴져서다. 적어도 2020년대 초반까지는 그랬다. 2024년 비트코인을 기초자산으로 한 현물 상장지수펀드(ETF)가 출시되면서 상황이 바뀌었다. 연기금을 비롯한 기관투자가들이 포트폴리오 일부를 비트코인 ETF로 채우기 시작한 것이다.

최근 글로벌 연기금의 포트폴리오에서 가장 두드러지는 변화를 꼽으라면 비트코인을 빼놓을 수 없다. 아직 국내에서는 기관투자가의 비트코인 투자가 금지돼 있지만, 미국과 일본 등에서는 이미 논의가 활발히 이뤄지고 있다.

분산·장기투자로 대표되는 연기금이 비트코인에 투자한다는 것은 상징하는 바가 크다. 그동안 비트코인은 '몰빵 투자' 또는 '빚투(빚을 내서 투자)' 등 위험성이 큰 자산으로만 여겨져 왔기 때문이다. 그러나 최근의 이러한 현상은 비트코인이 어느덧 대체투자의 한 수단으로 자리매김하고 있다는 뜻이다.

비트코인에 2,000억 원 투자한 미국 연기금

미국 연기금의 비트코인 투자는 '현재진행형'이다. 운용자산 1억 달러 이상 기관의 투자보고서(13F)에 따르면 미국 기관투자가의 비트코인 ETF 투자 규모는 2024년 말을 기준으로 274억 달러에 달한다. 이 중 상당 금액을 연기금이 차지하고 있다. 비트코인 현물 ETF를 보유하고 있는 상위 20개 기관 중에는 위스콘신주 투자위원회가 포함됐다. 위스콘신주 투자위원회는 미국 위스콘신주의 연기금과 공공 자금 등을 투자하는 기관이다. 이 연기금은 비트코인 현물 ETF를 총 3억 3,740만 달러가량 보유하고 있다.

〈표 3-1〉 비트코인 현물 ETF 상위 보유 금융기관

기관명	유형	총 보유액
밀레니엄 매니지먼트(Millennium Management)	헤지펀드	27.3억 달러
제인스트리트 그룹(Jane Street Group LLC)	브로커	17.4억 달러
골드만삭스 그룹(Goldman Sachs Group)	브로커	16.3억 달러
위스콘신주 투자위원회(State of Wisconsin Investment Board)	연기금	3.4억 달러

※ 2024년 4분기 기준
출처: 신영증권

수십조 원의 자산을 운용하는 미국의 대학기금도 일찍이 암호화폐 투자에 뛰어들었다. 하버드대학교와 예일대학교, 브라운대학교 등 여러 대학기금이 암호화폐 투자를 통해 많은 수익을 올렸다. 스트레티지(Strategy)의 CEO 마이클 세일러(Michael Saylor)는 SNS를 통해 "미국에 있는 수천 개 연기금 모두 비트코인이 필요할 것"이라고 주장하기도 했다.

연기금이 비트코인 투자에 뛰어든 것은 왜일까. 비트코인이 변동성이 큰 자산이라는 건 분명하지만 역사적으로 가격이 우상향한 것도 사실이다. 김민승 코빗 리서치센터장은 "단기적으로 투자심리나 매크로 요소에 의해 가격 등락이 있을 수 있지만, 장기적으로 보면 비트코인의 달러 가격은 우상향할 것"이라고 말했다. 비트코인을 헤지(위험회피) 수단으로 활용하려는 수요도 있다. 비트코인은 달러, 금, 주식 등 전통적인 자산과 다른 특징을 보이는데, 예를 들면 비트코인 가격은 달러화 가치와 반비례 관계다.

비트코인, '올인'이 아닌 분산투자로 접근하라

금융권에서는 중장기적으로 비트코인이 '디지털 금'으로 자리매김할 것이란 분석이 많다. 인플레이션으로 달러 등 전통 화폐가치가 떨어지는 가운데 비트코인이 가치저장 수단으로 주목받고 있기 때문이다. 달러 발행량이 계속 증가하고 있는 것과 달리 비트코인은 최대 발행량이 고정돼 있다.

국내 금융사 CEO들은 비트코인에 대해 어떻게 생각할까? 〈한국경제신문〉이 2024년 4월 국내 주요 은행·증권·자산운용사 CEO 15명을 대상으로 비트코인에 대한 인식을 조사했다. 그 결과 절반에 가까운 7명이 "비트코인 투자가 허용되면 투자할 의향이 있다"라고 답했다. 전체 투자 포트폴리오에서 0~1%(3명), 1~5%(3명), 5% 이상(1명)의 인원이 비트코인으로 채우겠다는 답변이 나왔다. 5% 이상을 투자하겠다고 답한 A 운용사 사장은 "디지털 자산은 포트폴리오의 다양성을 높이고 글로벌 시장 변화에 대응할 수 있는 수단"이라고 답했다.

국내에서도 노후 자산을 형성하기 위한 수단으로 비트코인에 관한 관심이 커지고 있다. 실제로 비트코인을 적립식으로 투자했다면 얼마를 벌었을지 보여주는 흥미로운 결과가 있다. 2020년 1월부터 2024년 12월까지 비트코인을 매달 100만 원씩 투자했을 경우 원금은 6,000만 원이지만 평가액은 약 1억 3,000만 원에 달한다. 만약 2020년 이전부터 투자했다면 수익률은 더 올라간다.

〈표 3-2〉 비트코인 시세

일자	금액
2020년 12월 31일	3,335.2만 원
2021년 12월 31일	5,327.8만 원
2022년 12월 31일	1,986.1만 원
2023년 12월 31일	5,494.5만 원
2024년 12월 31일	12,905.6만 원
2025년 6월 20일	14,462.0만 원

출처: 〈한국경제신문〉

하지만 여전히 많은 사람에게 비트코인 투자는 금기처럼 여겨지기도 한다. 암호화폐의 높은 변동성 때문이다. 비트코인 투자에 대한 진입장벽도 있는 편이다. 국내에서는 퇴직연금이나 개인연금으로 비트코인에 투자하는 것이 불가능하다. 미국 등 해외 증시에 상장한 비트코인 현물 ETF도 사고팔 수 없다. 개인이 직접 업비트나 빗썸 같은 암호화폐거래소를 통해 사고파는 방식으로만 투자할 수 있다.

전문가들은 "비트코인에 전 재산을 '올인'하는 것이 아닌 일정 부분만 투자하는 전략이 필요하다"라고 조언한다. 코빗 리서치센터는 2022년 2월 발간한 〈기관투자자를 위한 가상자산 배분 전략〉에서 "위험회피 성향 투자자는 5%, 위험중립 성향 투자자는 11%, 위험선호 성향 투자자는 22%를 비트코인에 투자하라"라고 제시했다. 김민승 센터장은 "해당 수치는 기관투자가를 위한 자산 배분 비율이지만, 노후자산이나 연금자산으로 비트코인을 생각하는 개인투자자에게도 추천할 수 있는 비율"이라고 했다.

생애주기별로 투자 비중을 조절할 필요도 있다. 예를 들어 은퇴를 앞둔 60대 투자자가 비트코인에 '몰빵'할 경우 단기적인 가격 등락에 따라 당장의 생활 자금이 타격을 받을 수 있다. 그러므로 은퇴를 앞둔 시점이라면 예·적금과 같은 안전자산 비중을 높이고, 2030 세대라면 암호화폐나 주식 등 위험자산에 좀 더 많이 투자하는 전략이 필요하다. 언제든 손실이 날 수 있다는 가능성을 염두에 두는 것도 중요하다.

02 다시 떠오르는 브라질 채권

강남 자산가와 연금투자자들의 필수 재테크 상품이었던 브라질 채권이 최근 다시 주목받고 있다. 브라질 정부의 금리 인상 사이클이 마무리되었다는 분석과 함께 헤알화 가치 안정이 맞물리면서 2025년 들어서만 약 1,000억 원이 넘는 돈이 몰렸다. 높은 이자수익에 매매차익까지 얻을 수 있어 브라질 국채가 매력적인 투자처로 떠올랐다는 분석이 나온다.

한국예탁결제원에 따르면 2025년 상반기 국내 투자자들의 브라질 채권 보유액은 3억 1,923만 달러(약 4조 3,556억 원)로 집계됐다. 전년과 비교해 8,336만 달러(약 1,138억 원) 늘어났다. 작년 말(2억 3,587만 달러)과 비교하면 35.3% 급증했다.

2025년 2분기 브라질 10년물 채권에 투자한 투자자들은 약 4%의 수익률을 기록했다. 브라질 정부의 금리 인상에도 불구하고 높은 이자수익과 자본차익 덕분에 양호한 수익률을 냈다.

브라질 채권은 말 그대로 브라질 중앙정부가 자금 조달이나 정책 집행을 위해 발행하는 국채다. 2010년대 초중반 강남 자산가 사이에서 선풍적인 인기를 끌었다. 연 14%대의 이자소득과 함께 브라질 정부와 맺은 국제조세협약 덕분에 비과세 혜택까지 받을 수 있어서다.

브라질 정부가 디폴트 선언을 하지 않는 이상 연간 이자수익만으로 13% 이상을 받을 수 있다. 1억 원을 넣으면 세금 없는 이자수익만 1년에 1,000만 원 이상 챙길 수 있는 셈이다. 금융소득종합과세 대상에서도 제외된다. 2016년에는 연 70%에 이르는 고수익을 낸 적도 있다.

환율과 기준금리 변동을 주시하라

하지만 브라질 채권은 환율의 영향을 크게 받는 환노출형 상품이라는 점을 감안해야 한다. 2016년 리우데자네이루 올림픽 이후 브라질 경제가 침체하면서 브라질 헤알화 가치는 반 토막 났고 투자자들은 큰 손실을 입었다. 이 같은 위험에도 불구하고 최근 자산가들이 다시 브라질 채권에 주목하는 까닭은 환율이 안정적인 흐름을 보이고 있기 때문이다. 2025년 상반기 외환시장 기준 원·헤알 환율은 249.08원으로 반년간 4.3% 올랐다.

또 하나 변수가 있다. 바로 브라질 기준금리다. 기준금리가 내려가면 시중에 유통되는 국채 금리는 하락하면서 채권 가격이 오른다. 특히 장기채 가격 변동 폭은 단기채보다 더 크다. 금리 정점기에 장기채를 사둔 후 인하기에 가격 상승을 점치며 매매차익을 노리는 투자전략이 유효하다.

브라질 중앙은행은 2025년 5월 기준금리를 19년 만에 최고인 15%로 0.25%p 올렸다. 도널드 트럼프 미국 대통령의 전면적 관세를 둘러싼 지속적인 인플레이션 우려와 무역 불확실성으로 브라질은 기준금리를 7회 연속 인상했다.

2024년 이후 세 번 연속 1%p씩 올리다가 지난 회의 때 0.5%p로 낮춘 뒤, 이번에는 0.25%로 인상 폭을 더 낮추고 금리 인하 속도 조절에 나선 것이다. 이를 두고 증권가에서는 브라질의 금리 인상 사이클이 막바지에 다다랐다고 보고 있다. 브라질 중앙은행은 성명서에서 "경제가 예상대로 흘러간다면, 긴축의 효과를 확인하기 위해 인상 사이클의 중단(interruption)을 예상한다"라고 평가했다.

브라질 기준금리가 하락하면 채권 매매차익을 얻을 수 있을 것이란 기대도 커지고 있다. 박준우 KB증권 해외채권 연구원은 "향후 1~2년 안에 200bp가량 인하할 가능성이 크다"라며 "현재 14% 수준의 금리와 큰 방향성이 하락일 가능성이 크다는 점을 감안하면 장기 브라질 국채의 성과가 우수할 것으로 기대된다"라고 전망했다.

03
미국 주식을 뛰어넘어 '금값' 된 금 투자

많은 투자자에게 미국 주식은 '우상향'의 상징처럼 여겨진다. 실제 미국 S&P500 지수 차트를 보면 이런 믿음이 허황한 것만은 아니라는 것을 알 수 있다. 2005년 6월 20일 1,216.10이었던 S&P500 지수는 2025년 6월 20일 5,967.84까지 수직 상승했다. 최근 20년 동안 무려 5배나 뛴 것이다.

그런데 이 기간 동안 미국 주식보다 더 높은 수익률을 안겨준 자산이 있다. 바로 금(金)이다. 금 가격(선물 기준)은 2005년 6월 20일 440.0달러에서 2025년 6월 20일 3,385.7달러로 20년 동안 8배 가까이 급등했다. 〈니혼게이자이신문〉에 따르면 금은 미국 주식, 선진국 주식, 신흥국 주식 등을 모두 앞지르고 '21세기 최고 수익률 기록 자산'이라는 영광을 차지했다(물론 비트코인, 파생상품 같은 초고위험 자산은 제외).

〈표 3-3〉 치솟는 국제 금값

일자	트로이온스(ozt, 31.1g)당 달러
2005년 6월 20일	440.0
2010년 6월 20일	1,240.7
2015년 6월 20일	1,201.9
2020년 6월 20일	1,747.1
2025년 6월 20일	3,385.7

※ 금선물 기준
출처: 인베스팅닷컴

가파르게 오른 만큼 장기적 관점으로 내다보라

금은 안전자산인 동시에 인플레이션을 헤지할 수 있다는 장점이 있다. 이 때문에 물가상승에 비례해 금 가격도 역사적으로 우상향하는 흐름을 보였다. 그런데 최근 1~2년간 가격 상승세는 특별히 더 돋보이는 수준이다. 연일 사상 최고치를 경신할 만큼 가격이 급등하고 있어서다.

금 가격이 오른 원인은 여러 가지다. 먼저 금리 인하 기대 때문이다. 금은 이자가 없는 자산이므로 금리가 높을수록 상대적으로 매력이 떨어진다. 반면 금리 인하기에는 금 가격이 오르는 경향이 있다. 2024년을 전후로 한국과 미국 등 주요국 중앙은행이 금리를 내리기 시작하며 금값도 급격히 상승하기 시작했다.

트럼프 미국 대통령이 쏘아 올린 '관세전쟁'도 금값을 밀어 올렸다. 미국 달러 패권이 약해질 것이란 시장 내 의심이 강해지면서 반대급부로 금값이 상승한 것이다. 금은 기축통화 달러를 대체할 수 있는 거의 유일한 대체자산이다. 미국 재정의 건전성에 대한 우려로 국채 금리가 오른 것도 금 가격에는 긍정적으로 작용했다. 황병진 NH투자증권 연구원은 "미국 정부에 대한 신뢰도 하락이 미 국채와 달러를 끌어내리고 금을 띄우고 있다"라고 진단했다.

물론 금 가격이 가파르게 오른 만큼 단기 조정을 받을 수 있다는 전망도 적지 않다. 하지만 장기적으로 봤을 때는 지난 수십 년과 마찬가지로 우상향 흐름을 이어갈 것이란 관측이 지배적이다. 전문가들이 금 투자에 대해 단기차익 추구보다 장기투자 목적으로 접근해야 한다고 조언하는 이유다.

연금투자 관점에서 포트폴리오 일부를 금에 꾸준히 투자하는 것도 좋은 방법이다. 하지만 금에 투자하기 위해 무턱대고 금은방을 찾아가는 것은 바람직하지 않다. 금을 투자하는 방법은 여러 가지다. 이 가운데 거래 비용이나 세금 등을 최소화하는 전략을 취하는 것이 중요하다.

초보 투자자도 가능한 다양한 금투자 방법

그렇다면 금은 어떻게 투자하면 될까. 가장 직관적인 방식은 '금덩이'인 골드바를 구입하는 것이다. 동네 귀금속 매장 말고도 은행, 홈쇼핑, 편의점 등에서 골드바를 살 수 있다. 실제로 자산가를 비롯한 많은 투자자가 이 같은 방식으로 금에 투자하고 있다. 실물 금은 값이 올라도 매매차익에 배당소득세가 부과되지 않는다. 하지만 골드바 투자는 매입 단계에서 부가가치세 10%가 붙고, 5% 안팎의 세공비도 내야 한다. 금값이 15%는 올라줘야 본전이라는 뜻이다.

접근성이 좋으면서도 세금 부담이 덜한 방법은 'KRX(Korea Exchange) 금시장'이다. 주식처럼 증권사에 금 투자 계좌를 개설해 한국거래소 금시장을 통해 사고파는 방식이다. 증권사 애플리케이션 등에서 금 계좌를 개설한 뒤 1g 단위 소액 투자도 가능하다. 투자수익에 대한 양도소득세 등이 붙지 않는 것이 가장 큰 장점이다. 본인의 자산이 많다면 최고 49.5%에 달하는 금융소득종합과세를 신경 쓰지 않을 수 없는데, KRX 금시장을 통한 매매차익은 종합과세 대상에서도 제외된다. 거래 수수료는 0.3% 수준이다.

좀 더 손쉽게 투자하는 방법으로는 금 ETF가 있다. 증권사 계좌만 있다면 주식처럼 쉽게 사고팔 수 있다. 대표적인 금 ETF로는 한국투자신탁운용의 'ACE KRX 금현물 ETF', 삼성자산운용의 'KODEX 골드선물(H)', 미래에셋자산운용의 'TIGER 골드선물(H)' 등이 있다. 금에 투자하면서 배당을 받을 수 있는 'SOL 골드커버드콜 ETF' 등도 있다. 다만 금 ETF의 경우 다른 ETF와 마찬가지로 매매차익의 15.4%를 배당소득세로 내야 한다.

퇴직연금이나 연금저축 계좌에서 금 ETF에 투자할 경우 과세이연, 세액공제 등을 기대할 수 있다. 다만 퇴직연금계좌에서는 금선물 ETF에는 투자할 수 없고, 금현물 ETF만 매매할 수 있다는 점을 유의해야 한다. 금현물 ETF는 연금계좌에서 위험자산으로 분류돼 전체 자산의

〈표 3-4〉 금 투자 방법

구분	장점	비용
금 실물(골드바)	매매차익 비과세	부가세 10%, 거래 수수료 5%
한국거래소(KRX) 금시장	매매차익 비과세	거래 수수료 0.3%
금 상장지수펀드(ETF)	다양한 ETF 상품 손쉽게 거래	매매차익 배당소득세 15.4%
금 통장(골드뱅킹)	적립식 투자 등 부가서비스	매매차익 배당소득세 15.4%

출처: 〈한국경제신문〉

최대 70%까지만 투자할 수 있다.

시중은행의 금 통장인 '골드뱅킹'도 초보 투자자라면 고려할 만하다. 골드뱅킹은 은행 계좌를 개설하고 돈을 입금하면 은행이 국제 금시세에 맞춰 금을 구매하고 적립하는 상품이다. 시중은행 가운데선 국민·신한·우리은행에서 금 통장에 가입할 수 있다. 0.01g 단위로 거래할 수 있어 적립식 소액 투자가 가능하다. 자동이체 기능을 활용한 적립식 투자 등 부가서비스를 활용해 간편히 투자할 수 있다는 장점이 있다.

금 통장은 ETF와 마찬가지로 매매차익에 배당소득세 15.4%가 부과된다. 금 통장에서 금을 매도한 다음 현금으로 받거나 금으로 받는 경우 기준가격의 1%에 해당하는 수수료가 붙는다는 점도 유의해야 한다.

04
매달 생활비를 벌고 싶다면 커버드콜 ETF

은퇴 후에는 자금을 불리는 것만큼 꾸준한 현금흐름을 만드는 것이 중요하다. 하지만 은행 예금이나 채권에 넣자니 금리가 충분하지 않고, 큰돈이 드는 부동산 투자는 부담스럽다. 이런 은퇴자들을 위한 상품인 커버드콜 상장지수펀드(ETF)가 매달 높은 수준의 분배금을 받을 수 있어 인기를 끌고 있다. 미국 기술주, 채권 등 다양한 기초자산에 투자하면서 높은 분배금도 노릴 수 있다는 것이 장점으로 꼽힌다. 시장이 커지자 분배율이 최대 연 20%에 달하는 커버드콜 ETF가 속속 등장하면서 상품 출시 경쟁이 치열해지는 모습이다.

커버드콜 ETF는 시세차익보다는 매달 생활비가 필요한 은퇴자에게 제격인 상품이다. 미래의 주가상승분을 포기하고 지금 높은 수준의 분배금을 받는 구조이기 때문이다. 최근에는 커버드콜 전략이 진화하면서 주가상승분도 일부 누릴 수 있게끔 진화하고 있다. 하지만 커버드콜 ETF 자체가 원금 보장 상품이 아닌 데다 너무 높은 분배율은 결국 원금을 깎아 분배금을 줄 위험성도 있는 만큼, 전문가들은 꼼꼼히 상품 구조를 살펴야 한다고 조언한다.

연 20% 분배율 커버드콜의 등장

커버드콜이란 주식, 채권 등 기초자산을 보유하면서 그 기초자산을 특정 가격에 살 수 있는 권리(콜옵션)를 매도하는 방식으로 안정적인 현금흐름을 추구하는 전략이다. 콜옵션을 매도한 데 따른 수익으로 분배금을 지급한다.

특정 기업의 1주를 1만 원에 사고, 이 주식을 1개월 뒤 1만 원에 살 권리(콜옵션)를 1,000원이라고 가정해보자. 만약 한 달이 지나 주가가 2만 원이 되어도 콜옵션 매도를 통해 1,000원만 이득을 본다. 반대로 주가가 5,000원으로 떨어지면 콜옵션 매도액 1,000원을 제한 4,000원의 손실이 발생한다. 주가하락 시에는 일부 손해를 방어할 수 있고, 안정적인 분배금(1,000원·옵션 프리미엄)을 줄 수 있는 것이다.

따라서 커버드콜은 변동성이 큰 박스권 장세에서는 유리하지만 상방이 막혀 주가상승에 따른 시세차익을 온전히 누릴 수 없고, 하락장에서는 온전히 하락분을 그대로 떠안아야 한다는 단점이 있다.

최근 커버드콜 ETF는 이런 단점을 보완해 시세차익도 챙길 수 있도록 진화하고 있다. 옵션 만기를 종전 1개월로 잡았다면 전략의 진화로 일주일이나 하루(제로데이)로 짧게 잡는 것이 일반적이다. 만기가 짧을수록 옵션 매도 차익(프리미엄)도 커진다. 이전에는 높은 분배금을 주기 위해 기초자산 100%를 모두 커버드콜 전략에 노출시켰다면, 만기를 짧게 잡은 상품은 기초자산의 20%만 커버드콜 전략에 노출시키고 나머지 80%는 주가상승에 참여하도록 설계가 가능해진 것이다.

이렇게 시세차익도 일부 챙기는 커버드콜 ETF를 '타깃 커버드콜'이라고 부른다. 대표적인 상품이 'TIGER 미국나스닥100타깃데일리커버드콜'이다. 분배금이 연 20%에 달하는 RISE 미국AI밸류체인데일리고정커버드콜은 기초자산의 10%만 커버드콜 전략을 활용해 나머지 90%가 시장 상승에 참여할 수 있게 구성됐다.

한국거래소에 따르면 'RISE 미국AI밸류체인데일리고정커버드콜'과 'RISE 미국테크100데일리고정커버드콜'의 분배율은 연 18~20%에 달한다. 2024년 10월 상장 후 매월 1.47~1.75%의 분배금을 지급했다. 'KODEX 나스닥100데일리커버드콜OTM'의 분배율도 연 19%에 이른다. 'RISE 200위클리커버드콜'은 2024년 9월부터 연 분배율을 12%에서 18%로 높이면서 고배당 경쟁이 치열해지고 있다.

비과세로 배당받는 코스피 커버드콜

은퇴를 준비하는 50대 직장인 A 씨는 월세를 받는 건물주처럼 매달 배당금을 받기 위해 노후 자금을 전부 배당 상장지수펀드(ETF)에 넣었다가 세금 폭탄 고지서를 받아들었다. 배당소득세 15.4%와 더불어 배당금이 연 2,000만 원을 초과하자 최고 49.5% 세율의 금융소득종합과세 대상자가 된 것이다.

전문가들은 고액의 은퇴자금 투자에 예상보다 많은 세금이 부과될 수 있는 만큼 세금 부담을 줄일 수 있는 절세 상품을 눈여겨봐야 한다고 조언한다. 뭉칫돈을 운용하는 강남 고액 자산가들 사이에서는 연 10%대 비과세 이자수익의 브라질 채권에 이어 국내 코스피200 지수 기반 커버드콜 ETF가 비과세 절세 상품으로 인기를 끌고 있다.

한국거래소에 따르면 2024년 개인투자자들은 코스피200을 기초지수로 한 커버드콜 ETF 'RISE 200위클리커버드콜'을 2,522억 원어치 순매수했다. 국내 주식형 ETF(레버리지·인버스 제외) 중 개인 순매수액 1위다. 'TIGER 미국테크TOP10타깃커버드콜(2,243억 원)' 등 글로벌 증시를 휩쓴 미국 인공지능(AI) 기반 커버드콜보다 순매수액이 많았다.

국내 주식시장 엑소더스(Exodus, 대규모 이탈 현상)가 벌어지는 와중에도 뭉칫돈이 몰린 것은 이 ETF의 옵션 매도를 통한 분배금에 비과세 혜택이 주어지기 때문이다. 배당 ETF의 분배금에는 배당소득세(15.4%)가 부과된다. 커버드콜 ETF도 예외는 아니다. 하지만 국내 장내 파생상품에 대한 매매차익(옵션 매도 수익)은 비과세 대상이다. 코스피200 기반 커버드콜 ETF의 옵션 매도를 통한 분배금은 비과세 혜택을 누릴 수 있는 것이다. 'RISE 200위클리커버드콜'은 연 12~15%

분배금 지급을 목표로 하고 있다. 코스피200 주식(연간 약 2%)에서 나오는 분배금을 제외한 커버드콜 옵션 분배금은 모두 비과세인 것이다. 목표대로라면 1억 원을 넣을 시 세금 없는 분배금만 1년에 1,000만 원 이상 챙길 수 있는 셈이다.

강남 지역의 증권사 프라이빗뱅커(Private Banker, PB)는 "브라질 국채는 환율에 따라 변동성이 커 예측과 대응이 어려운 반면 코스피200 커버드콜 ETF는 국내 증시 기반이어서 비교적 대응이 쉽다"라며 "1%대 매매수수료에 더해 환전수수료까지 붙는 브라질 국채와 달리 ETF는 총보수가 저렴한 것도 장점"이라고 말했다. 이어 "고액 자산가들의 문의가 급증해 증권사 랩 어카운트(Wrap Account, 증권사가 고객에게 권한을 위임받아 자산을 운용하는 계좌)에도 편입되는 추세"라고 덧붙였다.

당장 현금은 나오지만 만능 상품은 아니다

분배금도 많고 시세차익도 챙길 수 있게 진화하고 있지만 커버드콜 ETF는 만능 상품이 아니라는 점에 주의해야 한다. 기본적으로 커버드콜 ETF는 기초자산(S&P500 지수, 나스닥100 지수 등)의 장기 수익률을 따라갈 수 없다. 기초자산이 우상향하면 복리로 수익률이 늘어나야 하는데, 커버드콜 ETF는 미래 수익을 포기하면서 현재 높은 분배금을 지급하는 구조이기 때문이다.

만약 기초자산의 상승이 뒷받침되지 않는데 목표 분배율이 지나치

〈그림 3-1〉 커버드콜 전략

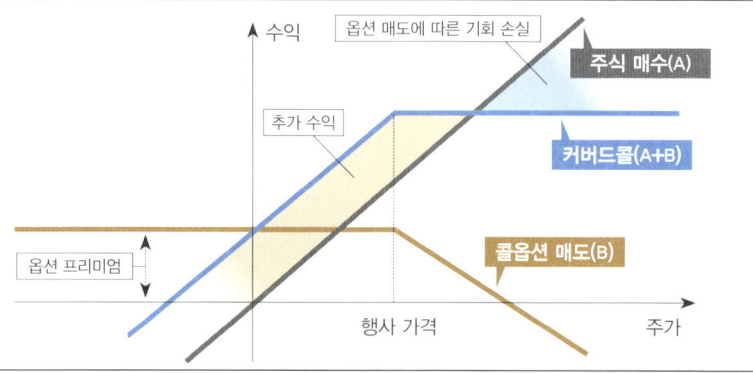

출처: 한국투자증권

게 높다면 원금을 덜어 분배해야 하는 상황을 맞을 수도 있다. 한 자산운용사 관계자는 "기초자산이 미국 주식이고 옵션 만기가 하루일 때 커버드콜 옵션 프리미엄이 연 40% 이상 나오기도 한다"라면서 "그럼에도 분배금을 다 지급하지 않고 일부만 지급하는 것은 가급적 원금을 훼손하지 않는 선에서 지속 가능한 분배금을 지급하기 위한 것이다"라고 설명했다.

전문가들은 커버드콜 ETF는 당장 현금흐름이 필요한 은퇴자 등에게 적합하다고 입을 모아 말한다. 미래의 수익보다 매달 일정한 생활비가 필요한 사람에겐 훌륭한 상품이지만, 장기투자자라면 복리 효과를 최대로 누릴 수 있는 대표 지수형 ETF 등이 더 낫다는 분석이다.

05
소액으로 시작하는 부동산 투자, 리츠

누구나 한 번쯤 '건물주'가 되는 걸 상상해봤을 것이다. 매달 건물에서 들어오는 월세로 생활비를 충당하는 인생, 그야말로 연금투자자에겐 꿈 같은 일이다. 하지만 '조물주 위에 건물주'라는 말이 있듯, 건물을 매입하려면 많게는 수십억에서 수백억 원의 자금이 필요하다. 일반 개인투자자라면 평생 만져보기 힘든 돈일지도 모른다.

하지만 주식시장에서는 단돈 1만 원으로도 건물주가 될 수 있다. 리츠(Real Estate Investment Trusts, REITs, 부동산 투자회사)에 투자하면 소액으로도 매달 월세를 받는 건물주가 될 수 있다. 국내 상장 리츠의 평균 배당수익률은 연 5~8%로 은행 정기예금 이자보다 훨씬 높다. 최근에는 주요 리츠를 담은 '월 배당 상장지수펀드(ETF)'도 등장해 투자자들의 이목을 끌고 있다.

단돈 1만 원으로 건물주가 되는 법

리츠는 다수 투자자의 자금을 모아 부동산이나 부동산 관련 자본·지분에 투자한 뒤 발생한 수익을 투자자에게 배당하는 상품이다. 리츠는 부동산 임대료를 징수함으로써 수익을 창출하고, 통상 과세소득의 90% 이상을 주주에게 지급해야 한다. 리츠가 일반 부동산 투자와 차별화되는 점은 '환금성'에 있다. 리츠는 주식시장에 상장돼 언제든지 시장가격에 매도해 현금화할 수 있다. 또 소액으로도 투자할 수 있어 주식·채권 외 대체자산을 포트폴리오에 담고자 할 때 활용하기 좋다.

리츠 투자자가 받는 배당의 원천은 임대 수입, 매각차익, 개발수익 등이다. 즉, 리츠 주가는 기본적으로 부동산 시장과 깊은 연관이 있다. 부동산 시장이 좋을 때는 임대 수입, 매각차익 등이 늘어나 리츠 배당도 증가하고 그만큼 주가도 상승하는 식이다.

부동산 경기가 금리에 의해 좌우되는 것처럼 리츠 역시 금리의 영

〈그림 3-2〉 리츠 구조도

출처: 대신증권

향을 크게 받는다. 리츠는 대표적인 금리 인하 수혜주 중 하나다. 금리가 하락하면 부동산 시장이 활황을 보이므로 리츠 주가도 상승하는 경향이 있다. 또 대부분의 리츠는 회사채 발행 등을 통해 자금을 조달하는데, 금리가 내려가면 조달 비용이 줄어 이익이 늘어난다. 그 결과 투자자에게 지급하는 배당도 증가한다.

절대적인 배당 금액이 늘어날 뿐 아니라 상대적인 투자 매력도 올라간다. 예를 들어 은행 정기예금 금리가 연 5%일 때는 리츠 배당의 매력이 떨어질 수밖에 없다. 반면 금리가 내려가면 은행 예금금리와 리츠의 배당수익률 간 격차는 벌어진다. 은행이 정기예금 이자를 연 2% 주는데 리츠 배당이 연 8%라면 그만큼 리츠의 상대적 매력이 커질 것이다.

리츠 역시 주식이나 부동산과 마찬가지로 원금 손실 위험은 있다. 금리가 상승하면 부동산 경기가 얼어붙으면서 리츠 수익률도 크게 떨어질 수 있다. 원금 손실이 날 가능성도 적지 않다. 또 인공지능, 배터리 테마주처럼 화끈한 주가상승을 기대하긴 어렵다. 즉, 리츠는 연 5~7%대의 배당수익을 추구하면서 포트폴리오를 다각화하고자 하는 중위험·중수익 투자자에게 적합한 투자상품이다.

국내 리츠의 급격한 성장을 주시하라

국내 상장 리츠는 제도가 도입된 2000년 이후 오랫동안 존재감이 미미했다. 하지만 최근 들어 시장이 급격히 성장하고 있다. 다양한 부동산 자산에 투자하는 리츠가 속속 상장하면서다. 투자자들의 선택지가 더 넓어졌다는 뜻이다.

리츠에 투자하기 전에는 각 종목이 담고 있는 자산이 무엇인지, 그동안의 배당 이력은 어떤지 등을 살펴봐야 한다. 대신증권 등 일부 증권사에서는 국내 상장 리츠의 특징을 일목요연하게 정리한 보고서를 발간하고 있다. 하지만 개인투자자가 개별 리츠의 구조와 특징을 모두 이해하긴 쉽지 않다. ETF를 통해 여러 리츠에 분산투자하는 것이 안전한 현금흐름을 만드는 데 보다 효과적이다.

최근에는 월 배당 리츠 ETF도 쉽게 찾아볼 수 있다. 매달 연금을 받는 것처럼 ETF에서 배당금을 받을 수 있다는 뜻이다. 국내 대표 리츠 ETF인 'TIGER 리츠부동산인프라 ETF'는 2022년 11월 리츠 ETF 최초로 월 배당으로 전환했다. 'Plus K리츠 ETF'와 '히어로즈 리츠이지스액티브 ETF' 등도 월 배당으로 상품 구조를 바꿨다. 'KODEX 한국부동산리츠인프라 ETF'와 'WOORI 한국부동산TOP3플러스 ETF' 등은 월 배당 상품으로 출시됐다.

리츠에 투자하는 ETF에도 자금이 몰리고 있다. 2025년 상반기에만 개인투자자는 'TIGER 리츠부동산인프라'를 500억 원 넘게 순매수했다. 이 ETF는 국내 상장 리츠에 투자하는 ETF 가운데 규모가 가장 큰 상품이다. 오피스, 호텔, 물류창고 등 리츠의 보유자산에서 발생하는 임대료를 기초로 매달 분배금(배당금)을 받을 수 있어 인기가 많다.

그렇다면 국내 리츠와 해외 리츠 중 무엇이 나을까? 전문가들은 단

〈표 3-5〉 국내 리츠 ETF 특징

상품명	운용사	상위 구성 종목
TIGER 리츠부동산인프라	미래에셋	맥쿼리인프라, SK리츠, 롯데리츠
KODEX 한국부동산리츠인프라	삼성	맥쿼리인프라, SK리츠, ESR켄달스퀘어리츠
PLUS K리츠	한화	SK리츠, ESR켄달스퀘어리츠, 신한알파리츠
WON 한국부동산TOP3플러스	우리	맥쿼리인프라, 신한알파리츠, ESR켄달스퀘어리츠

※ 구성 종목은 2025년 6월 20일 기준

기적으로 한국 리츠의 투자 매력이 높다고 보고 있다. 최근 국내 리츠의 자금 재조달(리파이낸싱)이 진행되면서 대출이자 비용이 줄어들고 있기 때문이다. 국내 시장금리가 해외보다 가파르게 하락하고 있어 국내 리츠의 투자 매력이 더욱 높아지고 있다는 분석이 많다.

절세 효과를 누리려면 ISA·IRP를 활용하라

부동산 투자 대비 세금 부담이 덜하다는 점도 리츠의 강점이다. 부동산에 직접 투자하면 취득세와 재산세 등의 비용이 발생하지만, 리츠 투자자는 주식 거래 수수료 외에는 별도의 세금 부담이 없다. 배당소득에 대해선 세금을 내야 하지만 분리과세를 통해 부담을 줄일 수 있다. 상장 리츠를 3년 이상 보유하면 최대 5,000만 원까지 배당소득에 대해 세율이 15.4%에서 9.9%로 낮아진다.

ISA나 IRP를 활용하면 비과세나 과세이연 등도 누릴 수 있다. ISA는 계좌 하나에 예·적금, ETF 등 다양한 금융상품을 담을 수 있는 통

합계좌다. 연간 일정 액수까지 이자·배당 수익에 비과세 혜택을 적용하는 것이 특징이다. 일반형 ISA는 200만 원, 서민형 ISA는 400만 원까지 비과세가 적용된다. 이 금액을 초과할 경우 9.9%의 세율로 분리과세가 된다.

앞으로는 비과세 혜택이 더욱 커질 것으로 예상된다. 정부가 일반형 ISA와 서민형 ISA의 비과세 한도를 각각 500만 원, 1,000만 원까지 늘리기로 했기 때문이다. ISA에서 리츠나 리츠 ETF에 투자하면 배당수익에 대한 세금 부담을 크게 낮출 수 있다.

IRP는 세액공제 혜택을 받을 수 있는 재테크 '필수템'이다. 1년에 1,800만 원까지 입금할 수 있고 이 가운데 900만 원까지 세액공제 혜택을 받는다. IRP에서 리츠에 투자할 경우 과세가 이연돼 세금으로 내야 할 돈까지 계속 투자로 굴릴 수 있다. 55세 이후 연금을 수령할 때는 3.3~5.5%의 낮은 연금소득세만 내면 된다.

06
'주식과 채권 사이', 신종자본증권

주식에 투자하자니 변동성이 걱정되고, 채권에 투자하자니 낮은 수익률이 고민인 사람들이 많다.

이런 사람들에겐 '주식과 채권의 성격을 반씩 가진' 신종자본증권이 대안이 될 수 있다. 3부 6장에서는 신종자본증권에 대해 좀 더 자세히 알아본다.

신종자본증권은 주식보다 변동성은 낮으면서 일반 국채나 우량 회사채에 비해 높은 금리를 제공한다. 회사가 망하지 않는 한 원금과 이자를 모두 챙길 수 있다는 점도 강점이다.

이미 고액 자산가를 중심으로 투자금이 몰리면서 신종자본증권 '완판' 행렬이 이어지고 있다.

5년간 연 5% 금리에 묻어두기

신종자본증권은 주로 금융회사들이 발행하는 경우가 많다. 규제 비율 산정 시 자본으로 인정돼 금융권에서 신종자본증권을 종종 활용한다. 신종자본증권은 만기가 아예 없거나 통상 30년 이상으로 길어 주식과 채권 성격을 동시에 지닌 '하이브리드 채권'이라고도 불린다. 만기가 없다는 점은 주식과 유사하지만, 매달 또는 매 분기 일정한 이자를 지급한다는 채권으로서의 특징도 갖고 있다.

그렇다면 신종자본증권은 왜 '만기가 5년인 채권'으로 불릴까. 그건 신종자본증권의 콜옵션(조기상환권) 때문이다. 신종자본증권에는 통상 발행 시점 5년 뒤 콜옵션 조건이 붙는다. 콜옵션은 만기일이나 만기일 이전에 특정 자산을 미리 정한 가격에 살 수 있는 권리를 말한다. 말 그대로 '옵션'이므로 발행사가 행사 여부를 정할 수 있다. 이론적으로는 콜옵션을 행사하지 않을 수도 있다는 의미다.

하지만 국내 금융시장에서 신종자본증권 콜옵션 행사는 일종의 불문율이다. 발행 후 5년이 지나면 회사들은 콜옵션을 행사해 투자자들에게 자금을 돌려주는 것이 일반적이다. 만약 콜옵션을 행사하지 않으면 시장에서는 '돈을 제때 갚지 않는구나'라고 인식한다. 그래서 실

〈표 3-6〉 신종자본증권

- 주식과 채권의 중간적 성격
- 시장에서 매매 가능
- 일반 채권 대비 고금리 이자 지급
- 만기 30년 이상, 발행 후 5년 시점 콜옵션

제 만기는 30년 이상이지만 국내 금융시장에서 신종자본증권은 '만기가 5년인 채권'으로 여겨진다.

신종자본증권 금리도 당연히 기준금리나 시장금리에 따라 움직인다. 국채 금리가 상승하면 신종자본증권 금리도 덩달아 오르는 식이다. 2025년 6월 기준 금융회사들이 발행하는 신종자본증권 금리를 보면 연 4~5% 안팎인 경우가 대부분이다. 시중은행의 예금금리가 연 2%대로 떨어진 것을 고려하면 상대적으로 쏠쏠한 이자수익을 낼 수 있다는 뜻이다.

신종자본증권에 투자하면 5년간 연 5% 안팎의 이자를 보장받을 수 있다. 정기적인 현금흐름이 필요한 은퇴자는 물론, 고금리에 자금을 묶어두길 원하는 투자자에게 모두 매력적인 수준이다. 문일영 신한은행 PWM 한남동센터 팀장은 "신종자본증권은 5년 만기 정기예금에 가입하는 것보다 금리가 높고 매달 혹은 3개월마다 이자를 받을 수 있어 과표를 분산할 수 있다는 장점이 있다"라며 "대부분 자산가가 포트폴리오 일부를 신종자본증권에 투자하고 있다"라고 말했다.

신종자본증권보다 안전한 후순위채

신종자본증권과 유사한 상품으로는 후순위채가 있다. 후순위채는 말 그대로 상환 순위가 낮은 채권이다. 투자자 입장에서 위험이 큰 만큼 일반적인 채권보다 금리가 높다는 장점이 있다. 후순위채는 통상

5~10년 만기로 발행되는데, 신종자본증권과 마찬가지로 5년 후 조기 상환할 수 있는 콜옵션이 붙어 있는 경우가 대부분이다.

신종자본증권과 후순위채를 비교하면 후순위채가 상대적으로 더 안전한 자산으로 꼽힌다. 신종자본증권은 후순위채보다 변제 순위가 후순위여서 '후후순위채'로도 불린다. 리스크가 큰 대신 신종자본증권 금리는 후순위채보다 통상 0.5~1%p가량 높다. 금융회사의 신용등급이 낮다면 금리가 7~8% 수준까지 육박하기도 한다. 다만 금리가 높을수록 리스크가 큰 회사이므로 투자에 유의해야 한다.

신종자본증권과 후순위채는 형식상 채권이므로 시장에서 거래할 수 있다. 향후 금리가 하락하면 시세차익을 얻을 수 있다는 뜻이다. 신종자본증권의 매매차익은 비과세가 적용된다는 점도 투자자 입장에서는 매력적인 투자 요인이다.

그렇다면 신종자본증권은 어떻게 투자할 수 있을까. 가장 손쉬운 방법은 증권사 모바일트레이딩시스템(Mobile Trading System, MTS) 등을 이용하는 것이다. 개인투자자가 직접 신종자본증권 수요 예측에 참여하는 것은 현실적으로 매우 어렵다. 증권사들이 수요 예측에 참여해 물량을 나눠 받으면 개인투자자들이 해당 증권사를 통해 매입하는 게 일반적이다.

물론 신종자본증권과 후순위채 투자가 아무런 리스크가 없는 건 아니다. 상환 순위가 후순위이므로 회사가 부도나거나 파산 시 투자금을 돌려받지 못할 수 있다. 또 신종자본증권이나 후순위채 발행사가 콜옵션을 행사하지 않으면 실질 만기가 연장돼 투자금이 묶일 위

〈표 3-7〉 발행회사 파산 시 채권 변제 순위

① 우선변제권 가진 각종 비용, 세금 등
② 일반 채권(선순위)
③ 후순위채
④ 신종자본증권
⑤ 주식

험도 있다. 실제로 2025년 5월 롯데손해보험이 후순위채 행사를 연기하며 투자자들이 혼란에 빠지기도 했다.

발행사가 금융회사인 경우 신종자본증권의 손실 가능성은 낮은 편이다. 만약 회사가 부실해지더라도 다른 금융회사로 인수합병되는 경우가 대부분이기 때문이다. 그럼에도 원금 손실이 우려된다면 은행이나 금융지주가 발행하는 신종자본증권을 눈여겨볼 만하다. 다른 금융사 대비 금리는 낮지만 원금 손실 가능성이 매우 작기 때문이다. 박경민 DB금융투자 연구원은 "국내 은행지주사의 펀더멘털은 모두 우수한 수준이므로 5년 만기 동안 보유할 계획이라면 금리가 높은 순으로 투자해도 무방하다"라고 조언했다.

07
만 34세 이하라면 필수, 청년도약계좌

만 34세 이하라면 이번 장을 주목하자. 본인의 나이가 34세를 넘는다면 가볍게 넘어가도 좋다.

모든 연금자산을 주식이나 펀드 같은 위험자산만으로 채우는 건 현실적이지 않다. 원금 손실 가능성이 없는 안전한 상품을 찾는 이들도 많다. 이런 사람들이 찾는 대표적인 상품이 은행의 정기예금이다. 문제는 낮은 금리다. 2025년 6월 기준 주요 시중은행에서 가입할 수 있는 정기예금 금리는 연 2%대 초반 수준이다. 저축은행 예금금리도 연 2%대 후반까지 내려왔다.

이런 금리 인하 흐름에서 주목받는 상품이 있다. 정부가 2023년 선보인 정책금융상품인 '청년도약계좌'가 그 주인공이다. 이 상품은 최고금리가 연 6%로 높은 데다 소득 기준만 맞으면 정부 기여금과 비과세 혜택까지 받을 수 있다. 모든 혜택을 적용받을 경우 일반 적금 기준으로 연 9.54%에 달하는 이자를 챙길 수 있다.

5년 후 5,000만 원을 손에 쥐는 적금 상품

청년도약계좌는 청년들의 중장기적인 자산 형성을 지원하는 정책금융상품이다. 상품명이 '계좌'여서 성격이 헷갈릴 수 있지만 일종의 적금 상품이다. 매달 일정 금액을 5년간 납입하면 만기에 '본인 저축액+정부기여금(월 최대 3만 3,000원)+은행 이자'에 해당하는 금액을 함께 받을 수 있다.

이 상품은 "월 70만 원씩 5년간 적금하면 5,000만 원을 모을 수 있다"라는 슬로건을 앞세워 가입자를 끌어모았다. 청년도약계좌 누적 가입자 수는 약 200만 명까지 불어났는데, 이는 가입 가능한 청년 추산 인구(600만 명)의 약 3분의 1에 달한다.

청년도약계좌의 금리는 최고 연 6%다. 저소득층(총급여 2,400만 원

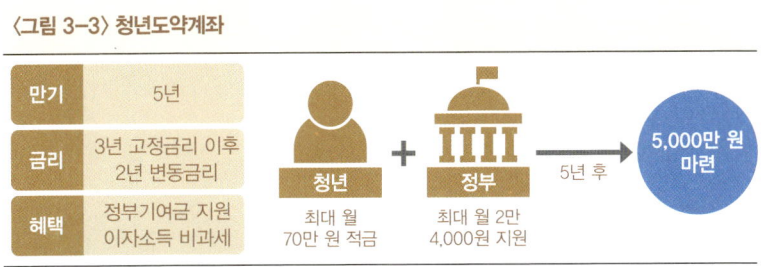

〈그림 3-3〉 청년도약계좌

※ 3년 고정금리는 최고 연 6.0%
출처: 〈한국경제신문〉

〈표 3-8〉 청년도약계좌 만기 수령금

소득 구간	정부 기여금(월)	만기 수령금
2,400만 원 이하	3.3만 원	5,061만 원
2,400만 원 초과~3,600만 원 이하	2.9만 원	4,981만 원
3,600만 원 초과~4,800만 원 이하	2.5만 원	4,956만 원
4,800만 원 초과~6,000만 원 이하	2.1만 원	4,928만 원

※ 매월 70만 원(5년간 4,200만 원) 납입 기준
출처: 금융위원회

이하)은 0.5%p의 우대금리를 포함해 최고 6.0% 금리를 적용받고, 저소득층이 아닌 경우 최고 연 5.5% 이자를 챙길 수 있다. 앞으로 저금리 국면이 장기간 이어질 것이란 전망이 많은데, 5년간 연 5.5~6% 금리에 돈을 묻어둘 수 있는 건 엄청난 메리트다. 납입 한도는 월 70만 원 이내에서 가입자가 자유롭게 선택할 수 있다.

가입자가 기대할 수 있는 실제 수익률은 연 6% 이상이다. 총급여 6,000만 원 이하면 정부가 일종의 지원금인 기여금을 붙여준다. 청년도약계좌 가입자 모두에게는 이자소득세 및 농어촌특별세 비과세가 적용된다. 정부 지원금과 비과세 혜택 등을 모두 고려하면 실질금리 수준은 더 높다는 뜻이다.

2025년부터 만기 때 받을 수 있는 금액도 더 늘었다. 담당 부처인 금융위원회가 청년도약계좌의 월 최대 기여금을 기존 2만 4,000원에서 3만 3,000원으로 늘렸기 때문이다. 총급여 2,400만 원 이하 가입자가 월 70만 원씩 5년간 가입하면 4,200만 원을 납입해 만기 때 최대 5,061만 원을 가져갈 수 있다. 연 9.54% 일반 적금에 가입한 것과 같

은 효과다. 총급여 3,600만 원 이하는 만기 때 최대 4,981만 원, 총급여 4,800만 원 이하는 최대 4,956만 원을 받을 수 있다. 신규 가입자뿐 아니라 2024년 이전에 가입했더라도 2025년부터는 더 많은 기여금을 받을 수 있다.

금리 변동과 '5년 만기'라는 한계를 넘어서다

2023년 청년도약계좌가 출시됐을 때만 하더라도 한계가 크다는 비판이 많았다. 당시만 해도 시중금리가 지금보다 높아 청년도약계좌의 메리트가 떨어졌기 때문이다. 일반 시중은행의 적금 중에도 연 7~8% 고금리 상품이 있다 보니 만기가 5년이나 되는 청년도약계좌에 가입할 이유가 적었다.

그러나 금리가 내리기 시작하면서 상황이 바뀌었다. 2023년 최고 연 4%대에 달했던 5대 은행의 1년 만기 정기예금 금리는 최근 연 2%대 초반까지 내려왔다. 자연스럽게 청년도약계좌의 금리 메리트는 올라갔다. 은행권에서 연 6~9% 수준의 금리는 더 이상 찾아보기 어렵다. 청년도약계좌는 다른 적금 상품과 비교해 우대금리 조건이 까다롭지 않고, 월 불입한도(70만 원)가 넉넉한 편이다. 예금자보호(5,000만 원 이내)도 받을 수 있어 원금 손실 가능성은 사실상 0에 가깝다.

또 하나의 한계로 지적받았던 '5년이라는 긴 만기'도 상당 부분 보완됐다. 2024년 금융위원회는 청년도약계좌의 특별중도해지 사유로

'혼인'과 '출산'을 추가했다. 청년들이 결혼이나 출산 때 목돈을 쓰기 위해 적금을 깨는 경우가 많은데, 이 같은 사유로 청년도약계좌를 만기 이전에 해지하더라도 우대금리와 기여금, 비과세 등을 모두 보장한다는 의미다.

기존에는 5년 동안 계좌를 유지하지 못하면 기여금을 모두 환수했지만, 2025년부터 3년 이상 상품을 유지한 가입자에게도 비과세와 기여금 일부(60%) 지급을 유지하기로 했다. 만기 전에 일부 원금을 중도 인출하는 것도 가능해졌다. 2025년 하반기부터는 2년 이상 계좌를 유지한 경우 납입원금의 40% 이내에서 부분 인출할 수 있다.

청년도약계좌는 5대 시중은행(국민·신한·하나·우리·농협)과 기업·iM·부산·경남·광주·전북은행 등 총 11개 은행에서 가입할 수 있다. 계좌 개설일 기준 만 19~34세, 직전 과세 기간 총급여가 7,500만 원 이하 등의 요건을 충족하면 된다. 최고금리는 모두 연 6%로 동일하지만, 은행마다 기본금리와 우대금리에 차이가 있다. 은행연합회 소비자포털에서 은행별 우대금리 조건을 한눈에 확인할 수 있으니 각자에게 유리한 은행을 선택하면 된다.

한 가지 유의할 점은 있다. 청년도약계좌는 윤석열 정부가 청년층의 자산 형성을 위해 제시했던 공약이었다. 2025년 6월 출범한 이재명 정부는 대선 공약에서 '청년미래적금(가칭)' 상품을 만들겠다고 공언했다. 청년도약계좌를 그대로 활용할 수도 있지만 청년도약계좌 대신 새로운 상품을 출시할 가능성도 있다. 정부 방침에 따라 청년도약계좌 판매가 언제든 중단될 가능성이 있다는 뜻이다.

08
고수익보다 안정적인 절세 전략, 저축보험

많은 사람이 금리 인하를 앞두고 부랴부랴 은행 정기예금에 가입한다. 앞으로 예금금리가 낮아지기 전에 미리 가입하자는 생각에서다. 하지만 은행 예·적금은 최장 만기가 통상 3년에 그치고, 만기가 길어질수록 금리가 오히려 내려가는 문제가 있다. 그러면 원금 보장이 되는 안전자산 가운데 고금리를 오랫동안 보장받을 수 있는 상품은 무엇이 있을까?

저축보험의 최대 강점, 비과세 혜택

5~10년 이상 장기간 저축하길 희망한다면 보험사에서 판매하는 저축

성 보험을 눈여겨볼 만하다. 보험 상품은 크게 보장성 보험과 저축성 보험으로 나뉜다. 보장성 보험은 사망보험, 암보험처럼 질병이나 상해 등을 대비하기 위한 상품이다. 이와 달리 저축성 보험은 말 그대로 목돈을 마련하거나 노후 생활 자금을 모으기 위한 상품이다.

저축성 보험은 계약 때 약속한 금리가 만기 때까지 유지되는 확정금리형과 매달 금리가 바뀌는 금리연동형(변동형)으로 나뉜다. 향후 금리가 내려갈 것으로 예상한다면 확정금리형 상품에 가입하는 편이 낫다.

저축성 보험의 최대 강점은 비과세 혜택이다. 일반적으로 은행 예·적금 등 이자가 발생하는 금융상품에는 이자소득세 15.4%가 부과된다. 예를 들어 연 3% 금리의 1년 만기 정기예금에 1억 원을 맡겼다고 가정해보자. 세전이자는 300만 원이지만 이 중 46만 2,000원을 세금으로 내야 한다.

반면 저축성 보험은 일정 조건을 충족하면 세금을 내지 않아도 된다. 일시납 저축성 보험은 10년 이상 유지하고 납입 금액이 1억 원 이하인 경우 비과세가 적용된다. 적립식 저축성 보험은 5년 이상 납입 및 10년 이상 유지하고, 월납 보험료가 150만 원 이하인 경우 세금이 면제된다.

이자소득세 비과세 요건을 충족할 경우 금융소득종합과세 대상에서도 제외된다. 이자소득과 배당소득 등을 합해 연 2,000만 원이 넘으면 최대 49.5% 누진세율을 적용받는 금융소득종합과세 대상이 되는데, 저축성 보험의 이자소득은 2,000만 원을 계산할 때 제외된다는 의

〈표 3-9〉 저축성 보험 장단점

장점	· 이자소득세 비과세 · 5년 이상 장기간 금리 고정
단점	· 비싼 수수료 및 사업비 · 가입 후 중도해지 시 원금 손실 가능

출처: 〈한국경제신문〉

〈표 3-10〉 저축성 보험 비과세 요건

구분	요건
일시납	10년 이상 유지, 납입금액 1억 원 이하
월 적립식	5년 이상 납입, 10년 이상 유지, 월 보험료 150만 원 이하

출처: 〈한국경제신문〉

미다. 소득세를 줄이는 효과가 있을 뿐만 아니라 건강보험료 부과 기준에서도 제외돼 건보료 부담도 낮출 수 있다.

1억 원을 초과해 가입하는 경우 비과세 혜택은 없지만 과세이연 효과를 기대할 수 있다. 저축성 보험의 이자소득세는 수령액이 납입 원금을 초과하는 순간부터 과세된다. 즉, 만기 시점에 원리금을 한꺼번에 수령하지 않고 원금을 초과하는 이자는 나눠서 인출하는 전략을 쓰면 된다. 이때 수령할 이자가 다른 금융소득과 합산해 연간 2,000만 원이 넘지 않도록 조절해 수령해야 한다.

실제로 금융소득이 많이 발생하는 고액 자산가들에게 저축성 보험은 절세 '효자' 상품으로 꼽힌다. 김정은 NH농협은행 WM전문위원은 "고액 자산가들은 단순 수익률만 좇기보다는 금융자산에서 안정적인 수익을 확보하면서 절세를 하기를 원한다"라며 "(일시납 저축성 보험) 비과세 한도인 1억 원을 초과하더라도 과세이연에 포커스를 맞쳐 상품에 가입하는 경우가 많다"라고 설명했다.

표면금리보다 환급률을 체크하라

저축보험 가입 전 반드시 짚어봐야 할 사항이 있다. 바로 상품의 '표면금리'만 보고 가입해선 안 된다는 점이다. 저축보험은 은행 예·적금과 달리 사망·재해 보장 기능이 있어 사업비(수수료)가 발생하기 때문이다. 보험에 가입할 때 사업비를 제하기 때문에 실제 받는 이자는 납입 보험료에 표면금리를 곱해 계산한 금액보다 적을 수 있다. 저축보험의 공시이율과 은행의 예금금리가 똑같이 3%라도 실제 이자는 다를 수 있다는 의미다.

저축성 보험에 가입할 때는 만기 시 해약환급금이 얼마인지가 더 중요하다. 예를 들어 가입 시 1억 원을 일시에 납부했다면 10년 뒤 얼마를 돌려받는지 확인해야 한다. 상품설명서와 약관 등에 관련 내용이 있으니 꼼꼼히 확인하도록 한다.

저축성 보험은 설계사를 통해 가입하는 것보다 비대면으로 가입하는 것이 유리한 경우가 많다. 인터넷 전용 상품은 방카슈랑스(프랑스어 Banque와 Assurance의 합성어로 은행이 판매하는 보험상품을 뜻한다) 또는 설계사를 통해 가입한 상품보다 수수료가 적기 때문이다. 실제로 최근 나온 인터넷 전용 상품의 경우 가입 후 1개월여만 지나도 환급률이 100%를 넘도록 설계돼 있다.

그렇다면 가장 환급률이 높은 저축성 보험은 어느 회사 상품일까? 생명보험협회와 손해보험협회에서 운영하는 '보험다모아' 웹사이트에서는 저축성 보험 상품별 환급률을 공시하고 있다.

2025년 6월 기준금리 확정형 상품 중에서는 NH농협손해보험의 '(무)헤아림NH다솜저축보험'의 환급률이 가장 높다. 10년 만기 시 130.8%를 보장한다. 1억 원을 일시납으로 가입하면 10년 뒤 1억 3,000만 원가량을 세금 없이 그대로 돌려받을 수 있다는 뜻이다. 은행 예금으로 계산하면 연 3.0%(단리 기준) 수준이다.

당장 목돈은 없지만 장기간 꾸준하게 저축하고자 한다면 적립식 보험도 눈여겨볼 만하다. 적립식 보험 역시 '보험다모아' 웹사이트에서 상품별로 비교할 수 있다. 최근에는 금융소비자 입장에서 좀 더 접근성이 큰 채널도 생겼다. 네이버페이가 주요 보험사의 저축성 보험을 한눈에 비교하고 추천받을 수 있는 서비스를 업계 최초로 출시한 것이다. '보험다모아'에서 상품 정보만 비교할 수 있는 것과 달리, 네이버페이 서비스에서는 상품 비교 후 가입까지 한 번에 할 수 있다.

저축성 보험에 가입할지 고민이라면 꼭 염두에 둬야 할 사항이 있다. 저축성 보험은 '단기' 상품이 아닌 5~10년 이상 '장기' 상품이라는 점이다. 예를 들어 3년 이하로 목돈을 묻어두고자 한다면 은행 예금이 수수료, 금리 등 여러 측면에서 유리하다. 저축보험과 은행의 저축 상품은 서로 다른 특성이 있기 때문에 이를 반드시 감안해야 한다.

09
개인연금보험으로 노후 대비를 완성하라

KB금융지주 경영연구소가 2023년 발표한 〈KB골든라이프 보고서〉에 따르면 우리나라 가구의 노후 적정 생활비는 평균 월 369만 원으로 나타났다. 전국 주요 도시에 거주하는 20~79세 남녀 3,000명을 대상으로 실시한 설문조사 결과를 바탕으로 나온 수치다. 가구 유형별로 생각하는 적정 생활비는 부모·자녀 가구 월 402만 원, 부부 가구 월 366만 원, 1인 가구 월 299만 원이었다.

그렇다면 노후 대비 수준은 어떨까. 일정 나이 이상이 되면 받는 국민연금(노령연금) 수령액은 인당 평균 월 62만 원(2023년 기준)에 불과하다.

이는 1인 기준 최저생계비인 116만 원의 절반 수준에 그친다. 국민연금만으로는 안정적인 노후 대비가 불가능하다는 의미다.

국민연금의 한계를 보완하는 3층 연금 구조

이런 국민연금의 한계를 보완하기 위해 정부는 '3층 연금 구조'를 마련했다. 기초생활을 보장하는 국민연금(1층)에 더해 퇴직연금(2층), 개인연금(3층)을 통해 안정적이고 여유 있는 노후 생활을 준비할 수 있도록 한 것이다. 직장인이라면 의무적으로 적립되는 퇴직연금과 달리 개인연금은 본인 재량에 따라 상품에 가입할 수 있다.

개인연금은 크게 세제적격 연금과 세제비적격 연금으로 나뉜다. 세제적격 연금은 흔히 '연금저축'으로 알려진 상품과 개인형 퇴직연금(IRP)을 통칭한다. 여기서 집중적으로 살펴볼 것은 세제비적격 연금이다. 세제비적격 연금의 대표적 상품은 연금보험이다. 연금보험은

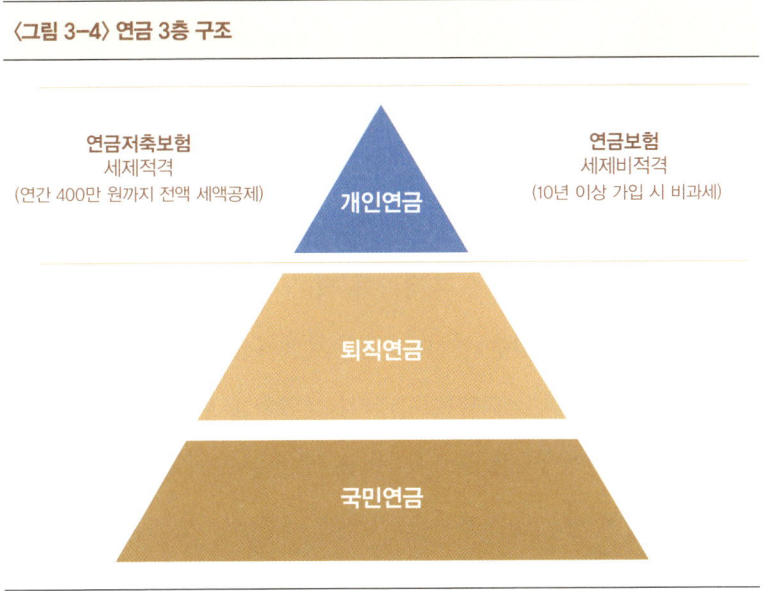

〈그림 3-4〉 연금 3층 구조

출처: 〈한국경제신문〉

보험료를 미리 납입하고 노후에 약속한 일정 금액을 연금으로 지급받는 상품이다. 저축성 보험의 한 종류로 생명보험사에서 판매하고 있다.

보험사가 판매하는 상품을 살펴보면 연금보험과 연금저축보험의 두 종류가 있다. 이름은 비슷하지만 완전히 다른 상품으로, 전자는 세제비적격, 후자는 세제적격 연금 상품이다. 연금저축보험은 납입한 금액의 일정 비율만큼 세액공제를 받고 연금 수령 시에는 3.3~5.5% 세금을 내는 상품이다. 반면 연금보험은 보험료 납입 기간에는 세제 혜택이 없지만 연금 수령 시에는 이자소득세가 비과세된다는 장점이 있다.

연금보험은 만 45세부터, 연금저축보험은 만 55세 이후부터 연금 수령이 가능하다. 연금저축보험은 손해보험사와 생명보험사에서 모두 가입할 수 있지만 일반 연금보험은 생명보험 전용 상품이다. 연금저축보험 중에서도 연금을 사망 시까지 받을 수 있는 상품은 생명보험사에만 있다. 증권사나 은행 등 다른 업권을 통틀어도 '죽을 때까지 받을 수 있는 연금'은 연금보험이 유일하다.

연금보험은 수령 방법에 따라 크게 세 가지 종류로 나뉜다. 사망할 때까지 평생 연금을 받는 종신형, 일정 기간에만 연금을 받는 확정형, 이자만 연금으로 받고 원금은 사망 시 자녀에게 물려주는 상속형 등이다. 물론 두 가지 이상의 수령 방법을 조합할 수도 있다.

보험료 납입 방법도 상품마다 다르다. 매달 일정한 보험료를 납입할 수도 있고, 목돈을 한꺼번에 납입한 후 연금을 분할 수령하는 상품도 있다. 또 운용 실적에 따라 보험금이 바뀌는 변액연금보험도 있다. 본인의 자금 여력과 투자 성향 등에 따라 적합한 상품을 고르면 된다.

연금보험에 가입하기 전에는 비과세 요건을 꼼꼼히 살펴봐야 한다. 일시납 연금보험은 10년 이상 유지하고 납입 금액이 1억 원 이하인 경우 비과세를 적용받는다. 월 적립식 연금보험은 5년 이상 납입하고 10년 이상 유지하며 월납 보험료가 150만 원 이하인 경우, 종신형 연금보험은 55세 이후부터 사망 시까지 연금 형태로만 보험금을 수령하는 경우 이자소득 비과세가 적용된다.

비과세가 적용된 연금소득은 금융소득종합과세와 건강보험료 산정 소득에서도 제외된다. 절세에 관심이 큰 고액 자산가들이 연금보험을 선호하는 까닭이다. 은퇴 후 건강보험료나 금융소득종합과세 부

〈그림 3-5〉 연금보험과 연금저축보험 비교

연금저축보험		연금보험
연말정산 세액공제 혜택이 필요하다면?		연말정산 혜택보다 더 많은 연금이 필요하다면?
직장인, 자영업자 등	추천 대상	연금저축 가입자, 주부 등
매년 연말정산 시 최대 99만 원 세액공제 (관련 세법 충족 시)	세제 혜택	연금 수령 시 이자소득세 15.4% 비과세 (5년납 10년 이상 유지 시 월납입 150만 원 한도 내 적용)
만 55세부터	연금 개시	만 45세부터
최대 150만 원까지	납입 금액	제한 없음

출처: 〈한국경제신문〉

담을 줄이고 싶다면 연금보험에 미리 가입하는 것이 좋다.

확정금리형 연금보험으로 금리 인하에 대비하라

연금보험을 선택할 때는 공시이율과 최저보증이율을 반드시 체크해야 한다. 쉽게 말하면 공시이율은 은행의 예금금리에 해당한다. 공시이율에 따라 매년 받는 연금액이 달라진다. 최저보증이율은 시장 상황과 무관하게 확정적으로 보장받을 수 있는 이율을 뜻한다. 최저 연금액을 결정하는 중요한 안전장치로 높은 최저보증이율을 보장하는 상품에 가입하는 것이 유리하다.

예를 들어 KB라이프가 2025년 6월 출시한 'KB 트리플레벨업 연금보험(무)'은 가입 후 7년이 지난 시점에는 납입한 기본보험료의 100%를 보장한다. 10년이 경과하면 130%, 연금 개시 시점에는 기본보험료의 130%에 매년 2%를 더한 금액을 최저 보증한다.

iM라이프가 비슷한 시기 출시한 'iM스타트·마스터·트래블 프로변액연금보험' 3종은 최대 40년간 연 7% 단리, 이후 연 5% 단리로 이자를 더한 연금액을 보장한다. 복리를 기준으로 하면 연 4.5% 수준이다. 변액보험이므로 운용 성과에 따라 더 많은 보험금을 받을 수도 있다.

최근에는 금리 인하기를 맞아 확정금리형 연금보험이 인기를 끌고 있다. 일정 기간(5년 또는 10년) 동안 약정된 금리를 보장하는 상품인데, 고금리를 오랜 기간 적용받을 수 있다는 장점이 있다. 단, 일부 연금보험 상품은 장기간 유지하지 못하면 원금 손실 가능성이 있으므로 주의해야 한다. 보험 가입 후 일정 기간 내에 해약하면 그동안 냈던 보험료를 모두 돌려받지 못할 수 있다.

10

필요할 때 미리 받는 종신보험 사망금

10~20년 전만 해도 종신보험은 '필수품'으로 여겨졌다. 종신보험은 피보험자가 사망했을 때 보험금을 지급하는 사망보험이다. 예전에는 가장이 예상치 못한 사고를 당했을 때 남겨질 가족들을 위해 종신보험을 한두 개씩 가입하는 것이 일종의 문화였다. 종신보험 단일 상품의 계약 건수만 1,600만 건이 넘을 정도로 많은 인기를 끌었다.

하지만 최근 젊은 재테크족 가운데 종신보험에 스스로 가입하는 경우는 많지 않다. 맞벌이와 저출산 등 사회·인구구조 변화가 맞물리며 종신보험 인기는 빠르게 사그라들었다. 당장 노후 준비가 급급한데, 본인이 사망한 뒤에나 받을 수 있는 보험금은 너무 먼일처럼 느껴져서다. 남겨질 가족보다 본인의 노후가 더 걱정되는 사람들이 많다.

문제는 과거 종신보험에 가입해 매달 비싼 보험료를 내고 있는 사람들이다. 보험을 해약하자니 그동안 냈던 보험료를 모두 돌려받을 수도 없는 경우가 대부분이다. 대부분 종신보험은 보험료 납입 기간 도중에 해약할 경우 원금의 일부만 돌려받을 수 있어 손실을 입을 위험이 있다. 이런 사람들에겐 종신보험의 '연금 전환' 기능이 좋은 대안이 될 수 있다.

당장 쓸 돈이 필요하다면 '연금 전환 특약'

먼저 말해둘 것이 있다. 종신보험은 저축성 상품이 아닌 보장성 보험이란 점이다. 앞선 장에서 설명했듯 보장성 보험은 사망이나 질병 등 만일의 사고로 인한 손해를 대비하기 위한 상품이다. 종신보험, 암보험 등이 대표적인 보장성 보험이다. 반면 저축성 보험은 만기 시 보험금이나 연금이 지급되는 저축 기능에 초점을 맞춘 상품이다. 상품명에 '저축' 또는 '연금' 등이 포함돼 있다면 통상 저축성 보험으로 볼 수 있다.

당장 노후에 쓸 돈이 필요하다면 종신보험의 '연금 전환' 특약을 고려해볼 수 있다. 연금 전환을 신청하면 종신보험의 해약환급금을 재원으로 연금을 지급한다. 즉, 종신보험 가입 기간에는 사망 위험을 대비하고, 고객이 원하는 시점에 노후 연금으로 활용할 수 있다. 예를 들어 경제활동을 하는 30~50대에는 보험료를 내면서 혹시 모를 사망에 대비하고, 60대 이후에는 연금으로 전환해 본인의 생활비에 보태

쓸 수 있다.

연금 지급 방식은 확정형, 종신형, 조기집중형 등으로 다양하다. 확정형은 본인이 지정한 연금 수령 기간에 정액으로 연금을 받는 방식이다. 종신형은 사망 시점까지 평생 연금을 받을 수 있는 상품이다. 확정형과 비교했을 때 매달 수령액은 상대적으로 적지만 고객이 장수할수록 유리하다. 조기집중형은 선택한 보증 기간 동안 연금을 두 배로 집중해서 받을 수 있어 초기 자금이 필요한 경우 유용하게 활용할 수 있다.

보장성 상품인 종신보험의 연금 전환 조건

그렇다면 모든 종신보험은 연금으로 전환할 수 있을까. 정답은 "아니요"다. 종신보험을 연금으로 전환하려면 몇 가지 조건을 충족해야 한다. 먼저 보험료 납입이 끝난 상태여야 한다. 예를 들어 보험료를 20년간 납입하는 상품이라면 가입 후 20년 뒤에 연금으로 전환할 수 있다는 의미다. 보험료를 한 번에 내는 일시납 상품은 가입 후 5년 이상 지나야 한다.

종신보험의 연금 전환 가능 나이는 통상 45~80세다. 보험계약대출이 남아 있다면 연금으로 전환할 수 없기 때문에 남은 대출을 먼저 상환해야 한다.

가장 결정적으로 본인이 가입한 상품에 연금 전환 특약이 있는 경

〈표 3-11〉 종신보험 연금 전환 조건

① '연금 전환 특약' 있는 상품
② 보험료 납입 완료 또는 가입 후 7~10년 경과
③ 보험계약대출 상환 필수
④ 통상 45~80세에 연금 개시 가능

출처: 〈한국경제신문〉

우에만 종신보험을 연금 형태로 바꿀 수 있다. 연금 전환 특약이 없는 종신보험은 현재로선 계약을 해지하는 것 외에는 노후 자금을 마련할 방법이 없다.

하지만 이런 상품에 가입한 사람들에게 희소식이 최근 전해졌다. 정부가 20~30년 전에 판매한 종신보험도 사망보험금을 담보로 연금처럼 수령할 수 있도록 하는 방안을 추진하기로 한 것이다. 연금 전환 특약이 없는 종신보험도 2025년 하반기부터는 보험금을 생전에 미리 받을 수 있게 된다. 정부는 이런 혜택이 적용될 종신보험이 약 362만 건에 달할 것으로 추정했다.

보험금 제공 방식은 연금형과 서비스형으로 나뉠 것으로 예상된다. 연금형은 사망보험금의 일정 비율을 연금 방식으로 지급하는 방식이다. 반면 고객이 보험금 대신 요양시설 입주권, 헬스케어 이용권 등의 서비스로 받는 것도 허용된다. 앞으로는 종신보험의 사망보험금 대신 연금을 받거나 요양시설에 입주하는 등 용도가 더욱 다양해질 것으로 예상된다.

종신보험을 연금으로 전환할 경우 소비자 입장에서 유의할 점도 있다. 먼저 종신보험은 저축성 상품이 아니란 점을 명심해야 한다. 일

<표 3-12> 정부가 추진하는 사망보험금 유동화

개시 연령	월 수령액	총 수령액
65세	18만 원	4,370만 원
70세	20만 원	4,887만 원
75세	22만 원	5,358만 원

※ 20년 납입, 1억 원 보장 상품 기준

부 보험설계사는 "종신보험의 연금 전환 특약을 활용해 노후를 대비하라"라고 조언하는데, 이는 절반만 맞는 얘기다.

종신보험은 기본적으로 보장성 상품이므로 저축성 상품보다 사업비와 위험보험료 비중이 매우 크다. 그렇다 보니 같은 보험료를 납입한 연금보험보다 수령액이 적을 가능성이 크다. 애초 보험에 가입하는 목적이 연금 수령, 노후 대비 등이라면 연금보험이나 다른 저축 상품을 선택하는 것이 훨씬 유리하다.

종신보험을 연금으로 전환하는 경우 저축성 보험으로 분류돼 비과세 요건도 달라진다. 기존 종신보험의 비과세 요건을 모두 충족하고 있더라도 연금으로 바꾼 뒤에는 '리셋'이 되는 셈이다. 기본적으로는 연금 전환일부터 다시 10년 이상 보험계약을 유지해야 한다. 좀 더 구체적으로는 전환 방식이 일시납인지, 거치식인지에 따라 세부 요건이 달라지는데, 일시납으로 전환 시 보험료가 총 1억 원 이하여야만 비과세를 적용받을 수 있다. 적립금을 거치식 연금보험으로 전환할 경우는 월 150만 원 이하의 보험료를 5년 이상 납입해야 한다.

PART 4.

안정된 노후의 필수 선택, 주택연금

01
주택연금으로 무노동 현금 손에 쥐기

4부에서는 주택연금에 대해 집중적으로 다룬다. 주택연금은 개인이 소유한 집을 공기업인 한국주택금융공사에 담보로 제공하고 계속 거주하기만 하면 매달 수십만 원에서 수백만 원의 현금을 평생 지급받는 사회보장제도다. 돈을 벌기 위해 별다른 노동을 하지 않고도 죽을 때까지 넉넉한 소득을 꾸준히 챙길 수 있는 유용한 수단이다.

우선 주택연금이 왜 필요한지부터 차례로 알아보자.

'노인빈곤율 1위.' 한국의 부실한 노후 복지 제도와 노인 빈곤 문제를 언급할 때 항상 등장하는 표현이다. 실제로 현실이 그렇다. OECD에서 발표한 〈한눈에 보는 연금 2023(Pension at a glance 2023)〉에 따르면 한국의 노인빈곤율은 2020년 기준 40.4%로 OECD 회원국 중 압도적 1위다. OECD 평균(14.2%)과 비교하면 3배에 육박한다.

이 같은 한국의 노인 빈곤 통계를 쉽사리 납득하지 못하는 사람들도 많다. 이젠 세계 어느 국가와 비교해도 분명 선진국으로 분류되는 나라가 한국이니 말이다.

함정은 노인빈곤율을 집계하는 기준이 자산이 아닌 소득에 있다는 점이다. 정답부터 말하자면 한국의 노인빈곤율이 높은 이유는 고령층이 가난해서가 아니라 돈이 없기 때문이다. 더 정확하게 표현하자면 한국 고령층의 자산 대부분은 부동산에 집중된 탓에 자산은 크지만 당장 쓸 수 있는 현금이 부족하다.

국가데이터처에 따르면 가구주가 65세 이상인 고령가구의 평균 자산은 2023년 기준 5억 714만 원이다. 평균 자산이 5억 원을 넘으니 한국에 거주하는 고령층이 마냥 가난하다고 볼 수는 없다.

문제는 고령층의 전체 자산 중에서 부동산이 4억 1,242만 원으로 81.3%를 차지한다는 점이다. 빠르게 현금화해서 쓸 수 있는 금융자산은 15.9%(8,080만 원)에 불과하다. 그런데 OECD가 집계하는 노인빈곤율은 노인 중 평균 소득이 전체 가구의 중위 가처분소득 대비 50% 미만인 비율을 의미하는 것으로, 실물자산을 고려하지 않는다. 한국 고령층은 자산의 약 80%가 부동산에 집중됐는데 마땅한 소득은 없으니 노인빈곤율이 높은 것이다.

2025년 기준 70~80대에 속하는 1940~1950년대생 고령층은 산업화 시기에 경제활동을 하며 부를 일궜을 가능성이 크지만, 자녀교육과 뒷바라지로 남은 자산이라고는 집 한 채가 전부인 경우가 많다. 안정적 노후를 보장하기 위한 사회보장제도인 국민연금도 1988년에야 처음 도입됐기 때문에 1990년대 이전에 은퇴한 고령층은 국민연금을 아예 받지 못하는 경우도 많다. 실제로 65세 이상 인구 중에서 국민연금 수급자의 비중은 2023년 기준 51.2%에 불과할 정도다.

이처럼 부동산에 편중된 국내 고령층의 자산을 매달 일정한 소득으로 현금화해주는 제도가 바로 주택연금이다. 앞서 설명했듯이 주택연금은 주택 소유자가 집을 공기업인 한국주택금융공사에 담보로 제공하고, 집에 살기만 하면 평생 매달 일정 금액을 받을 수 있도록 국가가 보증하는 제도다. 쉽게 말해 소유 주택을 정부에 주는 대신, 해당 주택에 그대로 살면서 주택 가격에 준하는 금액을 죽을 때까지 매달 나눠 받는 제도인 것이다.

집이 비쌀수록, 나이가 많을수록 더 많이 받는다

그러면 주택연금에 가입하면 얼마나 많은 금액을 받을 수 있는지 알아보자. 우선 주택연금은 가입 당시 주택의 가격과 가입자 연령에 따라 모두 다르다. 가입 시점을 기준으로 나이가 많을수록, 주택 가격이 비싸면 비쌀수록 매달 받는 금액이 커진다.

예를 들어 70세 노인이 현재 시세가 3억 원인 집으로 주택연금에 가입하면 매달 89만 2,000원을 받는다. 집값이 12억 원인 경우는 70세 노인이 가입하면 매달 327만 5,000원을 지급받는다. 극단적인 경우이긴 하지만 90세 노인이 시세 12억 원인 집으로 주택연금에 가입하면

〈표 4-1〉 주택 가격에 따른 연령별 주택연금 월 수령액

일반주택(종신지급, 정액형)

주택 가격 나이	1억 원	3억 원	5억 원	7억 원	9억 원	12억 원
55	147	443	739	1,035	1,331	1,774
60	200	600	1,001	1,402	1,802	2,403
65	242	727	1,212	1,698	2,183	2,911
70	297	892	1,487	2,082	2,677	3,275
75	371	1,113	1,855	2,598	3,340	3,535
80	474	1,424	2,374	3,324	3,936	3,936

※ 단위: 천 원
※ 2025년 3월 기준
출처: 한국주택금융공사

매달 받는 돈이 595만 5,000원에 달한다.

그렇다면 주택연금은 누구든지 언제나 가입할 수 있을까? 그렇지 않다. 가입 자격이 제한돼 있다. 우선 부부 중 한 명이라도 나이가 55세 이상이어야 한다. 그리고 소유 주택의 공시가격이 12억 원 이하여야 주택연금에 가입할 수 있다. 공시가격 12억 원은 시세로 환산하면 약 17억 원 정도다. 이런 기준을 충족해 주택연금에 가입하면 가입자뿐만 아니라 가입자의 배우자가 세상을 떠날 때까지 주택연금이 매달 지급된다.

만약 주택연금 가입자와 배우자가 모두 일찍 사망해 생각만큼 주택연금을 많이 받지 못했다면 어떻게 될까? 괜히 손해만 보는 게 아닌지 우려할 수도 있지만 크게 걱정할 필요는 없다. 부부가 모두 일찍 사망하면 한국주택금융공사가 주택을 처분하고, 처분한 금액이 지금까지 부부에게 지급한 주택연금 총액보다 많으면 차액을 상속자에게

지급한다. 쉽게 말해 집값보다 주택연금으로 받은 금액이 적으면 정부가 알아서 자식들한테 차액을 물려준다는 의미다. 만약 집이 처분되기 전에 부부에게 지급돼온 주택연금에 이자까지 합친 금액을 상속자가 한국주택금융공사에 모두 갚으면 집을 물려받을 수도 있다.

그런데 혹시 집값보다 주택연금으로 받아온 금액이 많다면 부부가 모두 사망하고 나서 자식들에게 피해가 가진 않을까? 정답부터 말하자면 그렇지 않다. 한국주택금융공사가 주택을 처분하고 남은 금액보다 주택연금으로 지급한 총액이 크더라도 상속인에게 아무런 추가 비용을 청구하지 않는다. 즉, 집값보다 주택연금 수령액이 적으면 차액을 자식에게 물려줄 수 있고, 집값보다 주택연금 수령액이 많으면 자식들에게 아무런 피해를 주지 않으면서 평생 충분한 현금을 받으며 살 수 있다.

주택연금에 가입할 때 주의해야 할 부분도 있다. 주택연금에 가입해 평생 달마다 받게 될 월 수령액은 가입하는 시점의 주택 시세에 의해 결정된다. 미래에 집값이 오르더라도 주택연금 수령액은 변하지 않는다는 의미다. 주택연금에 가입한 직후 집값이 많이 오르면 상대적으로 아쉬운 마음이 들 수 있다. 이에 집값이 단기적으로 급등할 것으로 예상되는 동시에 당장 현금흐름이 부족하지 않은 경우라면 주택연금 가입 시기를 늦추는 것이 유리할 수도 있다. 반면 당장 노후빈곤에서 벗어나기 위해 현금이 필요하고 그동안 거주하던 집에서 계속 안정적으로 살고 싶다면 빠르게 주택연금에 가입하는 게 합리적인 선택이다.

02

공시가로 '집값'을 정하는 건 손해일까

〈그림 4-1〉 주택연금 기사에 달린 댓글 사례

출처: 네이버 기사 댓글

'주택의 시세를 실거래가가 아니라 공시가격으로 (평가)한다는 것이 함정.'

'(집값이) 공시가격 기준이라 엄청 손해임.'

필자가 주택연금과 관련한 기사를 작성한 후 달린 댓글 일부다. 실제로도 이처럼 오해하는 독자가 많다. 주택연금제도를 운용하는 한국주택금융공사가 주택의 가치를 평가할 때 시세보다 훨씬 낮은 공시가격을 기준으로 삼고, 이로 인해 주택연금에 가입해도 실제 집값에 비해 충분한 연금을 지급받지 못한다는 불만이다. 이런 불만은 사실 절반만 맞고 절반은 틀린 생각이다. 왜 절반만 맞고 절반은 틀린지 그 이유를 차근차근 알아보고, 가치평가를 최대한 많이 받는 방법도 알아보자.

주택연금 월 수령액의 결정 기준

주택연금은 개인이 소유한 집을 공기업인 한국주택금융공사에 담보로 제공하고 집에 계속 살기만 하면 매달 수십만 원에서 수백만 원의 현금을 사망할 때까지 받는 사회보장제도다. 가입자와 배우자가 모두 사망하면 집의 소유권이 한국주택금융공사로 넘어가지만, 자산이라고는 집 한 채가 전부인 고령층에겐 별다른 노력 없이 넉넉한 소득을 매달 챙길 수 있는 유용한 제도다.

주택연금 가입을 고민하는 소비자에게 중요한 것은 결국 수령하는 돈의 액수다. 앞 장에서도 설명했듯이 주택연금은 가입 당시 가입자의 나이와 집값을 기준으로 평생 받는 주택연금 월 수령액이 정해진다. 나이가 많을수록, 집값이 높을수록 주택연금 월 수령액도 커진다.

주택연금 월 수령액을 결정하는 기준 중 하나인 나이는 주민등록상 출생일을 토대로 판단하기 때문에 기준이 명확하다. 문제는 나이가 아니라 집값이다. 바로 이 집값의 기준을 두고 가입자의 불만이 생기고, 또 오해가 발생하기도 한다.

정답부터 말하자면 집값을 판단하는 기준은 네 가지로 나뉜다. ① 한국부동산원 인터넷 시세, ② KB부동산 인터넷 시세, ③ 공시가격, ④ 감정평가액 등이다. 한국주택금융공사는 주택연금 가입 대상 주택의 가치를 평가할 때 위에 서술한 ①부터 ④까지의 네 가지 기준을 순차적으로 적용한다.

①~④의 기준으로 순차적으로 적용한다는 규정은 공시가격보다 '시세'를 먼저 적용해 주택의 가치를 평가한다는 점을 의미한다. 한국주택금융공사는 오직 공인된 시세가 없는 경우에만 차선책으로 공시가격을 기준으로 주택연금 월지급금을 산정한다. 앞서 공시가격을 기준으로 주택연금을 정한다는 독자들의 불만에 '절반만 맞고 절반은 틀리다'라고 표현한 이유다.

여기서 시세가 무엇인지도 짚고 넘어가자. 주택의 시세는 인근 주택의 여러 실거래가를 종합적으로 고려한 집의 가격이다. 한국부동산원은 아파트 시세의 상한평균가와 하한평균가를 같이 공시한다. 한국주택금융공사가 한국부동산원 시세를 기준으로 아파트의 가치를 평가할 경우 최저층은 하한평균가를 적용하고, 다른 층은 상한평균가와

〈표 4-2〉 주택연금 가입 대상 가치평가 기준 적용 순서

① 한국부동산원 인터넷 시세
② 국민은행(KB부동산) 인터넷 시세
③ 공시가격(공시가격이 없는 경우 시가표준액)
④ 감정평가액

출처: 〈한국경제신문〉

하한평균가의 산술평균값으로 가치를 정한다. KB부동산 시세는 하위평균가, 일반평균가, 상위평균가 등으로 나뉘는데, 한국주택금융공사가 KB부동산 시세를 집값 평가의 기준으로 사용할 때는 일반평균가만 쓴다.

공시가격을 원하지 않는다면 감정평가를 택하라

많은 사람이 공시가격이 적용되는 것을 두려워하는 이유는 명확하다. 공시가격은 시세보다 낮게 책정되기 때문이다. 공시가격은 종합부동산세 등 세금을 부과하는 기준으로, 정부는 국민 반발을 고려해 공시가격을 의도적으로 시세보다 낮게 책정한다. 국토교통부에 따르면 아파트, 연립주택, 다세대주택 등과 같은 공동주택 공시가격의 시세 반영률은 2025년 기준 69%이고, 단독주택은 53.6%에 불과하다. 이에 공시가격을 기준으로 주택연금 가입액을 정하면 가입자가 불만을 품는 게 당연하다.

그렇다면 공시가격을 기준으로 집값의 가치를 평가하는 경우가 과연 많을까? 아파트라면 거의 대부분의 지역에서 한국부동산원이나 KB부동산의 시세를 확인할 수 있기 때문에 딱히 걱정할 필요가 없다. 다만 거래가 거의 이뤄지지 않는 비수도권 연립주택이나 다세대주택, 단독주택은 시세가 없는 경우가 종종 있다. 이때는 공시가격을 기준으로 주택연금 가입 대상 주택의 집값을 평가한다.

하지만 시세 확인이 불가능해 세 번째 기준인 공시가격을 기준으로 쓰는 상황이 발생하더라도 공시가격을 쓰지 않는 방법이 또 있다. 바로 네 번째 기준인 '감정평가액'을 우선적으로 써도 되기 때문이다.

앞서 서술했듯이 주택연금 가입 대상 주택의 가치를 평가할 때 한국주택금융공사는 ①부터 ④까지의 기준을 순차적으로 적용하는데, 한 가지 예외가 있다. 바로 "고객이 요구하는 경우에는 감정평가액을 우선 적용한다"라는 조항이 있어 공시가격보다 감정평가액을 먼저 적용해 집값을 평가할 수 있다. 감정평가액은 감정평가사에 의해 평가가 이뤄진 부동산의 가치를 뜻한다. 새로 평가가 이뤄진 만큼 공시가격보다 대부분 높게 책정되고, 상대적으로 정확한 시세에 가깝다. 이에 시세 확인이 어려운 주택을 담보로 주택연금에 가입하려는 경우 월 수령액을 조금 더 받고자 한다면 한국주택금융공사에 감정평가액을 기준으로 하겠다고 의사를 밝히면 된다.

복잡한 설명은 제쳐두고 결과만 정리해보자. 공시가격에 앞서 시세를 기준으로 주택연금 가입 대상 주택의 가치평가가 이뤄지고, 시세를 확인할 수 없는 경우에도 가입자가 원하면 공시가격 대신 감정평가액을 기준으로 가치평가가 이뤄진다. 이에 공시가격을 기준으로 주택연금 월 수령액이 결정된다는 불만은 크게 할 필요가 없다.

다만 공시가격을 원하지 않아 감정평가를 받을 경우는 주택연금에 가입하면서 감정평가수수료가 추가 발생하는 점에 유의해야 한다. 한국주택금융공사는 감정평가 결과 주택의 가치가 6억 원인 집으로 주택연금에 가입하려는 소비자에게 감정평가수수료를 2024년 기준 77

만 8,800원을 부과했다. 또 주택연금에 가입할 때는 한국주택금융공사와 협약을 체결한 감정평가업자의 감정평가액을 활용한다는 점도 유념해야 한다.

한편 공시가격이 주택연금 가입 과정에 중요하게 쓰이는 절차가 하나 있다. 바로 주택연금 가입 '자격'을 따질 때 공시가격이 기준으로 쓰인다. 주택연금은 공시가격이 12억 원 이하인 주택으로만 가입할 수 있다. 12억 원의 공시가격은 시세로 따지면 아파트 기준 약 17억~18억 원에 해당한다. 따라서 주택연금 가입 자격을 따질 때는 공시가격이 중요한 기준으로 활용되지만, 주택연금 월 수령액을 결정하는 과정에는 쓰일 필요가 없는 셈이다.

03
주택연금도 건강보험료 폭탄을 맞을까

"주택연금 받으면 건강보험료 폭탄 맞는 것 아니었어?"

주택연금 가입을 꺼리는 분들과 대화를 나눠보면 의외로 이런 걱정을 토로하는 경우가 많다. 주택연금에 가입해서 현금을 받으면 좋기야 하겠지만, 주택연금으로 받는 돈에 각종 세금이나 건강보험료가 부과돼 손에 남는 돈은 몇 푼 안 되는 것 아니냐는 의심이다. 심지어 주택연금을 많이 받으면 국민연금이나 기초연금 수급이 중단된다고 오해하는 고령자도 많다. 이런 걱정은 모두 사실이 아니다.

국민연금은 '소득', 주택연금은 '대출'

많은 고령자가 이런 오해를 하는 이유는 사실 따로 있다. 대한민국의 대표적 공적연금 제도인 국민연금을 수령하는 어르신 중에는 실제로 국민연금을 많이 받았다는 이유만으로 건강보험료 폭탄을 맞은 경우가 많기 때문이다.

국민연금은 연간 수령액이 2,000만 원을 넘으면 수급자가 건강보험 피부양자 자격을 잃고 개인의 자산에 따라 매달 수십만 원의 건강보험료를 내야 한다. 연간 2,000만 원은 한 달에 약 166만 6,667원이다. 월간 국민연금 수령액이 166만 6,667원 이상이면 그동안 내지 않았던 건강보험료를 새로 내야 하는 것이다.

한국 사회의 대표적 공적연금 제도인 국민연금의 현실이 이렇다 보니, 공기업인 한국주택금융공사가 주택을 담보로 지급을 보증하는 주택연금제도도 마찬가지일 것으로 오해하는 경우가 많다. 그러나 앞서 서술했듯이 주택연금은 아무리 많은 금액을 수령하더라도 건강보험료에 영향을 주지 않는다. 국민연금과 기초연금을 받는 데도 전혀 장애물로 작용하지 않는다.

국민연금과 달리 주택연금 수급액이 건강보험료에 영향을 주지 않는 이유는 국민연금은 '소득'인 반면, 주택연금은 '대출'의 일종이기 때문이다. 여기서 당황하는 독자들이 꽤 있을텐데, 주택연금이라는 제도명 안에 '연금'이란 단어가 붙어 있지만 주택연금은 엄연히 주택을 담보로 받는 대출이다. 다만 가입자가 생전에 갚을 필요가 없고, 해당 집에 계속 살기만 한다면 가입자와 배우자가 모두 사망할 때까지 매달 수십만 원에서 수백만 원의 현금을 받을 수 있기 때문에 연금으로 표현하는 것일 뿐이다.

주택연금제도를 운용하는 한국주택금융공사는 홈페이지를 통해 이렇게 설명한다.

"주택연금은 매월 지급받는 연금이지만 실제로는 주택을 담보로 한 대출이므로 주택연금의 월 지급금(가입자가 매달 받는 월 수령액)은 소득에 포함되지 않습니다. 주택연금 월 지급금은 소득에 포함되지 않기 때문에 주택연금에 가입해도 기초노령연금 등 공적연금 수령에는 전혀 불이익이 발생하지 않습니다."

주택연금이 불리하게 작용하는 기초생활수급자

그런데 주택연금이 현금성 복지제도 수급에 불리하게 작용하는 경우가 딱 한 가지 있다. 바로 기초생활수급자에 해당하는 경우다. 정부는 유독 기초생활수급 조건을 따질 때는 주택연금을 대출이 아닌 소득으로 간주한다.

이에 기존에 기초생활수급자에 해당하는 사람이 주택연금에 새로 가입하면 생계급여 수급 자격이 박탈될 수 있다. 다만 기초생활수급자의 급여 자격 판정 시 주택연금 월 수령액을 전부 소득으로 간주하지는 않고, 50%만 소득으로 본다.

한국주택금융공사는 홈페이지를 통해 다음과 같이 명확하게 기초생활수급자에게 경고하고 있다.

"기초생활수급자의 경우 급여 자격 판정 시 주택연금 월 지급금의 50%는 소득으로 반영됩니다. 이에 따라 주택연금 월 지급금만큼 수급액이 감소하거나 수급 자격을 상실할 수 있습니다. 보건복지부는 2017년 2월 기초생활수급자의 재산소득 산정 시 (주택연금) 월 지급금의 50%만 소득으로 반영하도록 개선(기존에는 100% 반영)했으나, 수급자의 재산에서 주택연금 담보대출에 대한 일정 부분(대도시 1억 원 한도)을 공제해오던 조항을 삭제해 불리함은 여전히 존재합니다."

구체적 사례를 통해 불리함을 따져보자. 배우자가 없는 1인 가구인 70세 노인 A 씨가 별다른 소득 없이 집값이 1억 6,000만 원인 주택만 한 채 갖고 있다면, A 씨는 생계급여 수급 대상이다. 보건복지부의 모의계산 서비스 '복지로'에 따르면 재산을 고려한 A 씨의 소득인정액은 약 63만 원으로, 1인 가구의 생계급여 수급 기준인 76만 5,444원(2025년 기준)보다 낮기 때문이다. A 씨가 매달 받는 생계급여액은 수급 기준인 76만 5,444원과 소득인정액(63만 원) 차액인 약 13만 원이다.

그런데 A 씨가 만약 동일한 주택으로 주택연금에 가입하면 생계급여를 더 이상 받지 못한다. 시가 1억 6,000만 원인 집으로 주택연금에 가입하면 매달 47만 3,000원을 받는데, 기초생활수급자 선정 기준에 주택연금 수령액의 50%인 23만 6,500원이 기존 소득인정액(63만 원)에 더해지면 A 씨의 소득인정액이 결과적으로 76만 5,444원보다 커지기 때문이다.

물론 원래 받았을 생계급여 수급액(약 13만 원)보다 주택연금에 가

〈표 4-3〉 2025년 급여 종류별 수급자 선정 기준

구분	1인 가구	2인 가구	3인 가구	4인 가구	5인 가구	6인 가구	7인 가구
생계급여 (중위 32%)	765,444	1,258,451	1,608,113	1,951,287	2,274,621	2,580,738	2,876,297
의료급여 (중위 40%)	956,805	1,573,063	2,010,141	2,439,109	2,843,277	3,225,922	3,595,371
주거급여 (중위 48%)	1,148,166	1,887,676	2,412,169	2,926,931	3,411,932	3,871,106	4,314,445
교육급여 (중위 50%)	1,196,007	1,966,329	2,512,677	3,048,887	3,554,096	4,032,403	4,494,214

※ 단위: 원
※ 생계급여 수급자 선정 기준인 중위소득 32%는 동시에 생계급여 지급 기준에 해당
※ 8인 이상 가구의 급여별 선정 기준: 1인 증가 시마다 7인 가구 기준과 6인 가구 기준의 차이를 7인 가구 기준에 더하여 산정. 8인 가구 생계급여수급자 선정 기준: 3,171,856원=2,876,297원(7인 기준)+295,559원(7인 기준-6인 기준)
출처: 보건복지부

입했을 때 받을 수 있는 월 수령액(47만 3,000원)이 훨씬 크기 때문에 생전에 안정적이면서도 풍요로운 생활을 영위하려면 주택연금에 가입하는 것이 낫다. 또 갈수록 늘어나는 주택연금 수령액은 기초생활 수급 자격을 따지기 위한 소득인정액을 계산할 때 부채로 간주돼 소득인정액을 낮추기 때문에 시간이 충분히 흐르면 주택연금을 그대로 받으면서도 생계급여를 다시 받을 수도 있다.

이 계산은 가상의 인물을 상정한 모의계산일 뿐, 개인별 소득과 재산 상황에 따라 유불리가 크게 달라질 수 있다. 그러니 기초생활수급자라면 주택연금에 가입하기 전에 반드시 한국주택금융공사에 정확한 수급액 시나리오를 요청하는 것이 바람직하다.

참고로 정부가 기초생활수급자 여부를 따지는 '소득인정액' 기준은 가구원 수에 따라 다르다. 기초생활보장제도 중 생계급여를 받기 위

해선 1인 가구는 소득인정액이 76만 5,444원 이하여야 한다. 2인 가구는 125만 8,451원, 3인 가구는 160만 8,113원, 4인 가구는 195만 1,287원, 5인 가구는 227만 4,621원, 6인 가구는 258만 738원, 7인 가구는 287만 6,297원 등이다. 8인 이상 가구는 가구원이 1인 증가할 때마다 7인 가구와 6인 가구의 기준 차이인 29만 5,559원씩을 7인 가구 기준에 더해 소득인정액 선정 기준을 산정한다.

04
만일을 대비해 중도 인출 한도를 설정하라

4부 4장부터 9장까지는 주택연금의 다양한 종류를 차근차근 알아볼 예정이다. 주택연금제도는 매달 연금을 지급받는 방식에 따라 다양한 종류로 나뉜다. 죽을 때까지 매달 일정하게 주택연금을 나눠 받는 경우가 대부분이지만, 급히 돈이 필요해 목돈을 미리 당겨쓰고 남은 금액을 조금씩 나눠 받는 경우도 있고, 평생 받는 대신 몇 년만 짧고 굵게 받는 방법도 있다. 이렇게 어떤 종류를 선택하느냐에 따라 똑같은 집으로 주택연금에 가입해도 매달 받는 돈의 액수가 다르다.

앞서 4부 1장에서 살펴본 주택연금 예상 수령액은 가장 일반적인 '종신지급방식'을 선택했을 경우다. 종신지급방식은 집값에 해당하는 금액을 죽을 때까지 매달 일정하게 나눠 받는 방식의 주택연금이다. 주택연금 가입자 중에서 종신지급방식을 선택하는 경우는 2024년 10

월 말 기준 61.9%에 달할 정도로 가장 일반적이다.

하지만 살다 보면 예상치 못한 변수도 생긴다. 갑자기 암에 걸려 병원비로 큰돈이 필요할 수도 있고, 재건축 분담금을 내야 할 수도 있다. 주택연금에 가입해서 매달 수백만 원씩 현금을 받으면 평상시에는 물론 좋겠지만, 살다 보면 이렇게 당장 집을 팔아서라도 큰 목돈이 필요할 때가 생기기 마련인데 이럴 때는 어떻게 해야 할까? 이렇게 큰 목돈이 필요한 경우를 대비한 주택연금 종류가 바로 중도 인출 한도를 미리 설정해놓는 '종신혼합방식'이다.

집을 팔기보다는 중도 인출이 유리한 이유

종신혼합방식을 살펴보기 전에, 종신지급방식에 가입한 상태에서 목돈을 마련하기 위해 집을 매각하는 경우를 먼저 살펴보자. 종신지급방식이든, 무슨 방식이든 주택연금에 가입하면 집을 팔아서 목돈을 마련하는 것이 분명히 어렵다. 주택연금은 개인이 소유한 주택을 공기업인 한국주택금융공사에 담보로 제공하고 매달 나눠 받는 일종의 대출인 만큼, 가입자가 집을 매각하면 그동안 매달 받아온 주택연금을 한꺼번에 토해내야 한다. 이때 이자까지 합쳐서 한 번에 갚아야 하므로 때에 따라 수억 원을 토해내야 할 수도 있다. 병원비 마련하려고 집을 팔았더니, 정작 지금까지 받아온 주택연금을 먼저 상환하고 나면 남는 돈이 없는 불상사가 생길 수 있는 것이다.

하지만 주택연금에 가입하면서 종신혼합방식을 선택했다면 이런 걱정을 크게 할 필요가 없다. 주택연금에 가입해도 최대 3억 원에 가까운 돈을 한꺼번에 중도 인출해 목돈을 마련할 수 있기 때문이다. 쉽게 말해 종신혼합방식 주택연금은 미래에 받을 주택연금을 필요할 때 미리 당겨 받는 방식의 주택연금이다. 주택을 매도하기 위해 매수자를 찾는 노력을 들이거나 공인중개사 비용이 들지 않기 때문에 종신혼합방식에 가입해 주택연금을 중도 인출하는 것이 종신혼합방식에 가입한 이후 집을 파는 것보다 더 빠르고 편한 방법이기도 하다.

중도 인출 한도 설정하기

그렇다면 종신혼합방식에 가입한 이후 주택연금의 중도 인출은 얼마까지 가능할까? 결론부터 말하자면, 주택연금 가입자의 나이와 주택 가격, 주택연금 가입 방식에 따라 모두 다르다. 가입자 연령과 집값이 동일하다고 가정하면 대부분 총대출 한도(100세까지 받을 주택연금 총

〈표 4-4〉 일반 주택 나이, 가격별 최대 인출 한도

나이\집값	3억 원	6억 원	9억 원	12억 원
65세	6,825만 원	1억 3,650만 원	2억 475만 원	2억 7,300만 원
70세	7,950만 원	1억 5,900만 원	2억 3,850만 원	2억 9,174만 원
75세	9,225만 원	1억 8,450만 원	2억 7,675만 원	2억 9,285만 원
80세	1억 635만 원	2억 1,270만 원	2억 9,378만 원	2억 9,378만 원

※ 종신혼합방식 정액형 가정
출처: 한국주택금융공사

액의 현재가치)의 50%까지 중도 인출할 수 있다.

용어가 어려우니 구체적 사례를 통해 살펴보자. 국내 주택연금 가입자의 평균 연령이 72세인 만큼 70세에 새로 주택연금에 가입한다고 가정해보자. 70세 노인이 현재 시세가 9억 원인 집으로 주택연금에 가입한다면, 최대 2억 3,670만 원을 원하는 때에 인출할 수 있다. 만약 집값이 6억 원이라면 1억 5,780만 원까지 인출 한도 설정이 가능하다. 집값이 3억 원인 주택으로 가입하면 인출 한도는 7,890만 원이다.

그렇다면 주택연금 가입 당시 무조건 인출 한도를 최대한 많게 설정해놓는 것이 좋은 것일까? 장단점이 분명히 나뉜다. 주택연금 가입과 동시에 인출 한도를 최대로 설정해놓으면 나중에 목돈으로 끌어쓸 수 있는 돈이 크겠지만 매달 나눠 받는 수령액이 적다. 반면에 인출 한도를 아예 설정하지 않거나 적게 설정하면 일단 월 수령액이 크지만 나중에 당겨 쓸 수 있는 목돈이 지금까지 받아온 금액만큼 줄어든다.

예를 들어 70세 노인 A 씨가 집값이 9억 원인 집으로 주택연금에 가입하면서 인출 한도를 설정하지 않으면 죽을 때까지 평생 매달 266만 원을 받을 수 있다. 그런데 A 씨가 주택연금에 가입하면서 인출 가능 금액을 최대치(총대출 한도의 50%)인 2억 3,670만 원으로 설정한다면, A 씨가 평생 받는 월 수령액은 133만 원으로 반 토막 난다. 사실상 시세가 4억 5,000만 원인 집으로 주택연금에 가입하는 것과 마찬가지다. 대신 죽을 때까지 언제든 목돈이 필요할 때마다 2억 3,670만 원 한도 내에서 수시로 꺼내 쓸 수 있다.

이처럼 평생 받을 주택연금의 인출 한도를 가입과 동시에 설정하는 방식이 종신혼합방식이고, 인출 한도를 설정하지 않는 건 종신지급방식이다. 가입 이후라도 언제든 종신지급방식과 종신혼합방식 중 하나로 변경할 수 있으니 외울 필요까진 없다. 다만 종신지급방식을 선택한 이후 시간이 흘러 나중에 종신혼합방식으로 바꾸는 경우를 고려한다면 한 가지 주의할 점이 있다. 종신지급방식을 선택해 매달 일정한 금액을 먼저 수령하다가 차후에 종신혼합방식으로 바꿔 인출 한도를 설정하면 똑같은 집이라도 처음부터 종신혼합방식을 선택했을 때보다 적은 금액으로 인출 한도가 정해진다.

예를 들어 70세 노인 A 씨가 9억 원인 집으로 주택연금에 가입하면서 종신혼합방식을 택하면 인출 한도를 최대 2억 3,670만 원까지 설정할 수 있지만, 먼저 종신지급방식을 선택한 이후 나중에 종신혼합방식으로 전환하면 인출 한도가 2억 3,670만 원에 훨씬 미치지 못한다는 의미다. 중도 인출 가능 금액은 100세까지 받을 주택연금을 현재가치로 환산한 값의 50%라고 앞에서 설명했는데, 그동안 종신지급방식으로 매달 받아온 금액만큼 100세까지 받을 주택연금 잔여액도 줄어들 테니 당연한 이치다.

앞서 대부분의 경우 총대출 한도의 50%까지만 인출이 가능하다고 했는데, 90%까지 인출이 가능한 경우가 예외적으로 하나 있다. 바로 주택연금에 가입하기 이전에 받은 주택담보대출을 우선 상환하는 목적인 '대출상환방식' 주택연금에 가입하는 경우다. 바로 다음 장에서 대출상환방식 주택연금에 대해 알아볼 예정이다. 중요한 점은 대출상환방식 주택연금을 제외한 모든 주택연금은 총대출 한도의 50%까지만 인출 한도로 설정할 수 있다는 것이다.

05
빚이 있어도 주택연금에 가입할 수 있을까

젊은 시절에 빌린 주택담보대출 금액을 은퇴를 코앞에 두고도 아직 다 갚지 못한 경우가 많다. 돈을 빌릴 때는 누구나 미래에 어떻게 빚을 갚아나갈지 그럴싸한 계획을 세우겠지만, 직장이 사라지거나 건강 악화와 같은 예상치 못한 이유로 은퇴를 일찍 하게 되면 눈앞이 캄캄해질 수밖에 없다. 이에 어쩔 수 없이 사실상 유일한 자산인 정든 집을 매도하는 사람이 적지 않다. 장기간 대출을 갚지 못해 집이 경매로 넘어가는 경우마저 종종 생긴다.

이렇게 빚에 짓눌려 살던 집을 팔아야 하는 상황을 피하면서 매달 꾸준한 소득까지 별다른 노력 없이 창출할 방법이 하나 있다. 바로 '주택담보대출 상환용 주택연금'에 가입하는 방법이다. 주택담보대출 상환용 주택연금은 다른 말로 '대출상환방식 주택연금'으로도 불린다. 이 주택연금은 주택을 담보로 기존에 받은 대출이 있을 때 기존 대출을 상환하는 용도로 미래에 받을 주택연금 일부(최대 90%)를 당겨 받는 방식이다. 상환하고 남은 액수는 평생에 걸쳐 매달 조금씩 주택연금으로 나눠 받는다. 이 방식의 주택연금을 활용하면 기존 주택담보대출을 상환하고, 살던 집을 매도할 필요 없이 계속 거주하면서 추가적인 소득도 챙길 수 있다.

주택담보대출 상환식, 얼마나 당겨 받을 수 있을까

그렇다면 얼마나 많은 돈을 당겨 받을 수 있을까? 대출상환방식 주택연금은 총대출 한도(100세까지 받을 주택연금 총액의 현재가치)의 90%까지 인출이 가능하다. 인출은 곧 당겨 받는 행위다. 앞 장에서 살펴본 종신혼합방식 주택연금은 중도에 인출할 수 있는 금액이 총대출 한도의 최대 50%인데, 대출상환방식 주택연금은 90%까지 가능하다.

구체적 사례를 들어보자. 나이가 70세인 개인이 시세 9억 원인 집으로 대출상환방식 주택연금에 가입하면 최대 4억 2,120만 원(2025년 3월 기준)을 주택담보대출 상환 목적으로 인출할 수 있다. 만약 70세 나이에 3억 원인 집으로 대출상환방식 주택연금에 가입하면 1억 4,040만 원을 당겨 받을 수 있다. 이렇게 당겨 받은 인출액은 반드시 기존 주택담보대출을 상환하는 용도로만 써야 한다. 만약 기존 선순위 주택담보대출을 상환하는 용도로 사용하지 않으면 주택연금 지급

〈표 4-5〉 주택 가격별·연령별 주택담보대출 상환용 주택연금 인출 한도 예시

구분	1억 원		3억 원		5억 원		7억 원		9억 원		12억 원	
	월 지급금	최대 인출 한도(90%)	월 지급금	최대 인출 한도(90%)	월 지급금	최대 인출 한도(90%)	월 지급금	최대 인출 한도(90%)	월 지급금	최대 인출 한도(90%)	월 지급금	최대 인출 한도(90%)
55세	14	25,830	44	77,490	74	129,150	103	180,810	133	232,470	178	309,960
60세	20	34,290	60	102,870	101	171,450	141	240,030	182	308,610	242	411,480
70세	30	46,800	90	140,400	150	234,000	210	327,600	270	421,200	339	529,811
80세	47	62,640	142	187,920	238	313,200	333	438,480	404	532,351	404	532,351
90세	87	77,310	263	231,930	438	386,550	606	533,785	606	533,785	606	533,785

※ 단위: 천 원
※ 월 지급금은 최대 인출 한도 90% 사용 후 연금 지급액. 일반주택, 2025년 3월 기준
출처: 한국주택금융공사

이 중단될 수 있다고 한국주택금융공사는 경고한다.

물론 대출상환방식 주택연금의 맹점이 없는 것은 아니다. 기존 빚을 갚으면서도 살아오던 주택을 매각하지 않아도 되기에 당장의 시름은 덜 수 있지만, 평생 나눠 받을 주택연금이 다소 적다. 미래에 받을 주택연금의 90%를 대출 상환을 위해 당겨 썼으니 남는 금액이 적은 것은 당연한 이치다.

다시 예를 들어보자. 만약 70세인 A 씨가 빚이 전혀 없어 일반적인 주택연금(종신지급방식)에 가입하면 9억 원인 집으로 매달 267만 7,000원의 주택연금(2025년 3월 기준)을 죽을 때까지 받을 수 있다. 고령자가 평범한 생활을 영위하기에 적지 않은 돈이다.

반면 똑같이 9억 원인 집을 소유한 B 씨는 선순위 주택담보대출이 남아 있어 대출상환방식 주택연금에 가입해 최대 인출 한도(90%·4억 2,120만 원)만큼 인출해 선순위 주택담보대출을 갚는다고 가정하자. B

씨가 기존 주택담보대출을 상환한 이후 매달 받는 주택연금은 27만 원에 불과하다. 한도의 90%만큼 당겨썼으니 일반적인 주택연금 가입자의 월 수령액(267만 7,000원)과 비교해 10분의 1만큼만 받는 것이다. 27만 원은 안정적인 생활을 영위하기에는 고령자에게도 충분하다고 말하긴 어려운 액수다.

집값이 더 저렴한 주택으로 대출상환방식 주택연금에 가입하면 월 수령액 크기는 더욱 미미해진다. 70세 나이에 3억 원인 집으로 대출상환방식 주택연금에 가입한 이후 최대 인출 한도(90%·1억 4,040만 원)에 맞춰 선순위 주택담보대출을 상환하면 매달 현금으로 나눠 받는 월 수령액은 9만 원에 불과하다.

이에 주택을 담보로 빌려놓은 빚이 아직 남아 있는 고령자는 주택연금에 가입하기 전에 무엇이 자신에게 더 나은 선택일지 진지하게 고민해볼 필요가 있다. 기존 주택을 매도하고 대출을 갚은 이후 남는 돈으로 이사하는 것이 나을지, 아니면 대출상환방식 주택연금에 가입해 이사할 필요 없이 기존 주택에 살되 소액의 현금을 주택연금으로 확보해서 살지 말이다. 주택연금에 가입하면 주택을 담보로 더 이상 다른 대출을 받기 어렵다는 점도 유념해야 한다.

자영업자를 위한 소상공인대출 상환용 주택연금

앞서 대출상환방식 주택연금으로 중도에 인출한 금액은 꼭 선순위

주택담보대출(주담대)을 갚는 용도로 써야 한다고 서술했는데, 예외적인 경우가 한 가지 있다. 바로 장사가 어려워 폐업할 예정인 소상공인인 경우다. 폐업 예정인 소상공인은 대출상환방식 주택연금에 가입해 중도에 인출한 금액을 주택담보대출이 아닌 다른 대출을 상환하는 용도로 쓸 수 있다. 이를 '소상공인대출 상환용 주택연금'이라고 한다.

소상공인대출 상환용 주택연금은 본인 또는 배우자가 소상공인기본법 제2조에 따른 소상공인일 경우에만 받을 수 있다. 상환 대상 대출은 주택연금 가입자 본인이나 배우자가 금융기관에서 받은 모든 종류의 대출이다. 중도 인출 한도는 총대출 한도의 50% 초과, 90% 이하다.

70세 나이에 시세 3억 원인 집으로 소상공인대출 상환용 주택연금에 가입하면 앞서 살펴본 주택담보대출 상환용 주택연금과 마찬가지로 최대 1억 4,040만 원까지 중도 인출이 가능한 셈이다.

소상공인대출 상환용 주택연금에 가입할 때 꼭 명심해야 하는 부분은 가입해서 실제로 인출한 시점으로부터 6개월 안에 기존 금융기관의 대출을 상환하고 사업도 폐업해야 한다는 점이다. 기존 대출을 갚지 않거나 폐업을 하지 않으면 중도 인출 이후 잔여 금액으로 받는 주택연금 지급이 정지되고, 지급 정지 1개월 경과 후 보증채무 이행청구를 받을 수 있다.

여러 조건이 붙은 만큼 소상공인대출 상환용 주택연금에 가입하기 위해선 중소기업확인서(소상공인), 사업자등록증 사본, 금융기관 등

발급 부채증명서, 개별 인출 신청서, 개인정보 수집·이용·조회·제공 동의서, 소상공인대출 상환 및 폐업 서약서 등을 제출해야 한다.

06
짧고 굵게 받는 '확정기간방식' 주택연금

"몇 푼 되지도 않는 돈 받겠다고 굳이…."

주택연금이란 제도를 알아도 가입을 꺼리는 고령자 중에 이렇게 생각하는 경우가 많다. 주택연금은 집값이 비쌀수록, 늦게 가입할수록 매달 받는 월 수령액이 커지는 구조인 탓에 집값이 저렴하거나 비교적 젊은 나이에 가입하려는 소비자는 예상 월 수령액을 보고 실망하는 경우가 종종 있는 것이 사실이다. 나이와 집값에 따라 주택연금을 일반적으로(종신지급방식에 가입하는 경우) 얼마씩 수령하는지는 앞서 4부 1장에서 자세히 살펴봤으니 금액이 궁금하다면 다시 앞 장을 펼쳐보기를 바란다.

그런데 지금까지 살펴본 종신지급방식, 종신혼합방식, 대출상환방식 주택연금 모두 가입자와 배우자가 전부 사망할 때까지 주택연금을 받는 방식이다. 이처럼 '사망 시점'이라는 불특정 미래를 주택연금의 수령 종료 시기로 계약하는 방식 외에도, 주택연금은 가입자의 선택에 따라 연금 수령 기간을 10~30년 사이로 특정할 수 있다. 바로 '확정기간방식'의 주택연금에 가입하는 방법이다.

연금액과 수급 기간을 지정하는 확정기간방식

확정기간방식 주택연금은 쉽게 말해 '짧고 굵게 받는' 주택연금이다. 동일한 집으로 같은 나이에 주택연금에 가입하는데도 일정 기간에 주택연금을 몰아서 받는 셈이니 월 수령액이 죽을 때까지 받는 방식에 비해 큰 것이다.

그렇다면 얼마나 더 받을 수 있을까? 이는 확정기간방식 주택연금

〈표 4-6〉 확정기간방식 주택연금 월 수령액 예시

가입 연령	종신혼합방식	확정기간혼합방식				
		10년	15년	20년	25년	30년
55세	421,540	—	—	566,430	499,060	456,890
60세	570,870	—	883,560	733,020	644,400	—
65세	691,400	1,357,930	1,002,480	831,020	—	—
70세	848,000	1,536,930	1,132,740	—	—	—
74세	1,010,020	1,688,160	1,244,380	—	—	—

※ 단위: 원
※ 주택 가격 3억 원, 일반주택, 정액형, 2025년 3월 기준
※ 인출 한도 5% 설정 후 월 지급금
※ 확정기간혼합방식을 선택할 경우 짧은 기간 동안 종신혼합방식보다 많은 월 지급금을 수령할 수 있다.
출처: 한국주택금융공사

에 가입할 때 지정하는 수급 기간에 따라 다르다. 확정기간방식 주택연금에 가입하면 주택연금을 받는 기간을 10년, 15년, 20년, 25년, 30년 중 하나로 택할 수 있다. 수령 기간이 짧을수록 매달 더 많은 주택연금을 받을 수 있고, 수령 기간이 길수록 상대적으로 적은 돈을 받는다.

구체적인 사례를 살펴보자. 주택연금 평균 가입 연령이 72세인 만큼 이번에도 역시 70세에 주택연금에 가입한다고 가정한다. 만 70세인 A 씨가 현재 시세 3억 원인 집으로 종신지급방식 주택연금에 가입하면 죽을 때까지 매달 89만 2,000원(2025년 3월 기준)을 받는다. 여기에 만약 평생 받을 주택연금 일부를 언제든 중도에 꺼내 쓸 수 있는 인출 한도로 5%를 설정(종신혼합방식)한다면 매달 85만 680원을 사망할 때까지 받는다. 굳이 인출 한도를 설정하는 종신혼합방식의 경우까지 살펴보는 이유는 확정기간방식을 택할 때 반드시 인출 한도를 최소 5%는 설정해야 하기 때문에 비교의 조건을 통일시키기 위해서다. 인출 한도를 설정하는 것과 관련해서는 월 수령액 비교 이후에 구체적으로 설명할 것이다.

그럼 이제 확정기간방식 주택연금에 가입했을 때 받는 월 수령액까지 자세히 살펴보자. 70세인 A 씨가 시세 3억 원인 집으로 확정기간방식 주택연금에 가입하고 월 수령액 수급 기간을 10년으로 지정하면 매달 153만 6,930원을 받는다. 앞서 가정한 종신혼합방식(85만 680원)보다 68만 6,250원(80.7%)을 더 받는 셈이다. 주택연금 수급 기간을 10년으로 좁히면 평생 받도록 설정할 때보다 매달 받는 액수가 거의 2배 규모로 늘어나는 셈이다. A 씨가 만약 주택연금 수급 기간을 15년으로 정하면 매달 113만 2,740원을 받아 종신혼합방식보다 28만 2,060원(33.2%)을 더 받는다.

확정기간방식 주택연금을 고려할 때 한 가지 유념할 점은 가입자의 나이에 따라 선택할 수 있는 수급 기간(10~30년)이 다르다는 점이다. 주택연금은 만 55세 이후에 가입할 수 있는데, 55~57세의 가입자는 확정기간방식을 택하더라도 수급 기간을 20·25·30년 중에서 하나만 선택할 수 있다. 58~59세는 20·25년형만 가입할 수 있고, 60~63세는 15·20·25년형만 가입이 허용된다. 64세는 15·20년형만 가능하고, 65~68세는 10·15·20년형만 가입할 수 있다. 69~74세 노인은 10·15년형만 가입이 허용되고, 75세 이상은 확정기간방식의 주택연금 가입이 불가능하다.

이처럼 짧고 굵게 받는 주택연금은 가입자가 스스로 생각하는 수명이 얼마 남지 않은 경우 상대적으로 합리적인 선택지가 될 수 있다. 또 증여·상속 등으로 특정 시점 이후에 큰 목돈이 생겨 돈 걱정이 없

〈그림 4-2〉 주택연금 지급 방식별 선택 비중

※ 2024년 10월 말 기준
출처: 한국주택금융공사

어질 것으로 예상될 때도 종신지급방식보다 확정기간방식 주택연금이 유리할 수 있다.

다만 확정기간방식 주택연금은 수급 기간이 종료되면 주택을 담보로 더 이상의 소득을 창출할 수 없다는 점을 반드시 유의해야 한다. 만약 주택 이외의 자산이나 현금을 창출할 능력이 없을 경우 확정기간방식의 주택연금 수급이 종료된 이후 극심한 노후 빈곤에 빠질 수 있다.

이런 단점으로 인해 2024년 10월 말 기준 주택연금 가입자의 대부분인 61.9%가 종신지급방식의 주택연금에 가입했고, 확정기간방식 주택연금 가입자는 주택연금 전체 가입자의 1.1%에 불과하다. 한번 확정기간방식 주택연금에 가입하면 종신지급방식이나 종신혼합방식, 대출상환방식으로 변경할 수 없다는 점도 유념해야 한다.

노후 빈곤을 막기 위한 최후의 보루, 5% 인출 한도

이제 인출 한도 설정과 관련한 내용을 살펴보자. 한국주택금융공사는 확정기간방식을 선택한 가입자에게 주택연금으로 매달 나눠 받을 총액의 최소 5%를 인출 한도로 반드시 설정하고 수급 기간(10~30년)이 종료된 이후 이 돈을 꺼내 쓸 수 있도록 제도를 운용하고 있다. 노후 빈곤을 막기 위한 최소한의 방파제를 세우기 위함이다.

이렇게 설정한 인출 한도는 거주하는 주택의 관리비, 의료비, 주택

유지·수선비 등 주택금융공사가 홈페이지에 공고하는 용도로만 사용할 수 있다. 70세 나이에 3억 원인 집으로 확정기간방식 주택연금에 가입하는 경우 5%에 해당하는 최소 인출 한도 설정액은 747만 원이다.

확정기간방식 주택연금에 가입해 설정한 수급 기간이 종료된 이후에는 집에서 쫓겨날까? 그렇지 않다. 확정기간방식 주택연금에 가입해 수급 기간(10~30년)이 종료되면 더 이상 월 수령액을 받을 수는 없지만, 해당 주택에 죽을 때까지 계속 거주할 수 있다. 주택연금제도는 노후 소득 보장뿐만 아니라 주거 안정성 제고를 목표로 도입된 사회보장제도이기 때문이다.

07
저가 주택으로 연금 더 많이 받는 법

이번에는 주택연금을 나라의 지원까지 더해 최대한 많이 받는 방법을 알아보자. 앞 장에서 살펴본 확정기간방식 주택연금은 미래에 내가 받을 수 있는 주택연금을 앞당겨 짧고 굵게 주택연금을 받는 방식이었다. 당장 손에 쥐는 돈은 늘어나지만 미래에 받을 주택연금을 포기하고 받는 것이니 결국 가입자가 받는 돈은 '본전'이라 할 수 있다.

반면 이번에 알아볼 주택연금은 동일한 집으로 평생 지급되는 방식의 주택연금인데도 가입자가 선택하기만 하면 아무런 불이익 없이 나라의 지원을 받아 매달 10~20% 더 많은 돈을 받을 수 있다.

이렇게 동일한 조건 아래 주택연금을 평생 더 받을 수 있는 유형은 '우대형' 주택연금이다. 우대형 주택연금은 주택연금제도를 운용하는 한국주택금융공사가 매달 가입자에게 주는 월 지급금을 최대 21.2%

증액하는 주택연금 상품이다. 아파트와 같은 일반적인 주택으로 우대형 주택연금에 가입하면 우대형이 아닐 경우보다 매달 받는 수령액(월 지급금)이 최대 18.5% 늘어나고, 주거용 오피스텔로 우대형 주택연금에 가입하면 최대 21.2% 늘어난다.

다만 모두가 우대형 주택연금에 가입할 수 있는 것은 아니다. 세 가지 조건이 있다. 우선 주택연금에 가입하려는 주택의 시세가 2억 5,000만 원 미만이어야 한다. 그리고 주택 소유자 혹은 배우자 중 최소 1명이 기초연금을 수급해야 우대형 적용을 받을 수 있다. 마지막으로 주택연금 가입자가 부부 기준 1주택자여야 한다.

세 가지 조건을 좀 더 자세히 살펴보자. 우선 주택 시세가 2억 5,000만 원 미만이어야 하는데, 여기서 주택 시세란 앞서 4부 2장에서 살펴봤듯이 ① 한국부동산원 인터넷 시세, ② KB부동산 인터넷 시세, ③ 공시가격, ④ 6개월 이내 감정평가액 등 네 가지 조건을 순차적으로 적용해 우선적으로 확인되는 시세다.

두 번째 조건은 가입자 부부 중 1명 이상이 기초연금 수급권자여야 한다. 기초연금은 정부가 65세 이상 노인 중 소득 하위 70%에게 조건 없이 지급하는 현금으로, 기초연금을 받기 위해선 부부 기준 소득인정액이 월 364만 8,000원 이하여야 한다. 홀로 거주하는 단독가구의 경우에는 소득인정액이 228만 원 이하여야 기초연금을 받는다. 소득인정액은 보건복지부가 가구의 소득과 자산(자동차 등)을 종합적으로 고려해 산출한다.

우대형 주택연금에 가입하기 위한 마지막 조건은 1주택자 여부다.

〈표 4-7〉 우대형 주택연금 가입 조건

① 주택 시세가 2억 5,000만 원 미만
② 주택 소유자 또는 배우자 중 1명 이상 기초연금 수급
③ 부부 기준 1주택자

출처: 〈한국경제신문〉

우대형 주택연금은 오직 가입 시점 기준으로 1주택자만 가입할 수 있다. 2주택자가 주택연금 가입 대상이 아닌 주택을 매각하겠다는 계획을 제시해도 우대형 주택연금에 가입할 수 없다. 보유 중인 여러 주택의 시세 합계액이 2억 5,000만 원 미만이라 할지라도 다주택자라면 우대형에 가입할 수 없다. 한국주택금융공사는 "우대형 주택연금은 저가 주택을 보유한 고령자에 대해 정부의 재원이 지원되는 상품이므로, 사회 통념상 보유 주택 수가 자산의 중요한 척도임을 감안해 다주택자에 대한 가입을 제한하고 있다"라고 설명한다.

만약 1주택자 자격을 충족해 우대형 주택연금에 가입한 이후 주택을 추가 매입해 다주택자가 된 경우에는 주택연금 수령액이 일반형 주택연금 수준으로 줄어든다. 다만 추가 취득한 주택을 처분할 경우는 다시 우대형 주택연금 적용을 받는다.

우대형 주택연금, 알아야 받을 수 있다

그렇다면 우대형 주택연금을 받으면 실제 수령액이 얼마나 늘어날

까? 예를 들어 우대형 주택연금 가입자의 평균 연령인 76세 고령자가 주택 가격이 2억 원인 집으로 우대형 주택연금에 가입한다면 매달 89만 5,810원씩 받는다. 우대형이 아닌 일반적인 종신지급방식 주택연금에 가입할 경우(월 77만 7,850원)보다 매달 11만 7,960원(15.2%)씩 더 받는 셈이다.

다만 우대형 주택연금에 가입해 매달 받는 액수는 시세가 2억 5,000만 원인 집으로 일반적인 주택연금에 가입했을 때 받는 주택연금을 초과할 수 없다. 이는 집값이 2억 5,000만 원에 조금 미치지 못하는 우대형 가입자가 주택 가격이 2억 5,000만 원을 근소하게 초과해 우대형에 가입하지 못하는 가입자에 비해 주택연금을 더 많이 받는 상대적 역차별 문제를 방지하기 위한 것이다.

예를 들어 역차별 방지 장치가 없을 경우 70세 노인이 시세 2억 4,000만 원인 집으로 우대형 주택연금에 가입해 받는 월 수령액은 81만 2,460원으로, 시세가 2억 6,000만 원인 집으로 종신지급방식 주택연금에 가입하는 가입자가 매달 받는 돈(77만 3,610원)보다 많다. 이에 역차별 방지 장치에 따라 70세 노인이 집값이 2억 4,000만 원인 집으로 우대형 주택연금에 가입해 실제로 매달 받는 돈은 74만 3,860원으로 집값이 2억 6,000만 원인 경우보다 약 3만 원 적다.

우대형 주택연금도 중도 인출 한도를 설정하는지 여부에 따라 '우대지급방식'과 '우대혼합방식'으로 나뉜다. 우대혼합방식 주택연금을 선택할 경우 중도에 인출할 수 있는 금액은 총대출 한도(100세까지 나눠 받을 주택연금의 현재가치)의 최대 50%다.

또 대출상환방식 주택연금에 가입해 총대출 한도의 50~90%를 중도에 인출한 가입자도 만약 우대형 주택연금 가입 요건을 충족하면 우대지원금을 반영해 주택연금을 받을 수 있다. 이를 '대출상환우대방식' 주택연금이라고 부른다. 쉽게 말해 우대형 주택연금의 존재를 모르는 상태로 이미 대출상환방식 주택연금에 가입해 목돈을 미리 당겨 썼더라도, 우대형 요건을 충족해 신청하기만 하면 별다른 불이익 없이 주택연금을 더 받을 수 있다는 말이다. 이런 대출상환우대방식 주택연금은 2024년 6월에 신설됐다.

한 가지 유념해야 할 것은 우대형 주택연금 가입이 자동으로 이뤄지지 않고 가입자가 직접 선택해야 한다는 점이다. 물론 주택연금 가입을 위해 상담을 하는 과정에서 대개 한국주택금융공사 상담원이 조건을 따져보고 우대형에 부합하는 경우 우대형에 가입하라고 안내해준다. 다만 상담원도 사람인 만큼 가입자 스스로 우대형 해당 여부를 인지하고 상담을 받아야 대상에서 누락될 가능성을 줄일 수 있다.

08
처음에는 적게,
나중에 많이 받는 주택연금 활용법

　이제까지 살펴본 여러 종류의 주택연금은 중간에 목돈을 인출해서 쓰든 말든, 짧고 굵게 받든 평생에 걸쳐서 받든, 모두 매달 수령하는 주택연금이 일정하게 유지되는 방식이었다. 이처럼 한 번 받기 시작한 주택연금의 월 수령액이 수급이 종료되는 시점까지 고정되는 방식의 주택연금에 가입할 때는 반드시 미리 고민해봐야 하는 부분이 있다. 바로 물가다.

　주택연금에 가입해 매달 받는 수령액은 가입 시점에 고정된다. 나중에 집값이 올라도 주택연금 수령액은 오르지 않는다. 따라서 주택연금은 물가가 많이 오르면 오를수록 불리하다. 20년 전의 국내 물가와 현재 시점의 물가를 비교해보면 차이가 크다는 점에 누구나 동의할 것이다. 마찬가지로 20년 뒤에는 정도의 차이는 있을지라도 지금보다 물가가 높을 가능성이 크다. 20년 뒤에 받을 주택연금 수령액이 당장 다음 달 받을 주택연금 수령액과 액수는 똑같을지라도 물가를 고려한 실질적인 가치는 낮아질 것이란 의미다.

그렇다면 주택연금에 가입하지 말아야 할까? 물론 그렇지 않다. 주택연금은 가입자의 선택에 따라 초기에 많이 받고 나중에 적게 받을 수도 있고, 초기에 적게 받는 대신 시간이 갈수록 월 수령액이 늘어나는 유형을 택해 물가상승으로 인한 화폐가치 하락을 대비할 수도 있다.

주택연금의 세 가지 유형

자세히 알아보자. 주택연금은 매달 받는 금액의 변화 여부에 따라 크게 세 가지 유형으로 나뉜다. 우선 '정액형'이 있다. 정액형은 가입 시점부터 사망할 때까지 평생 받는 월 수령액이 매달 똑같이 유지되는 방식으로, 가장 일반적인 유형이다. 2024년 10월 말 기준 주택연금 가입자의 70.2%가 정액형을 선택했다. 앞서 4부 1장에서 살펴본 사례가 바로 가장 일반적인, 즉 중도 인출 한도를 설정하지 않아 매달 일정한 주택연금을 죽을 때까지 받는 종신지급방식을 선택하는 동시에 정액형을 선택한 경우다.

두 번째 지급 유형은 '초기증액형' 주택연금이다. 가입 초기에는 많이 받고, 일정한 시간이 흐른 뒤에는 정액형보다 상대적으로 적은 액수를 받는 유형이다. 주택연금 가입 초기에 많은 현금이 필요하거나 향후 남은 수명이 얼마 안 된다고 예상될 경우 고려해볼 만한 선택지다.

다만 초기증액형을 택하면 일정한 시간이 흐른 뒤에는 수령액 규모 자체가 줄어들기 때문에 물가상승으로 인한 화폐가치 하락의 충격이 더 클 수 있다. 초기증액형은 가입 초반에 증액된 월수령액을 받는 기간에 따라 다시 3년형, 5년형, 7년형, 10년형 등으로 나뉜다. 경우에 따라 얼마나 많이 받을 수 있는지는 세 번째 지급 유형까지 알아본 이후에 자세히 후술하겠다.

세 번째 지급 유형은 바로 '정기증가형'이다. 주택연금 가입 초기에는 정액형이나 초기증액형보다는 상대적으로 적은 액수를 받더라도, 월 수령액이 3년마다 4.5%씩 일정하게 증가해 시간이 흐를수록 더 많은 현금을 받을 수 있는 유형이다. 물가상승으로 인한 화폐가치 하락을 대비할 수 있는 유형이므로 가입 초기에 당장 많은 금액이 필요하지 않으면서 수명이 길게 이어질 것으로 예상된다면 유리한 방식이다.

지급 유형에 따라 달라지는 주택연금 차이

그렇다면 세 가지 지급 유형 중에 무엇을 선택하는지에 따라 실제로 매달 받는 금액에 얼마나 큰 차이가 발생하는지 예를 들어 살펴보자. 참고로 초기증액형과 정기증가형은 오직 종신방식(종신지급방식·종신

〈표 4-8〉 주택연금 지급 방식별 선택 가능한 유형 종류

지급 방식	지급 유형
종신지급(혼합)방식	정액형, 초기증액형, 정기증가형
확정기간혼합방식	정액형
대출상환방식	정액형
대출상환우대방식	정액형
우대지급(혼합)방식	정액형

출처: 한국주택금융공사

혼합방식)으로 가입했을 경우만 선택할 수 있는 유형이다. 종신방식을 제외한 확정기간방식, 대출상환방식, 우대지급(혼합)방식 등으로 주택연금에 가입하면 정액형만 선택할 수 있다. 이번 장에서의 사례 비교는 가장 보편적인 주택연금인 종신지급방식으로 가입하는 경우로 한정해 살펴보겠다.

예를 들어 나이가 70세인 A 씨가 9억 원인 집으로 종신지급방식 주택연금에 가입하는 동시에 정액형을 선택하면 가입 시점부터 사망할 때까지 매달 약 267만 원(2025년 3월 가입 기준)을 받는다. 가장 일반적인 경우다.

만약 A 씨가 정액형 대신 초기증액형(5년)을 선택할 경우는 가입 시점부터 5년 동안 매달 약 339만 원을 받고 6년 차부터 237만 원을 받는다. 첫 5년 동안에는 정액형(267만 원)보다 매달 72만 원을 더 받지만, 6년 차부터는 정액형보다 30만 원씩 적게 받는 셈이다.

A 씨가 초기증액형을 선택하면서 초기 증액 기간을 7년으로 선택하면 첫 7년은 매달 327만 원을 받는다. 정액형(267만 원)보다 50만 원

〈표 4-9〉 지급 유형별 주택연금 수급액 비교

연령(세)	기간(년)	정액형	초기증액형 (3년)	초기증액형 (5년)	초기증액형 (7년)	초기증액형 (10년)	정기증가형
70	1	2,677,890	3,542,230	3,396,320	3,275,550	3,130,090	2,300,910
71	2	2,677,890	3,542,230	3,396,320	3,275,550	3,130,090	2,300,910
72	3	2,677,890	3,542,230	3,396,320	3,275,550	3,130,090	2,300,910
73	4	2,677,890	2,479,560	3,396,320	3,275,550	3,130,090	2,404,450
74	5	2,677,890	2,479,560	3,396,320	3,275,550	3,130,090	2,404,450
75	6	2,677,890	2,479,560	2,377,420	3,275,550	3,130,090	2,404,450
76	7	2,677,890	2,479,560	2,377,420	3,275,550	3,130,090	2,512,650
77	8	2,677,890	2,479,560	2,377,420	2,292,890	3,130,090	2,512,650
78	9	2,677,890	2,479,560	2,377,420	2,292,890	3,130,090	2,512,650
79	10	2,677,890	2,479,560	2,377,420	2,292,890	3,130,090	2,625,720
80	11	2,677,890	2,479,560	2,377,420	2,292,890	2,191,060	2,625,720
81	12	2,677,890	2,479,560	2,377,420	2,292,890	2,191,060	2,625,720
82	13	2,677,890	2,479,560	2,377,420	2,292,890	2,191,060	2,743,880
83	14	2,677,890	2,479,560	2,377,420	2,292,890	2,191,060	2,743,880
84	15	2,677,890	2,479,560	2,377,420	2,292,890	2,191,060	2,743,880
85	16	2,677,890	2,479,560	2,377,420	2,292,890	2,191,060	2,867,350
86	17	2,677,890	2,479,560	2,377,420	2,292,890	2,191,060	2,867,350
87	18	2,677,890	2,479,560	2,377,420	2,292,890	2,191,060	2,867,350
88	19	2,677,890	2,479,560	2,377,420	2,292,890	2,191,060	2,996,380

※ 단위: 원
※ 부부 모두 70세, 집값 9억 원 기준
출처: 한국주택금융공사

씩 달마다 더 받는 것이다. 다만 8년 차부터 매달 받는 금액이 229만 원으로 정액형보다 38만 원씩 적게 받는다.

이렇게 초기에 더 많이 받는 기간을 늘리면 늘릴수록 증액 기간이 종료된 이후에는 정액형보다 훨씬 적은 금액을 받게 된다. 만약 A 씨가 초기 증액 기간을 최대 10년으로 설정하면 가입 직후 10년 동안에는 매달 313만 원씩 받지만, 11년 차부터는 달마다 받는 금액이 219만 원으로 줄어든다.

세 번째 지급 유형인 정기증가형 주택연금에 A 씨가 동일한 조건으로 가입하면 가입 직후 3년 동안은 매달 230만 원씩 받는다. 정액형(267만 원)과 비교해 37만 원 적은 셈이다. 하지만 3년마다 4.5%씩 월 수령액이 늘어나기 때문에 4~6년 차에는 240만 원을 받고, 7~9년 차에는 251만 원을 받는다. 10~12년 차에는 262만 원, 13~15년 차 수령액은 274만 원이다.

A 씨가 정기증가형에 가입할 경우 70세(230만 원)부터 81세(262만 원)까지는 정액형(267만 원)보다 매달 받는 금액이 적지만, 82세(274만 원)부터는 정액형보다 상대적으로 많은 액수를 받기 시작한다. A 씨가 만약 100세까지 산다면 100세 시점의 월 수령액은 357만 원까지 늘어난다. 가입 초기에는 받는 돈이 상대적으로 적지만, 가입 이후 물가상승에 따른 화폐가치 하락의 충격을 최소화할 수 있는 것이다.

그렇다면 이미 정액형을 선택해 주택연금을 받기 시작한 사람은 물가상승으로 인한 화폐가치 하락을 아예 대비할 수 없는 걸까? 아니다. 한국주택금융공사에 따르면 주택연금 수령이 시작된 시점으로부터 3년이 되기 전까지는 1회에 한정해 지급 유형 변경이 가능하다.

09
사망 이후, 주택연금은 어떻게 될까

주택연금은 가입자뿐만 아니라 가입자의 배우자가 사망할 때까지 계속 지급된다. 그런데 가입자가 먼저 사망해 주택연금 수급을 배우자가 승계하려 할 때 아주 골치 아픈 상속 문제가 발생할 수 있다. 이번 장에서는 주택연금 수급을 홀로 남은 배우자가 승계하는 과정에서 발생하는 상속 문제, 즉 집안싸움 문제에 대해 알아보고 관련 문제를 대비할 방법도 알아보자.

주택연금 가입자가 사망한 이후 배우자가 주택연금을 계속 이어받기 위해선 중요한 절차를 하나 거쳐야 한다. 바로 '자녀의 동의'를 받는 일이다.

주택연금 가입자가 사망한 이후 배우자가 주택연금을 그대로 이어받기 위해서는 가입자가 갖고 있던 주택의 소유권이 100% 배우자에게로 넘어가야 하는데, 배우자뿐만 아니라 자녀도 공동상속인의 지위를 갖기 때문이다. 이에 자녀들이 동의하지 않는다면 배우자가 주택연금을 계속 받지 못한다.

자칫하다간 볼썽사나운 집안싸움이 발생할 수 있는 구조다. 물론 다달이 지급되는 주택연금 수령액은 가입자의 배우자만 승계할 수 있다. 자식들은 주택연금을 이어받지는 못하지만 집을 상속받을 수는 있다. 그동안 가입자가 죽기 전까지 받아온 주택연금 월 수령액을 모두 합친 금액에 이자까지 더한 금액을 모두 갚은 경우로 한정해서 말이다.

그동안 부모가 살아온 주택의 집값이 크게 올랐다면 자식이 이자까지 합쳐서 갚더라도 여기에 더해서 차익을 기대할 수 있는 구조다. 주택연금 가입자가 사망하면 배우자와 자식 사이의 의견 충돌이 발생할 수 있는 이유다.

만약 가입자가 사망한 이후 자식이 끝까지 주택 상속을 요구하면 살아 있는 배우자는 고령에 마땅한 현금 창출 능력도 없어 극심한 빈곤과 주거 불안에 내몰릴 수 있다.

정부는 이처럼 상속 분쟁 때문에 현재 생존한 배우자가 주택연금을 승계하지 못하고 빈곤에 내몰리는 상황을 막기 위해 2021년 6월 '신탁 방식'의 주택연금을 새로 도입했다. 주택연금에 가입할 때 신탁 방식으로 가입하면 가입자가 사망하더라도 배우자는 자녀의 동의 없이 그대로 해당 주택에 계속 거주하며 동일한 액수의 주택연금을 이어받을 수 있다.

상속 분쟁 없이 연금을 이어받게 해주는 신탁 방식

상속 분쟁을 해결해주는 신탁 방식에 대해 좀 더 자세히 알아보자. 주택연금제도는 가입자가 주택을 한국주택금융공사에 담보로 제공하는 방식에 따라 '저당권 방식'과 '신탁 방식' 두 가지로 나뉜다. 가입자나 배우자가 매달 받는 주택연금 수령액은 둘 중 어느 방식을 택하든 동일하다.

다만 저당권 방식은 앞서 살펴봤듯 가입자 사망 이후 배우자와 자녀 사이의 분쟁이 발생할 여지가 다분한 방식으로, 가입자가 주택에 근저당권을 설정해 주택금융공사에 담보를 제공하는 방식이다. 저당권 방식으로 주택연금에 가입하면 주택의 등기상 소유자가 그대로 가입자이므로 가입자 사망 이후에 주택의 소유권을 놓고 공동상속인(배우자·자녀) 사이의 분쟁이 발생할 수 있다.

반면 신탁 방식은 가입자가 한국주택금융공사에 주택을 신탁(소유권 이전)해 담보로 제공하는 방식으로, 등기상 주택 소유자는 한국주택금융공사가 된다. 소유권이 한국주택금융공사로 넘어가지만 가입자는 신탁계약에 따라 연금 수급권과 해당 주택을 거주·사용·수익할 권리를 갖게 된다. 중요한 것은 신탁계약을 체결할 때 '사후수익자'로 법률상 혼인 관계에 있는 배우자가 지정되는데, 이에 따라 가입자가 사망한 이후 가입자의 권리가 배우자에게 자동 승계된다. 즉, 배우자가 자녀 동의를 구하지 않고도 마음 편하게 주택연금을 이어받을 수 있다는 의미다.

이처럼 배우자의 연금승계 편의성처럼 신탁 방식은 저당권 방식과 비교해 여러 장점을 갖고 있다. 저당권 방식의 주택연금에 가입하면 집주인(가입자)은 주택의 남는 공간에 반전세나 전세 세입자를 받을 수 없다. 보증금이 없는 월세만 받을 수 있다.

반면 신탁 방식의 주택연금에 가입하면 가입자가 집의 남는 공간에 월세뿐만 아니라 반전세와 전세 세입자를 들여 임대차 소득을 추가로 확보할 수 있다. 다만 세입자가 낸 보증금은 집주인이 직접 운용할 수는 없고, 한국주택금융공사가 집주인 대신 금융회사에 보증금을 예치해 관리한다. 그 대가로 한국주택금융공사는 정기예금 수준의 운용수익을 집주인에게 지급한다. 이를 통해 집주인이 기대할 수 있는 보증금 예치 수익률은 2025년 6월 5일 기준 연 2.73%다.

대외적 소유권이 없다는 점에 유의하라

그렇다면 신탁 방식은 저당권 방식과 비교해 장점만 있는 것일까? 꼭 그런 것은 아니다. 신탁 방식 주택연금으로 가입한 주택에 재건축 사업이 진행된다면 가입자는 재건축조합 등으로부터 이주비대출과 조합원분담금대출 등을 받지 못할 수 있다. 사실상의 집주인은 가입자지만, 신탁 방식에 가입하면 대외적 소유권은 주택금융공사로 넘어가기 때문이다.

배우자 승계 의지가 있다면 신탁 방식 주택연금이 분명 유리하지만, 배우자 승계 자체를 꺼리게 만드는 주택연금의 구조적 문제도 있다. 바로 세금 문제다. 배우자가 주택연금을 승계받기 위해선 상속세를 내야 하는데, 상속세 과세 기준은 상속 시점의 집값인 반면 승계받는 주택연금 월 수령액은 주택연금 가입 시점에 정해진 금액이다. 주택연금 최초 가입 이후 집값이 크게 상승했다면 주택연금승계 유인이 떨어지는 셈이다. 다만 가입자가 생전에 받은 주택연금 수령액은 채무로 간주돼 상속재산에서 제외되기 때문에 배우자에게 큰 액수의 상속세가 부과될 가능성은 크지 않다는 점도 알아두자.

최근에는 집값 급등 등의 이유로 주택연금 가입자 중에 신탁 방식을 선택하는 가입자의 비중은 줄어들고 있다. 주택금융공사에 따르면 2025년 1~9월 주택연금에 새로 가입한 1만 818명 중 신탁 방식을 택한 가입자는 4,119명으로 38.1%로 집계됐다. 2022년(46.9%)까지만

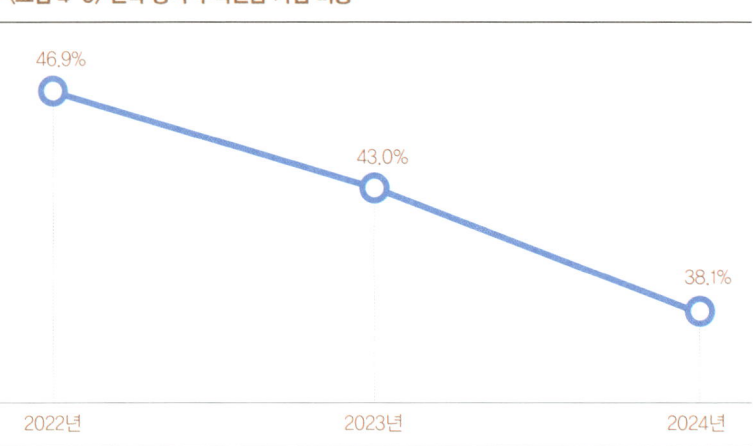

〈그림 4-3〉 신탁 방식 주택연금 가입 비중

※ 신규 가입자 비중, 2024년은 1~9월 기준
출처: 한국주택금융공사

해도 전체 가입자의 절반을 차지할 정도로 비중이 높았지만, 2024년 43%로 낮아진 데 이어 2025년에 추가 하락한 것이다.

각각의 장단점을 비교하기도 전에 이미 저당권 방식 또는 신탁 방식을 택한 기존 가입자도 크게 걱정할 필요는 없다. 주택금융공사에 문의해 담보제공 방식을 사후에 바꿀 수 있기 때문이다. 저당권 방식에서 신탁 방식으로 전환하는 것뿐만 아니라 신탁 방식에서 저당권 방식으로 바꾸는 것도 가능하다. 다만 전환 과정에서 근저당권 말소 비용 등이 몇만 원 정도 발생할 수 있다.

10
이사하면 주택연금도 늘거나 줄어들까

주택연금은 마냥 좋기만 한 제도일까. 주택연금은 분명 일하지 않으면서도 노후 소득을 추가로 확보할 수 있는 유용한 방법이지만, 주택연금에 가입하기 전에 반드시 유념할 부분이 하나 있다. 바로 이사를 하는 경우다. 주택연금에 가입한 상태에서 이사하려면 절차가 복잡하고, 때에 따라 지금까지 받은 주택연금을 토해내야 할 수도 있다. 살다 보면 은퇴한 이후에도 한두 번은 할 수 있는 이사와 관련한 이슈를 자세히 살펴보자.

다른 조건이 동일할 때 주택연금은 집값에 따라 매달 받는 금액이 달라진다. 집값이 비싸면 비쌀수록 더 많이 받고, 저렴하면 받는 돈도 상대적으로 적다. 그런데 이사를 하면 이사한 집의 집값과 이사하기 이전에 살던 집의 집값은 다르기 마련이다. 현실적으로 똑같은 가격의 집만 찾아서 이사할 수는 없으니, 이사하면 매달 받는 주택연금 수령액도 달라지지 않을까? 정답부터 말하면 때에 따라 다르다. 지금부터 그 경우들을 알아보자.

이사하는 '집값'에 따라 달라지는 주택연금

주택연금 가입자가 이사할 때 처하는 경우는 집값을 기준으로 크게 세 가지로 나뉜다. ① 기존에 살던 주택의 집값과 이사 간 곳의 집값이 동일한 경우, ② 이전보다 비싼 집으로 이사 가는 경우, ③ 이전보다 저렴한 집으로 이사 가는 경우 등이다.

우선 집값이 동일한 곳으로 이사 가는 경우는 크게 걱정할 필요가 없다. 이전 집과 이사 간 집의 담보 가치가 동일하기 때문에 매달 받는 주택연금 수령액도 동일하게 유지된다.

두 번째는 비싼 집으로 이사 가는 경우다. 집값이 비싸졌기 때문에 주택연금 가입 대상 주택의 담보가치가 증가하며 이에 따라 매달 받는 주택연금 수령액도 늘어난다. 그런데 달라지는 부분이 하나 있다. 집값이 늘어난 금액만큼 초기보증료를 더 내야 한다는 것이다. 초기보증료는 주택 가격의 1.5%다. 예를 들어 집값이 2억 원 더 비싼 집으로 이사 가면 300만 원(2억 원 × 1.5%)의 초기보증료가 추가로 부과된다. 다만 이 역시 가입자가 생전에 직접 납부할 일은 없다. 가입자가 사망한 이후에 한국주택금융공사가 주택을 담보로 그동안 연금으로 지급해온 총액(대출잔액)을 집계할 때 초기보증료가 추가돼 계산이 이뤄질 뿐이다.

비싼 집으로 이사 가는 경우 주택연금 가입자가 또 한 가지 유념할 부분이 있다. 주택연금은 집값이 12억 원 이상인 집의 담보가치를 모두 12억 원으로 간주해 주택연금을 지급한다. 만약 기존 집값이 12억 원인 주택에서 13억 원인 집으로 이사 가더라도 주택연금으로 매달 받는 금액은 늘어나지 않는다.

이사할 때 가입자가 처하는 세 번째 경우는 집값이 이전보다 저렴한 주택으로 이사 가는 경우다. 즉, 주택연금 가입 대상 주택의 담보가치가 감소하는 경우다. 이 경우는 좀 복잡해서 다시 두 가지 상황으로 다시 나뉜다.

우선 집값 하락 폭(담보가치 감소액)이 지금까지 받아온 주택연금 총액(보증 잔액)보다 작거나 같은 상황이다. 이 상황의 주택연금 가입자는 이사 후에도 기존과 동일한 금액을 매달 받게 된다. 다만 저렴한 집으로 이사하면서 얻게 되는 매매차익을 모두 한국주택금융공사에 내야 한다. 이사로 인해 발생하는 담보가치 하락분(집값 하락 폭)을 한국주택금융공사에 내야 한다는 말이다.

예를 들어 그동안 주택연금으로 총 3억 원을 받아온 가입자가 시세 8억 원인 집에서 6억 원인 집으로 이사하면 '보증 잔액(3억 원) ≥ 담보가치 감소액(2억 원)' 조건에 속해 8억 원인 집을 팔고 6억 원인 집을 사면서 얻게 되는 2억 원을 모두 한국주택금융공사에 내야 한다는 말이다. 2억 원을 한국주택금융공사에 지불하게 되지만, 매달 수령하는 주택연금은 줄지 않고 이전과 동일하게 8억 원인 집을 기준으로 받는다.

세 번째 경우의 둘째 상황은 저렴한 집으로 이사하는데, 지금까지 받은 주택연금 총액(보증 잔액)보다 집값 하락 폭(담보가치 감소액)이 큰 경우다. 예를 들어 가입 기간이 짧아 그동안 주택연금으로 1억 원만 받았는데 8억 원인 집에서 6억 원인 집으로 이사하는 경우다. 이런 경우에는 그동안 받아온 주택연금 수령액을 모두 다시 한국주택금융공사에 이자까지 합쳐서 상환해야 한다. 동시에 매달 받는 주택연금 수령액이 감소하게 된다.

그렇다면 동일한 상황에서 매달 받는 주택연금 수령액은 얼마나 줄어들까? 저렴한 주택으로의 이사로 인해 발생하는 담보가치 감소분 2억 원(8억 원-6억 원)에서 지금까지 받은 주택연금 총액(1억 원)의 차액인 1억 원(2억 원-1억 원)으로 주택연금에 새로 가입한다고 가정할 때 받는 월 수령액만큼 줄어든다.

말이 복잡해서 헷갈릴 수도 있으니 직접 계산해보자. 만 70세인 A 씨가 시세가 8억 원인 집으로 주택연금에 가입하면 매달 238만 원을 받는다. A 씨가 1억 원인 집으로 주택연금에 가입할 것을 가정하면 매달 29만 7,000원을 받는데, 이게 감소 폭이다. 결론적으로 그동안 주택연금으로 총 1억 원을 받아온 A 씨가 집값이 8억 원인 집에서 6억 원인 집으로 이사하면 매달 208만 3,000원(238만 원-29만 7,000원)을 받는다.

지금까지 설명을 모두 읽었다면, 집값이 저렴한 주택으로 이사하는 경우의 두 가지 상황 모두 결국 그동안 받아온 주택연금을 토해내야 한다는 공통점을 알아챘을 것이다. 토해내야 하는, 즉 한국주택금융공사에 상환해야 하는 기존 주택연금 수령액의 최대 한도는 저렴한 집값으로 이동하면서 발생하는 매매차익이다.

그런데 가입자가 나쁜 마음을 먹고 저렴한 집으로 이사하면서도 한국주택금융공사에 기존 주택연금 수령액을 상환하지 않는다면 어떻게 될까? 이런 경우를 방지하기 위해 한국주택금융공사는 주택연금 가입자의 기존 집을 새로 매수하는 매수자로부터 주택 매수 대금의 일정 부분을 집주인보다 먼저 떼어간다. 떼어가는 돈은 보증 잔액과 기존 주택 가격의 90% 중 적은 금액이다.

예를 들어 그동안 주택연금을 3억 원 받아온 가입자 A 씨가 8억 원인 집에서 6억 원인 집으로 이사할 때는 기존 집을 매수한 제3자가 A 씨에 앞서 한국주택금융공사에 2억 7,000만 원(3억 원 × 90%)을 내야 한다는 말이다. 한국주택금융공사는 2억 7,000만 원 중에 담보가치 감소액 2억 원을 제외한 7,000만 원을 A 씨에게 돌려준다.

이처럼 주택연금에 가입한 이후에 이사하려면 복잡한 절차를 거쳐야 하니 향후 이사 가능성과 계획을 꼼꼼히 따져보고 가입 여부를 결정하는 것이 바람직하다.

〈표 4-10〉 이사할 경우 주택 담보가치 변화에 따른 월 수령액 변동

담보가치 비교		대출상환	월 지급금 변동
담보가치가 동일한 경우		없음	변동 없음
담보가치가 증가한 경우		없음	월 지급금 증가, 초기보증료 추가 납부
담보가치가 감소한 경우	보증 잔액 ≥ 담보가치 감소액	담보가치 감소액만큼 보증 잔액 일부 상환	변동 없음
	보증 잔액 < 담보가치 감소액	보증 잔액 전액 상환	월 지급금 감소

출처: 한국주택금융공사

퇴직·국민·주택연금으로 만드는 든든한 노후 자산 설계 가이드
일확연금 노후부자

제1판 1쇄 인쇄 | 2025년 11월 10일
제1판 1쇄 발행 | 2025년 11월 14일

지은이 | 최만수·황정환·허세민·정의진·맹진규·서형교
펴낸이 | 하영춘
펴낸곳 | 한국경제신문 한경BP
출판본부장 | 이선정
편집주간 | 김동욱
책임편집 | 최승헌
교정교열 | 김순영
저작권 | 백상아
홍보마케팅 | 김규형·서은실·이여진·박도현
디자인 | 이승욱·권석중

주　　소 | 서울특별시 중구 청파로 463
기획편집부 | 02-360-4556, 4584
홍보마케팅부 | 02-360-4595, 4562　FAX | 02-360-4837
H | http://bp.hankyung.com　E | bp@hankyung.com
F | www.facebook.com/hankyungbp
등　록 | 제 2-315(1967. 5. 15)

ISBN 978-89-475-0212-2　03320

책값은 뒤표지에 있습니다.
잘못 만들어진 책은 구입처에서 바꿔드립니다.